本书受国家社科基金青年项目"金融市场发展、跨境资本流动与国家金融安全研究"（项目批准号：18CJL037）和山东师范大学青年教师学术专著（人文社科类）的出版资助。

Jinrong Ziyouhua Jinrong Fazhan Yu Shouru Bupingdeng

金融自由化、
金融发展与收入不平等

——基于新兴市场经济体国家的研究

辛大楞　著

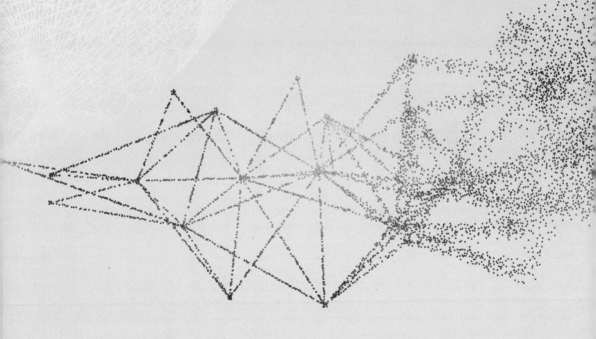

中国社会科学出版社

图书在版编目（CIP）数据

金融自由化、金融发展与收入不平等：基于新兴市场经济体国家的
研究／辛大楞著 . —北京：中国社会科学出版社，2018.9
ISBN 978 - 7 - 5203 - 2808 - 1

Ⅰ.①金…　Ⅱ.①辛…　Ⅲ.①金融自由化—研究　Ⅳ.①F830

中国版本图书馆 CIP 数据核字（2018）第 154675 号

出 版 人	赵剑英	
责任编辑	刘　艳	
责任校对	陈　晨	
责任印制	戴　宽	

出　　　版	中国社会科学出版社	
社　　　址	北京鼓楼西大街甲 158 号	
邮　　　编	100720	
网　　　址	http://www.csspw.cn	
发 行 部	010 - 84083685	
门 市 部	010 - 84029450	
经　　　销	新华书店及其他书店	

印　　　刷	北京明恒达印务有限公司	
装　　　订	廊坊市广阳区广增装订厂	
版　　　次	2018 年 9 月第 1 版	
印　　　次	2018 年 9 月第 1 次印刷	

开　　　本	710×1000　1/16	
印　　　张	16.25	
插　　　页	2	
字　　　数	234 千字	
定　　　价	69.00 元	

凡购买中国社会科学出版社图书，如有质量问题请与本社营销中心联系调换
电话：010 - 84083683

目　　录

第一章

导　　论

第一节　问题的提出与研究意义

一　问题的提出

近几十年来，一些发展中国家纷纷采取了金融自由化的改革政策。具体来看，在拉美地区、加勒比海地区以及东亚地区等一些国家都加快了金融改革的步伐，逐步放开了金融的管制并允许国际资本的流入。来自 IMF（2007）的统计数据显示，总的跨边界的金融资产占全球 GDP 的比重已经从 1990 年的 58% 增长到了 2004 年的 131%。虽然发达经济体依然是金融全球化的主体，但是发展中国家在金融全球化的进程方面也取得了很大的成就。

一般来说，金融管制的放松，吸引了大量的资本流入那些实施金融自由化政策的国家，给这些国家带来了大量的资本、先进的技术和管理经验等，从而有效地推动了经济的高速增长（Henry，2007），尤其是一些新兴市场经济体国家，比如说中国、巴西、印度、俄罗斯等。进一步地，新兴市场经济体国家在全球经济中的地位也越来越高。据相关的统计数据显示，近十年来，新兴市场经济体国家对世界经济增长的贡献率超过了 50%，2008 年全球金融危机后新兴市场经济体国家对世界经济增长的贡献率甚至超过了 70%。与此同时，新兴市场经济体国家的经济总量在全球经济中的比重也逐年上升。按照

IMF 的统计，新兴市场经济体国家①（包括发展中国家）占世界经济的比重由 2000 年的 23.6% 上升到了 2012 年的 41%。如果按购买力平价（PPP）计算，则是由 2000 年的 40.7% 上升到了 2012 年的 53.7%。根据 IMF 在 2013 年 10 月份发布的《世界经济展望》显示，1995—2012 年，新兴市场经济体和发展中国家的平均实际 GDP 增长率约为 6.3%，同期全球经济的增长率仅为 3.7%，而发达经济体的平均实际 GDP 的年增长率约为 1.6%。IMF 预测，2013 年新兴市场与发展中国家经济增速为 4.5%，2014 年增速为 5.1%，2015—2018 年的平均增速约为 5.5%，这些数值都要远远高于全球经济和发达经济体的增长率。因此，新兴市场经济体国家已经成为全球经济发展的重要推动力。

　　新兴市场经济体国家的金融自由化改革及其他一系列国内经济金融政策的实施所带来的经济高速增长确实令人感到喜悦。但是与此同时，新兴市场经济体国家的金融自由化也对人们的生活水平产生了重要的影响，如收入的不平等、贫富差距以及日益加剧的社会矛盾等。在这其中，尤其是收入的不平等，已经成为多数新兴市场经济体国家的政策制定者们面临的一个重大挑战。因此，鉴于金融自由化和收入不平等之间的重要关系，有很多学者的理论或实证研究都对此进行了分析并提出了很多见解，如 Das 和 Mohapatra（2003），Adams（2008），Ang（2009），Chari et al.（2012），Larrain（2015），Sun et al.（2013）以及 Asteriou et al.（2013），等等。与此同时，除了金融自由化以外，金融发展与收入不平等关系也是学者们关注的重点领域。如 Li et al.（1998）、Clark et al.（2003）、Beck et al.（2004），Kappel（2010），Jauch 和 Watzka（2011）以及 Kim 和 lin（2011）等。Greenwood 和 Jovanovic（1990），Banerjee 和 Newman（1993）以及 Galor 和

----

　　① 按照 IMF 的分类，此处的新兴市场经济体国家包括阿根廷、巴西、保加利亚、智利、中国、哥伦比亚、爱沙尼亚、匈牙利、印度、印度尼西亚、拉脱维亚、立陶宛、马来西亚、墨西哥、巴基斯坦、秘鲁、菲律宾、波兰、罗马尼亚、俄罗斯、南非、泰国、土耳其、乌克兰和委内瑞拉 25 个国家。

Zeira（1993）还从理论方面分析了金融发展和收入不平等关系。我国国内的很多学者也通过国家、省级以及行业层面的数据，实证分析了金融发展和中国的城乡收入差距之间的关系，如章奇等（2004）、温涛等（2005）、楼裕胜（2008）、孙永强和万玉琳（2011）、叶志强等（2011）、余玲铮和魏下海（2012）以及孙永强（2012）等。

　　但是总体来看，将金融自由化和金融发展结合起来分析他们对收入不平等的影响的相关文献还很少，而且将目光聚焦于新兴市场经济体国家的这类研究则更少。总之，现存的文献多数从单方面分析了金融自由化或者金融发展对收入不平等的影响，如 Bergh 和 Nilsson（2010）认为经济自由化的改革提高了富裕国家的收入不平等，Larrain（2015）认为资本账户一体化是收入不平等的推动力量，Asteriou et al.（2013）也认为金融全球化（通过 FDI，资本账户开放和股票市场自由化）提高了欧洲国家的收入不平等。同样，单方面研究金融发展与收入不平等关系的相关文献也有很多，如 Beck et al.（2004）以及 Kappel（2010）等。但是，将金融自由化与金融发展结合起来分析其对收入不平等影响的相关研究并不是很多。Sun et al.（2013）基于融资约束的视角考虑了 72 个国家的金融自由化对收入不平等的影响。但是，他们的研究只是侧重于股市自由化的影响，并没有全面考虑到资本账户的开放、金融开放等的影响。其他的一些学者（如 Mandel，2009）考虑了金融市场的发展对收入不平等的影响，但是他们并没有全面考虑到一国股票市场的发展对收入不平等的影响。Bekaert et al.（2005），Klein 和 Olivei（2008），Eichengreen et al.（2011）等人的研究显示金融自由化、金融发展促进了经济的增长，而经济的增长势必会对各国的收入分配产生重要影响。因此，非常有必要分析一下金融自由化、金融发展对收入不平等的影响。

　　考虑到新兴市场经济体国家在近几十年来所实施的金融自由化政策，及其在全球经济中日益上升的地位和影响力，本书使用了跨国可比性较强的 Solt（2013）标准的世界收入不平等数据库（SWIID）里关于各国居民收入不平等的基尼系数的统计来衡量收入不平等程度，并基于新兴市场经济体国家 1980—2011 年的非平衡面板数据实证分析了金融自由化、金融发展对收入不平等的全面影响。在金融自由化方面，本书全面考虑了股市的事实自由化，官方自由化以及资本账户的开放等多个指标来衡量金融自由化或者资本账户的一体化程度。与此同时，本书也综合考虑了一国金融体系的全面发展，选取了 Beck et al.（2000、2009、2012）的金融发展和结构数据库（Financial Development and Structure）里关于各国金融发展水平的统计，如私人信贷占 GDP 的比重，股票市场上市公司的总市值占 GDP 的比重以及股票市场的交易额占 GDP 的比重等一共五个指标来衡量一国的金融发展水平。总之，本书通过综合考虑了金融自由化和金融体系的全面发展等多方面因素，并运用 OLS 估计以及动态面板估计等多种估计手段，实证分析了新兴市场经济体国家的金融自由化和金融发展对收入不平等的影响。

进一步地，中国作为世界排名第二的经济体和最大的发展中国家，那么金融发展对中国的居民消费和经济增长的影响以及金融发展对中国收入分配的影响又是怎样的呢？这种影响对其他的发展中国家又有何借鉴意义？为了回答这些问题，本书又对中国的金融发展对居民消费、经济增长、外资溢出效应的影响，以及金融发展对中国城乡收入差距的影响进行了实证分析。通过收集中国 249 个城市 2001—2010 年的面板数据，本书将对金融发展与消费增长率之间的关系进行实证检验。同样，通过收集 2003—2010 年中国各省份金融发展水平、进出口贸易和 FDI 与 OFDI 的数据，本书还分析了金融发展、国际 R&D 溢出对中国经济增长的影响。另外，企业层面的数据用于实证检验信贷约束对中国吸引的 FDI 的溢出效应的影响。

自 1978 年改革开放以来，中国的经济增长取得了举世瞩目的成就。根据国家统计局的统计数据显示，1979 年到 2010 年，中国的 GDP 平均增长率为 9.9%，2000 年到 2010 年的 GDP 平均增长率更是达到了 10.5%（中国统计年鉴，2011）。如今，中国已是全球第二大经济体。与此同时，中国的金融中介发展也取得了很大的成效。金融机构人民币各项存款和贷款余额占 GDP 的比重已经从 1978 年的 31.69% 和 51.85% 分别增长到了 2010 年的 179.02% 和 119.44% （中国统计年鉴，2011），而全国城乡人民币储蓄存款余额占 GDP 的比重从 1978 年的 5.78% 增长到 2009 年的 76.5%（中国金融年鉴，2010）。但是，伴随着国民经济的高速增长和金融中介的发展，中国的收入差距却在逐渐拉大。根据国家统计局的统计数据显示，中国的基尼系数多年前早已突破所谓的 0.40 的"国际警戒线"，2008 年更是达到了 0.491 的水平，之后有所回落并于 2012 年降到了 0.474，但是仍然高于"国际警戒线"。而这其中，城乡的收入差距逐渐拉大的趋势比较明显。改革开放初期农民的收入增长较快，城乡收入的差距也在逐渐缩小。1978 年的城乡收入差距为 2.57∶1，1983 年减小到 1.82∶1。但是 1984 年之后，城镇居民收入增长开始加速，城乡居民收入差距开始逐渐拉大。2011 年这一比例已经达到了 3.24∶1。随着人口红利的逐步结束和中国经济的增速放缓，这一比例还有继续增大的可能。城乡的收入差距对中国的政治、经济产生了重要影响。2012 年 4 月 11 日，亚洲开发银行发布的《2012 年亚洲发展展望》报告中称，中国城乡收入差距不断扩大，城镇居民家庭人均收入几乎是农村居民家庭人均收入的 3.5 倍。收入差距的扩大将会对中国的经济、政治甚至社会稳定产生重要影响。温家宝总理在 2012 年也表示，"收入分配公平是社会稳定的基础。我们追求的社会不仅是一个经济发达的社会，而且是一个公平正义的社会"。2013 年党的十八届三中全会以来，我国也提出了要增加低收入者的收入，扩大中等收入者比重，努力缩小城乡、区域、行业收入分配差距，逐步形成橄榄型的分配格局。2017 年 10 月，习近平总书记在党的十九大报告中也指出，要"坚持在经济增长的同时实现居民收入同步增长、在劳动生产率提高的同时实现劳动报酬同步提高。拓宽居民劳动收入和财产性收入渠道。履行好政府再分配调节职能，加快推进基本公共服务均等化，缩小收入分配差距"。

目前关于金融发展与收入不平等之间关系的相关文献已经有很

多，但是研究的结论并不一致。Liet al.（1998）、Clark et al.（2003）、Beck et al.（2004）以及 Kappel（2010）等学者们利用多个国家的跨国面板数据的实证分析发现，金融发展水平的提高显著地减小了收入的不平等。与上述结论相反，Jauch 和 Watzka（2011）利用 138 个国家 1960—2008 年更为广泛的数据进行实证分析后发现金融发展和收入的不平等之间存在着正向关系。Kim 和 lin（2011）则充分考虑了用金融中介和股票市场的发展来衡量金融发展水平，并使用了最新的工具变量门槛回归方法检验了 70 多个国家的金融发展和收入不平等的非线性关系。国内的学者利用中国的数据得出的实证结果大都发现金融发展水平的提高扩大了中国的收入不平等，如章奇（2004）、温涛等（2005）、楼裕胜（2008）、孙永强和万玉琳（2011）、叶志强等（2011）、余玲铮和魏下海（2012）以及孙永强（2012）等。当然，也有一些学者认为金融发展水平的提高缩小了收入的不平等，如苏基溶和廖进中（2009）等。

因此，面对以上关于金融发展和收入不平等之间关系的种种争论，本书认为非常有必要从更加细致的角度探讨一下两者的根本关系。作为世界上最大的发展中国家和全球第二大经济体，毫无疑问分析中国的金融发展和收入不平等之间的关系具有重要意义。目前中国的资本账户仍未开放，但是金融总量却在极速上升，因此，中国的金融发展与收入差距之间的关系，必然会对其他的一些新兴市场经济体国家或者发展中国家的相关的金融改革具有重要的借鉴意义。而且由于中国城市数据的可得性，为本书从微观的视角研究金融发展和收入差距提供了新的论据。因此，本书的第七章又实证分析了中国的城市金融发展水平与城乡收入差距之间的关系，以期能够为未来的中国和其他国家的相关金融改革提供一些有益的政策建议。

二　研究意义

（一）理论价值

本书首次使用了 25 个新兴市场经济体国家 1980—2011 年的数据

实证分析了金融自由化、金融发展与收入不平等之间的关系，从而丰富了相关的金融自由化、金融发展与收入不平等理论。进一步地，本书还使用省级层面和企业层面的数据对金融发展对居民消费、经济增长以及外资的溢出效应的影响进行了实证检验。最后，本书还从更加细致的角度实证分析了中国城市的金融发展和城乡收入差距之间的关系，因此本书很好地检验了传统的金融自由化、金融发展和居民消费、经济增长以及收入不平等的相关理论在中国的适用性，如 Green-wood 和 Jovanovic（1990）、Banerjee 和 Newman（1993）和 Galor 和 Zeira（1993）等人的相关理论研究等。总体来看，本书的研究成果将进一步完善与拓展这方面相关的理论研究。

（二）实用价值

本书的实证分析首先从跨国层面分析了金融自由化、金融发展与收入不平等之间的关系，进一步地，本书又采用省级层面和城市层面的数据对金融发展对我国居民消费和经济增长的影响进行了检验。而且，本书还基于企业视角分析了信贷约束对外资溢出效应的影响。最后又从更加细致的角度（城市层面）探讨了我国的金融发展和城乡收入差距之间的关系。因此，本书的研究成果可供我国相关的政府部门判断和把握目前我国金融发展和收入差距的总体现状与发展趋势。同时本书的研究成果亦可以成为政府相关的部门制定相应的金融政策和收入分配政策提供理论和实证的支持及参考建议。尤其是面对着目前我国对外加速了人民币国际化、资本账户开放和对内的利率市场化的金融改革，以及国内城镇化进程的推进等新的形势。因此，研究新兴市场经济体国家的金融自由化、金融发展和收入不平等的关系对我国目前的金融改革更具借鉴意义。

第二节　研究思路与研究方法

一　研究思路

本书在以往国内外学者研究的基础上，通过修订和拓展 Krussel

（2000）、Larrain（2015）等人的资本—技术性劳动力互补的模型，构建了金融自由化对收入不平等的影响的分析框架。并在上述分析框架的基础上，本书首先从宏观层面上使用跨国的数据综合分析了新兴市场经济体25个国家的金融自由化、金融发展和收入不平等之间的关系。其次，本书还分析了金融发展对居民消费和经济增长的影响。最后，本书进一步实证检验了中国城市的金融发展对收入不平等的影响。总体来看，本书将遵循以下思路展开：

首先，深入分析新兴市场经济体国家目前的金融自由化、金融发展以及收入不平等的现状，历史演变及其主要特征等，如各国金融自由化状况，各国的金融发展水平以及各国经济体内部的收入不平等情况等。通过列举大量的事实数据和相应的比较分析，从而在总体上对新兴市场经济体国家的金融自由化、金融发展和收入不平等有一个宏观上的了解。

其次，构建了相应的理论模型来对金融自由化、收入不平等这两者之间的关系进行理论的阐述，从经济学意义上分析了二者之间可能的关系。

再次，综合使用新兴市场经济体国家近30年的年度数据进行了经验分析。通过使用多种分析方法，如混合横截面分析，动态面板分析等，本书得到了丰富、稳健的研究结果。

又次，本书的着眼点是新兴市场经济体国家，但是考虑到作为新兴市场经济体国家中的中国是最大的发展中国家，其经济总量位居世界第二，那么中国的一些具体情况必然会对其他的新兴市场经济体或者发展中国家具有很大的借鉴意义。而居民消费和经济增长与居民收入分配之间具有重要联系。因此，本书又采用城市层面、省级层面的数据和大样本微观企业层面实证检验了金融发展对居民消费和经济增长的影响，以及信贷约束对中国吸引的对外直接投资的溢出效应的影响。

最后，通过综合使用中国265个城市2001—2010年的面板数据，本书对中国加入世贸组织后的金融发展对我国的城乡收入差距的影响进行了综合分析。

二 研究方法

本书以理论探讨联系实际问题，在借鉴国内外相关研究的基础上，从多维度、多层次的视角来研究金融自由化、金融发展对收入不平等的影响。总体来看本书主要采用了以下几种研究方法：

（一）规范分析与实证分析相结合

本书通过规范分析厘清金融自由化、金融发展对收入差距的影响实质，为后文的实证分析提供理论依据。并在理论分析基础上明确分析方法，再利用实证分析得出定量结果。实证分析主要采用的计量方法有混合横截面分析方法，动态面板分析方法（GMM）和固定效应分析方法等。通过规范分析和实证分析的综合研究实现了理论和实践的统一。

（二）静态分析与动态分析相结合

除了使用一般的混合横截面和静态面板分析以外，为了体现金融自由化、金融发展在不同时间段对收入不平等的差异性，以及金融发展对居民消费和经济增长影响的连续性，本书在进行面板分析时，还采用了动态面板的广义矩估计方法。通过这种静态分析与动态分析相结合，以期获得更为准确、可靠的估计结果。

（三）对比分析法

本书不仅研究了新兴市场经济体国家的金融自由化、金融发展和收入不平等之间的关系，还通过对比分析，综合探讨了不同类型的国家的这种影响有何不同，如金砖四国和其他的新兴市场经济体国家的不同影响等。通过这种对比分析使得本书能够更好地判断不同类型国家的金融自由化和金融发展对收入不平等的影响差异，为中国即将迎来的相关金融改革提供一些有益的经验借鉴。

（四）定性分析与定量分析相结合

定性分析新兴市场经济体国家的金融自由化、金融发展的现状及其特征，结合这些国家收入不平等的现状，多方面考察了金融自由

化、金融发展对收入不平等的影响。同时建立了度量金融发展的多个
指标，以及利用详细的国家层面数据，对新兴市场经济体国家的金融
自由化、金融发展的收入分配效应进行了定量分析。文中还进一步定
量分析了金融发展对中国居民消费、经济增长、外资溢出效应的影
响，以及中国城市的金融发展对城乡收入差距的影响。

第三节　研究内容与基本框架

一　研究内容

本书在前人研究的基础之上，构建了金融自由化、金融发展对收
入差距的影响机理的分析框架，并从跨国层面和中国的城市层面，实
证分析了金融自由化、金融发展对收入差距的直接和间接影响。鉴于
居民消费和经济增长以及外资的流入与收入分配有重要的联系，本书
还分析了金融发展对居民消费、经济增长和外资溢出效应的影响。具
体来看：

首先，引入了一个理论模型，对金融自由化与收入不平等的关系
进行了理论阐述。

其次，通过使用 25 个新兴市场经济体国家 1980—2011 年的数
据，本书跨国分析了这几者之间的关系。

再次，通过采用中国 200 多个城市、十年的面板数据实证检验了
金融发展对居民消费的影响；使用省级层面的数据探究了金融发展对
经济增长的促进作用，以及使用微观企业数据分析了信贷约束对外资
溢出效应的影响。

最后，通过建立金融发展的多个维度（存款规模、贷款规模、储
蓄存款规模），分析了金融发展对中国城乡收入差距的影响。目前研
究金融发展与收入分配的关系时，多数为考察金融发展从单一维度
（如贷款，或者存款和贷款之和）对收入的影响，很少有学者关注金
融发展各个维度的不同效应。因此本书通过构建多个金融发展指标，
并使用中国城市层面的数据，较为全面地考察了各个金融维度对我国

的城乡收入差距的影响。

二 研究框架

总体来看，本书主要分为八章，如下所示：

第一章，导论。本章介绍了本书的总体概况，如本书想要研究的问题，以及本书的一些创新性尝试等。具体来说，第一章主要介绍了本书的研究背景、研究意义、研究的基本思路与方法、研究内容和框架等。

第二章，文献评述。本章从理论和实证研究两方面总结了以往关于金融自由化、金融发展对收入不平等的影响研究，从而为后续的研究打下理论基础。

第三章，新兴市场经济体国家的金融自由化、金融发展和收入不平等概况。本章主要介绍了新兴市场经济体国家的金融自由化和金融发展状况，以及这些国家的收入分配现状。本章将所要研究的问题以及各国的实际状况做了一个简单的总结。同时本章还做了简单的描述性统计，为后文的实证分析打下基础。

第四章，金融自由化对收入不平等的影响机制。本章在前人研究的基础上，引入了一个金融自由化和收入不平等理论模型。同时本章还分析了金融自由化对收入不平等造成影响的其他可能的渠道。

第五章，基于新兴市场经济体国家的实证分析。使用跨国的非平衡面板数据来分析金融自由化对收入不平等的影响的文献已经有很多，探讨金融发展与收入不平等的研究也有很多。不同的是本书将两者结合起来，采用了多个金融自由化和金融发展的指标，以及多种估计方法（如混合横截面分析和动态面板分析等），在控制了其他因素的影响以后，使用新兴市场经济体国家的跨国面板数据实证分析了这两者之间的关系。

第六章，金融发展、居民消费与经济增长。居民消费和经济增长以及 FDI 的流入对收入分配具有重要影响。因此，本章探讨了金融发展对这些因素的影响。具体来看，本章内容主要分为三部分，首先，基于中国城市层面的面板数据实证分析了金融发展水平的提高如何影响到我国的居民消费。其次，本书又分析了开放条件下金融发展对经济增长的影响机制，在此基础上构建不同指标全面衡量了金融发展水平，并运用中国省域样本数据，对以上机制进行实证检验。最后，本书采用来自中国工业企业数据库的 40 多万家企业 2002—2007 年的非平衡面板数据，实证检验了外资的溢出效应以及信贷约束对外资溢出效应的影响。

第七章，中国城市的金融发展与收入差距。鉴于关于金融发展对收入不平等的种种争论，本章又从更加细致的角度分析了我国城市的金融发展水平对城乡收入差距的影响。中国城市数据的可得性为本书进行此类实证分析提供了很好的基础。因此，在本章，作者将基于中国 265 个城市的数据实证分析金融发展对我国的城乡收入差距的影响。

第八章，结论与政策启示。针对前面的理论和实证分析得到的结果，在最后一章中本书提出了相应的政策建议，以期能够为将来的中国及其他国家的金融体系改革提供一些有益的借鉴。同时鉴于本研究的一些不足，本书还分析了未来可能的研究方向。

三　创新性尝试

总体来看，本书在前人相关研究的基础上，通过构建多个金融自由化指标和金融发展维度，分析了新兴市场经济体国家的金融自由化、金融发展对收入不平等的影响、金融发展对居民消费和经济增长的影响，以及中国城市的金融发展和收入不平等的关系。本书首先从作用机理上进行了分析，即详细介绍了金融自由化对收入不平等的影响渠道。其次，基于理论模型所得出的结论，通过使用新兴市场经济体国家和中国城市层面的大样本数据以及微观企业层面的数据进行了相关的实证分析。总之，全书可能的创新性主要表现在以下几个方面：

首先，本书首次研究了新兴市场经济体国家的金融自由化、金融发展与收入不平等之间的关系。目前来看，多数的研究集中于使用跨国数据来分析金融自由化或者金融发展对收入不平等的影响。与之不同，本书首次将研究的重点关注于新兴市场经济体国家，并综合分析了金融自由化和金融发展对收入分配的影响。这样一来由于样本选择范围都为新兴市场经济体国家，增加了样本的可比性，从而减少了由于不同的样本覆盖范围所产生的不同结果。在过去的几十年里，很多新兴市场经济体国家选择了金融自由化或资本账户开放等金融改革政策，并对一国的经济增长和收入不平等产生了重要影响。新兴市场经济体作为当前全球经济的重要增长动力，其金融改革政策对收入不平等影响也将会对其他的发展中国家正在进行的相关金融改革有重要的参考意义。

其次，本书除了实证检验新兴市场经济体国家的金融自由化、金融发展对收入不平等的影响之外，进一步地，本书还实证分析了中国的金融发展对城乡收入差距的影响。关于中国的金融发展与城乡收入差距之间关系的相关文献也有很多，但是多数使用了国家层面或者省级层面的数据进行了实证分析。鉴于中国城市数据的可得性，本书又首次从更加细致的角度分析了中国的地级城市的金融发展和城乡收入差距的关系。同时，鉴于居民消费和经济增长与收入分配有重要联系，本书又详细地分析了金融发展水平的提高如何影响到中国的居民消费、经济增长以及外资的溢出效应等。

再次，本书综合考虑了金融市场改革的多方面因素，如金融的自由化指标方面本书选取了资本账户开放、金融改革指标、股票市场的官方自由化和事实的自由化等。而在跨国数据的实证分析里使用的金融发展指标，本书选取的是 Beck et al. （2013）的金融结构和发展数据库里的相关金融发展指标，如私人信贷（分为储蓄银行和整个金融体系给私营部门的借贷规模两种）占 GDP 的比重，股票市场的上市公司的总市值占 GDP 的比重，股票市场的交易量占 GDP 的比重等多个指标来衡量一国的金融发展水平。通过使用多个指标对金融自由化和金融发展进行衡量，本书得到了更为丰富的研究结论。

最后，通过综合使用混合横截面的 OLS 估计，静态面板估计和动态面板估计等多种估计方法，使得本书的结果更加具有稳健性。如本书通过混合横截面的 OLS 估计方法和动态面板的广义矩估计方法（GMM）实证分析了金融自由化、金融发展对收入不平等的影响，以及金融发展对居民消费和金融发展对经济增长的影响。而中国城市的金融发展对收入不平等的影响方面本书则使用了混合横截面分析、固定效应分析和动态面板估计等多种估计方法进行了估计。在使用动态面板估计时，考虑到估计结果的有效性，本书还进行了 Sargen 和 Hansen 检验以检验过度识别的情况下所有工具变量的有效性，以及 AR 检验以检验残差的序列相关性。总之，通过综合使用这些估计方法，不仅可以使得本书的研究结果更具有稳健性，而且也可以更为详细地考虑到金融自由化、金融发展对收入不平等的影响的多种可能性。

第二章

文献评述

金融自由化和金融发展对收入不平等的影响一直是国内外学者所重点关注的问题之一，本章将对以往的研究文献进行梳理，以为接下来的理论研究和实证分析打下基础。

第一节　关于金融自由化与收入不平等的相关文献

一　关于金融自由化与收入不平等理论方面的相关研究文献

Chari et al.（2012）通过理论模型分析了资本市场一体化对实际工资的影响。20 世纪七八十年代，很多新兴市场经济体国家实行了资本开放政策。一些跟进的研究也分析了资本市场开放对一国资产的价格，投资和人均实际 GDP 增长率的影响。相反，很少有研究关注资本市场对人均真实收入的影响。资本账户的开放将减少发展中国家的资本借贷成本，增加企业的投资率。因此，在劳动力的增长率和全要素生产率（TFP）不变的情况下，投资率的增加将提高单位有效工人的资本存量，从而增加工人的边际产出，进一步地增加了他们的真实收入。Chari et al.（2012）用一个开放经济下的 Solow 模型进行了理论分析。当经济体达到均衡时，资本的边际产出就等于国内的利率和折旧率之和，也就是 $f'(k_{state}) = r + \delta$。由于国内的资本比较稀缺，所以当资本市场开放之后，国内的利率水平将等于国外的利率水平，

因此 $f'(k_{state}^*) = r^* + \delta$。达到新的均衡状态后实际工资的年增长率变为以下形式：

$$\frac{\dot{w}}{w} = \frac{\dot{A}}{A} + \frac{1}{\sigma} \times \frac{f'(k)k}{f(k)} \times \frac{\dot{k}}{k}$$

显然，资本市场一体化对全要素生产率的变化没有影响。其他的几项如替代弹性 $\frac{1}{\sigma}$ 和资本在国民总收入中占的比重也没发生变化。但是，资本开放之后，$\frac{\dot{k}}{k} > 0$。所以，资本市场一体化增加了真实工资的增长率。虽然他们的理论分析得出资本市场开放有助于真实工资的增长，但是他们没有进一步地分析这种影响是否会对不同的行业或者不同类型的工人（如技术性劳动力和非技术性劳动力）的工资增长是否是一样的，进一步地，他们并没有分析资本市场一体化对收入不平等的影响。Larrain（2015）的研究则分析了这种影响。

Larrain（2015）通过建立一个理论模型并进行分析得出，资本账户自由化之后处于融资约束的企业可以很好地从国外获得资本。而资本与非技术劳动力是趋向于互相替代的，资本与技术性劳动力趋向于是互补的。所以金融自由化之后增加了对技术性劳动力的需求，提高了他们的工资，使得技术性劳动力和非技术性劳动力的收入差距变大，从而导致了更高的收入不平等。在模型中，他假设相对于非技术性劳动力，物质资本与技术性劳动力更趋向于是互补的。也就是说 $\sigma_{k,u} > \sigma_{k,s}$，其中 k 表示的是物质资本，s 表示的是技术性劳动力，u 表示的是非技术性劳动力。直觉的理解就是资本的增加会使得对劳动的需求减少。但是对非技术性劳动力的需求要减少得更多一点。因此，资本与技术性劳动力是相对互补的。这样一来，资本账户自由化增加了资本的供给，使得技术性劳动力的人均资本量增加了，从而增加了他们的收入，进一步地增加了技术性劳动力和非技术性劳动力的收入差距，即：

$$\frac{\partial \log(\omega_s/\omega_u)}{\partial (k/s)} > 0$$

其中 ω_s 为技术性劳动力的收入，ω_u 为非技术性劳动力的收入。他的理论模型分析还得出一些外部融资依赖比较高的行业以及资本—技术性劳动力互补程度比较高的行业受到的影响要更大一些。也就是说，资本账户一体化之后这些行业的收入不平等程度增加的要更大一些。外部融资依赖比较高的行业越容易受到信贷约束的影响，所以金融自由化之后这类企业可以更好地进入国际资本市场进行融资，这样一来资本增加提高收入不平等的效应也就越明显。资本—技术性劳动力互补程度比较高的行业也是很明显的，资本存量的增加，使得这些行业的技术性劳动力的需求要增加得更多一些，收入不平等的提高程度也就更大一点。

总之，金融自由化对收入不平等的影响的理论研究相对较少，既有的理论研究得出的结论发现金融自由化扩大了一国居民收入的不平等。理论研究得出的结论是否与实证结果一致呢？接下来，本书将对相关的实证文献进行简单梳理。

二 关于金融自由化与收入不平等实证方面的相关研究文献

关于金融自由化对收入不平等的影响的实证研究结果并不统一。部分学者发现金融自由化恶化了居民的收入不平等。如 Cornia 和 Kiiski（2001）指出传统的引起收入不平等的原因（如耕地的集中，受教育的不平等机会，城乡差距等）不能很好地解释 20 世纪 80 年代初的世界范围内各个国家的居民收入不平等的上升。相反，技术密集型的偏向和国内与国际市场的开放可以很好地解释各个国家收入不平等的上升。他们使用 70 多个国家的数据进行分析时指出，20 世纪 50 年代到 70 年代，多数国家的收入不平等趋于下降，但是从 20 世纪 80 年代开始，大多数国家的收入不平等开始趋于上升。他们在进行分析时指出国内政策的调整，全球化和贸易自由化的政策以及金融的全球化或者说去管制化可以很好地解释这种收入不平等上升的原因。金融去管制化和金融部门的扩大增加了国内资本的收益，使得非工资收入占 GDP 的比重扩大，国内产生了很多

"食利者"。因此，总体来看金融去管制化和金融部门的扩大使得一国收入的不平等增加。

Das 和 Mohapatra（2003）实证分析了股票市场自由化后新兴市场经济体国家收入分配的变化。他们首先分析了股票市场自由化对收入分配的影响机制。首先，股票市场的自由化减少了权益资本的成本，这也就意味着一国的股票价格指数将会上升，从而持有股票的人将会获得收益。但是如果只有高收入群体的人持有股票，那么股票市场的自由化之后他们的收入将会提高，而其他未持有股票的人（如中产阶级和低收入阶层）的收入将不会获得提高。其次，股票市场的自由化减少了企业的融资成本，融资成本的降低促进了企业的增长从而使得企业可以获得更高的收益，但是由于信贷市场的不完全，只有可以进入信贷市场的人才可以获得这部分收益，从而股票市场的自由化影响了收入的分配。最后，股票市场的自由化可能意味着国内的制度发生改变，因为良好的制度吸引了资本的投入。因此国内经济环境的改革使得投资者对未来产生了一个好的预期。高收入阶层的人由于跟政府的关系比较密切，他们可以获得这种私人的信息，从而使他们可以获得更好的投资收益。总之股票市场的自由化很可能通过以上的这些渠道使得一国内部的收入分配更趋向于不平等。接下来考虑到数据的可得性，文中他们使用了11个新兴市场经济体国家（巴西、印度、韩国、马来西亚、墨西哥、尼日利亚、巴基斯坦、菲律宾、斯里兰卡、泰国和土耳其）10年（1986—1995）的数据进行了实证分析。在控制了一系列因素之后，如政府支出，人均实际GDP，入学率，法律规则，全球冲击，国家固定效应以及同时进行的私有化和稳定化政策之后，他们发现股票市场的自由化使得较高的收入阶层（Top Quintile）的收入有了很大增长，而他们的收入增长是以牺牲中产阶级（Three Middle Quintile）的利益为代价的，而且最低的收入阶层（Lowest Quintile）的收入没有发生多大变化。

Jaumotte et al.（2008）综合分析了技术进步、贸易和金融全球化对收入不平等的影响。实证模型中他们的收入不平等数据来自最新的由 Chen 和 Ravallion（2007）建立的 Poval 数据库。这个数据库包含了大量的发展中国家的基尼系数指标的统计，而且这个数据库中的基尼系数的跨国可比性也很高。关于金融自由化他们主要考虑了两个方面，事实的自由化和官方的自由化。其中，官方的自由化采用了 Chinn 和 Ito（2006）的资本账户开放指标（KAOPEN）。而事实的自由化分别用金融负债（FDI，股票资产，债务）占 GDP 的比重以及对外流出的 FDI 占 GDP 的比重来衡量。他们的实证结果显示，金融全球化，尤其是 FDI 的增加，提高了收入的不平等。这很可能是因为 FDI 流向了需要一些较高的技术密集型的部门，从而增加了对技术劳动力的需求，使得他们的工资增加，最终使得收入的不平等增加。金融发展（私人信贷占 GDP 的比重）与收入不平等也呈现一种负相关的关系。这也是很可能因为国内的金融深化更加有利于那些技术性的工人，他们拥有更多的抵押金或者收入。因此，可以投资或者获得足够的资本投资于人力资本以提高自己的收入水平。

Adams（2008）从制度层面（知识产权保护角度）使用了 62 个发展中国家 17 年（1985—2001）的数据实证分析了全球化和收入不平等的关系。为了防止设定的计量模型可能出现的内生性和反向的因果关系的问题，即全球化促进了收入的不平等，反过来，收入的不平等也影响了全球化，他将解释变量的滞后期放入了估计模型中，而在计量方法上它使用了似不相关（SUR）模型进行了估计。最后他的实证结果显示全球化（进出口总额占 GDP 的比重）增加了发展中国家的收入不平等。在他的文章中只考虑了贸易和 FDI 的影响，并没有考虑金融自由化的影响，而且样本的时间选择范围也有限。

Ang（2009）利用印度的数据（1951—2001）实证分析了金融自由化对收入不平等的影响。Ang 指出金融自由化可以减少信贷约束，促进资源的合理配置，使得贫穷的人可以更好地投资于人力资本和物质资本，从而使得收入分配趋于均等化。他通过金融抑制政策的九个指标构建了关于金融自由化指标进行了实证分析[①]。由于只考虑了印度一个国家的情况，因此文中他使用的估计方法是向量误差修正模型（VECM）。最后他的实证结果发现：金融自由化和收入不平等之间存在着一个稳健的长期的协整关系，而且这种因果关系是双向的，也就是说金融自由化对基尼系数有一个统计显著的因果影响，反之收入的不平等也影响了印度金融部门的改革。但是总体来说由于他的研究只是关注于印度这一个国家，没有考虑其他国家的情况，从而并不具有代表性。

与其他的实证文献使用跨国宏观层面的数据进行分析有所不同，Milanovic（2005）使用了跨国微观层面的家庭收入调查数据分析了全球化对不同的国家（发达国家和发展中国家）的收入分配的影响[②]。他所使用的数据来自世界银行的世界收入分配数据库，分为三个年份，分别为1988年、1993年和1998年。1988年样本包含了95个国家，而1993年和1998年则包含了113个国家。总之，这个数据库中的国家包含了世界GDP收入的95%，而所涉及的人口占到了世界总人口数的90%。因此，这个数据库可以很好地衡量世界各国的收入分配状况。控制了其他的因素后对这个非平衡的面板数据进行的估计发现，在低收入国家，富裕的群体从全球化中得到了收益。但是随着国家收入水平的上升，低收入阶层和中等收入阶层的收入水平增加得要比富裕阶层的收入水平增加得多。也可以这么说，在贫穷的国家中，在其他情况相同的情况下，进行对外贸易比较多的国家的低收入阶层的群体的收入份额要比对外贸易比较少的国家的低收入阶层的群体的收入份额要少。最后，他发现FDI对收入分配没有显著的影响。Milanovic的文章利用微观层面的数据分析了全球化对收入分配的影响，但是他只考虑了贸易和FDI的影响，并没有考虑资本账户的一体

---

① 其中六个指标与利率管制有关，如最低贷款利率，最高贷款利率，以及最低和最高存款率等。其他的三个指标包括定向贷款计划，现金准备率，法定流动资金比率等。

② 这里的全球化分别用贸易额占GDP的比重和吸收的对外直接投资FDI占GDP的比重来表示。

化或者说金融自由化的影响。

Mandel（2009）使用了多种估计方法，如混合横截面 OLS，面板固定效应，面板随机效应以及考虑到可能的内生性问题，还使用了动态面板（Arellanoe-Bond GMM）估计方法等实证分析了拉丁美洲 17 个国家（1961—2005）的金融自由化和收入不平等的变化（基尼系数的增长率）之间的关系。考虑到数据的可得性，他将 45 年的数据每五年不重复取了平均值，从而构成了一个平衡的面板数据样本。文中的基尼系数来自 UNU-WIDER 的 WIID 数据库。一国的金融自由化由经常账户、资本账户和股票或者资本市场的开放所构成。因此，通过综合考虑了四个指标，分别为经常账户的开放性（Quinn 和 Toyota，2008），资本账户的开放性（Quinn 和 Toyoda，2008），金融开放性（Loayza et al.，2009）以及官方的股票市场自由化（Bekart et al.，2004）等来衡量金融市场的自由化。同时，为了考虑一国的制度环境的影响，如腐败，法律与秩序，民主问责制和政府机构的质量等，他还使用了国际国别风险指南（ICRG）的制度指标来衡量一国的制度质量。在控制了其他可能的影响因素后，通过分别使用多种估计方法，文章实证结果显示：金融自由化对收入不平等的影响是不确定的。但是当将金融自由化和制度质量的交互项放入方程中进行估计时，金融自由化对收入不平等有一个显著的正影响。相反，金融自由化和制度质量的交互项却与收入不平等呈现一种显著的负相关关系。也就是说，金融自由化是否改善或恶化了收入的不平等，这取决于一国在实行金融自由化时的制度的质量。总之，Mandel 的研究指出，一国在进行金融自由化的金融改革政策时，要充分考虑到该国经济内部的制度环境因素的影响。

Bergh 和 Nilsson（2010）利用 79 个国家 1970—2005 年的数据实证分析了自由化和全球化是否减缓和恶化了收入的不平等。在他们的文章中，有两个很重要的创新点：一是他们的基尼系数指标选取的是 Solt（2008）建立的标准的世界收入不平等数据库（SWIID）里的数据，也就是本书的实证分析中将要使用的数据库。一般来说，关于基尼系数指标的统计有很多种方法，但是多数都不具有跨国的可比性。因此，Solt（2008）通过一系列方法，整合了很多关于基尼系数的统计指标，尽量使基尼系数的统计具有跨国的可比性。第二，Bergh 和 Nilsson 在文章中还选取了多个经济自由化和经济全球化的指标。其中，经济自由化指标则参考了 Gwartney et al.（2008）的做法，选取了以下五个指标（Economic Freedom of the World Index，EFI）：1. 政府的规模（EFI1），使用政府的公共支付和转移支付占 GDP 的比重来表示。预期其对收入不平等的影响为负。2. 法律结构和产权的安全（EFI2），主要是衡量了法律制度的完整性和对产权的保护。这个指标可以用来量化法律规则。预期他对收入不平等的影响为负。3. 是否可获得稳健的货币（EFI3），用来捕捉较大的、不可预测的通货膨胀和货币供给的变化带来的影响。未预期的通货膨胀越大，则这个值越小。而预期这个值越大，收入不平等越小。4. 国际贸易自由度（EFI4），通过综合考虑国际贸易税收，关税税率，贸易壁垒和资本市场管制，建立了一个衡量自由贸易程度的指标。预期在发达国家这个值越大，那么越容易增加收入的不平等。在发展中国家则正好相反。5. 对信贷，劳动和商业的管制（EFI5）。显然如果对信贷市场、劳动和商业的管制越小，那么经济的自由化程度越高。其对收入不平等的影响并不确定。经济全球化指标则参考了 Dreher（2006）的做法，选取了以下三个指标（KOF Index of Globalization）：1. 经济全球化（KOF1），与 EFI4 类似，不同的是 KOF1 还考虑了 FDI 的影响。预期他的影响与 EFI4 对收入不平等的影响一样。2. 社会全球化（KOF2），用来捕捉与国外的通话量、互联网用户的数量等。预期社会全球化越高，那么收入的不平等越大。3. 政治全球化（KOF3），综合考虑了大使馆的数量，参与的国际组织的数据以及联合国安理会的参与度等。通过使用这一系列指标和多种估计方法，最后的实证结果显示：国际贸易自由度的提高显著地提高了收入的不平等。在富裕国家经济自由化的改革倾向于提高了收入的不平等。而金融改革、法律改革和政治的全球化并没有增加收入不平等。

Larrain（2015）使用了 23 个工业化国家 30 年的国家数据和行业部门数据进行了实证分析。他并没有使用多数学者常用的基尼系数来测度收入的不平等，相反，他主要考虑的是技术性劳动力和非技术性劳动力的收入差距来衡量收入的不平等。通过使用 EU-KLEMS 数据库里关于技术性劳动力和非技术性劳动力的详细的收入数据，他构建了一个收入差距的指标，即 $\log(w_s/w_u)$。因为他还分析了资本账户一体化对不同行业的收入差距的影响，如外部融资依赖比较高的行业和资本—技术性劳动力互补程度比较高的行业等，所以他又借鉴 Rajan 和 Zingales（1998）的做法构建了一个行业外部依赖程度的指标。紧接着他通过估计又计算出了资本—技术性劳动力依赖程度这个指标。最后使用广义的倍差估计方法（Generalized Difference in Difference）进行了实证估计。他的实证结果表明：资本账户一体化提高了收入的差距，大约提高了 4.0% 左右。而对于外部融资依赖程度比较高的行业提高了大约 10%，相对于外部融资依赖程度比较低的行业来说，这个数值高于平均水平。同样，资本一体化提高了资本—技术性劳动力互补程度比较高的行业的收入差距大约 3.5%。而这个数值要高于平均水平。最后，通过综合考虑不同的资本一体化指标，贸易自由化的影响和技术转移的影响，他的结果基本没有发生改变，因此是稳健的。由于他使用了发达的工业化国家进行了实证分析，因此很有必要对新兴市场经济体国家进行进一步的分析，以确定这种影响是否对于他们是不同的。同时，基于企业层面数据的可得性，未来的研究方向也应该是从微观企业层面的角度来考察资本一体化对不同行业的收入差距的影响。

Asteriou et al.（2013）主要分析了欧洲 27 个国家 15 年间（1995—2009）的全球化与收入不平等的关系。文中的基尼系数指标主要来自 EURO-SILC 数据库。他们把经济的全球化分为贸易的全球化（Trade）和金融的全球化（包括 FDI 和资本账户的开放两种情况），通过综合使用混合横截面估计，固定效应、随机效应、广义矩估计（GMM）等多种估计方法，并且将样本按照不同类型分为了不同的分样本，如新进入的欧盟成员国（塞浦路斯、匈牙利、罗马尼亚、斯洛文尼亚等国家），核心的欧盟成员国（冰岛、德国、法国、英国、卢森堡、荷兰等国家），高科技国家（如芬兰、瑞典、丹麦等国家），欧盟的周边国家（如希腊、意大利、冰岛、葡萄牙、西班牙等国家）等多个样本分别进行了分析。同时他们还充分考虑了2008年金融危机的影响。东道国吸引的 FDI 很可能会增加本国对技术偏向型的劳动力的需求，从而增加了他们的工资，使得国内的收入不平等增加。还有一种可能性是由于劳动市场的不完全竞争，外资企业的员工收入普遍要高于其他的企业，因此 FDI 的流入扩大了国内的收入差距。与之相反，还有一种观点认为外资企业的员工的高收入是由于其员工自身的高能力所决定的，而不是由于金融的全球化所引起的。最后，Asterou et al. 的实证结果证实了金融自由化通过 FDI，资本账户的开放和股票市场的开放显著地推动了收入不平等的增加，其中 FDI 的推动作用最大。而另外一个全球化指标，贸易开放度却对收入不平等产生了均等化的效应。

与以上观点不同的是，还有许多学者的实证研究发现金融的自由化减小了收入的不平等。如 Angello et al. (2012) 就认为金融自由化减小了收入的不平等。他们用了 62 个国家 1973—2005 年的数据进行了实证分析。他们认为金融自由化可以改善国内信贷市场的效率，更好地对风险和社会成本进行配置，通过均等化地进入信贷市场和减小预期的边际收益的变化而有效地配置资源。总之，金融自由化通过这些作用可以有效地降低收入的不平等。通过使用 SWIID 的基尼系数指标来衡量收入不平等，并且他们还使用了 Abiad et al. (2010) 关于金融改革的九个维度所统计的指标来衡量金融的自由化，包括信贷管制，准备金要求，利率管制，证券市场，私有化，国际资本流动，进入壁垒和银行监管等。最后他们的实证结果显示金融改革减小了收入的不平等，其中直接补贴信贷，过高的储备金和证券市场政策的改革对收入不平等的减小作用更大一些。

Sun et al. (2013) 等人从信贷约束的角度分析了全球 72 个国家

1980—2006 年的股票市场自由化和收入不平等的关系。他们首先通过一个理论模型分析得出信贷约束阻碍了人们对于教育的投资，而人们的收入水平与其人力资本密切相关。也就是说信贷约束越高，人们的收入水平就越低。与此同时，金融自由化可以有效地减小国内的融资约束水平，从而提高居民的收入，减小收入的不平等。紧接着采用 UNU-WIDER 数据库里的基尼系数的变化率作为估计方程的因变量，私人信贷占 GDP 的比重来衡量信贷约束水平，股票市场事实的自由化和官方的自由化来衡量股票市场的自由化，并使用 GMM 分析方法进行广义倍差分析。模型设定中，考虑到金融自由化和信贷约束通过对教育水平的影响进而影响收入的不平等，他们还在估计方程中加入了金融自由化和信贷约束与教育水平的交互项。通过进行实证分析他们发现股票市场的自由化通过削减国内的信贷约束，增加教育投资从而提高了国内的收入水平，减少了国内的收入不平等。进一步地，他们还分析了股票市场的自由化对不同国家的影响，如发达国家和发展中国家的不同影响。一般来说，股票市场的自由化对国内金融市场的发展存在着两种效应：互补效应和替代效应。股票市场的自由化的互补效应即是相对于发达国家而言的，基于国内本身高度发达的金融市场，外资的流入与内资一样可以很好地作用于教育投资，从而缩小了收入的不平等。而股票市场的自由化的替代效应是相对于发展中国家而言的。发展中国家国内本身的金融市场不够发达，股票自由化之后可以很好地弥补这种不足，从而增加了人民的教育投资，减小收入的不平等。通过在估计方程中放入股市的欠发达程度与股市自由化的指标的交互项之后进行回归分析，他们发现，股市的自由化使得发展中国家收益更多，也就是股票市场的替代效应要更明显。总之，他们的研究发现股市的自由化降低了收入的不平等，而这种作用对发展中国家尤为明显。

与之前的研究有所不同的是，Chari et al.（2012）将着眼点放在了资本市场一体化和真实工资的关系上。他们首先通过理论分析得出资本市场的一体化将增加工人的真实工资的增长率。紧接着他们通过真实的数据得出资本账户一体化之后，各个国家的资本存量明显地上升。同时通过整理相关的真实工资的数据（来自联合国工业发展组织，UNIDO）也显示，资本开放之后真实工资增长率明显上升。控制了其他的影响因素，如国家固定效应，私有化政策，稳定化政策，贸易自由化政策等，他们的基本倍差分析模型显示自由化提高了真实工资的增长率。加入年度固定效应之后这个结果没有发生多大变化。考虑到其他的可能性，如是否是因为就业减少，从而使得真实工资的增长率上升，作者又进行了相关的实证检验，但是他们的实证结果没有发现金融的自由化之后对劳动市场的就业存在显著的影响。总之，发展中国家在实行资本一体化的政策之后，国内的借贷资本成本下降，企业开始增加投资率，进口许多科技含量比较高的产品等，通过这种资本深化和技术进步的双重作用，使得真实工资的增长率上升。有一点需要注意的是，由资本市场一体化所引起的进口的高科技产品的上升进而导致的全要素生产率的上升，很可能会增加对技术性劳动力的需求，从而使得技术性劳动力的工资增加。总体来看，最终的结果便是整个经济体的收入不平等增加。而这也正是本书在前面提到的 Larrain（2015）的研究结果。总之，资本市场的一体化的确使得工人的真实工资的增长率得到提升。但是对收入不平等的影响，还有待于进一步的相关研究。

国内的文献多侧重于从实证方面去分析这几者之间的关系。意大利经济学家乔万尼·A. 科尼亚（2003）认为 20 世纪 80 年代之后，国家之间和国家内部的收入不平等有所上升，而造成这种收入不平等上升的原因是多方面的。其中一些传统的因素得到进一步的加强，如土地集中等。技术变化也是一种很重要的因素，技术变革使得对技术性劳动力的需求大大上升，他们的工资水平也上升，从而进一步地使得收入差距扩大。还有一个很重要的因素就是国家内部和国家之间经济的自由化。一些国家实行的自由化政策如贸易自由化、金融管制的放松，并没有减小经济体内部的收入不平等。相反，他们使得收入的不平等上升。如金融管制的放松，加剧了一国内部的经济波动，使得国家内部的经济风险增加，到头来反倒不利于收入水平的上升。总之，国际金融体系的不稳定，拉大了全球的收入不平等。同样一国内部实行的各种经济自由化、私有化过程复杂，没有得到很好的监管，到最后也提高了国家的收入不平等。

陈志刚（2006）认为，发展中国家的收入分配和经济关系的不平等导致了国家内部的融资现状和收入的不平等，进一步地，融资现状和不平等又强化了收入的不平等。金融抑制恶化了收入的不平等，但是金融自由化却并一定能够减小收入的不平等。理论方面 Galor 和 Zeira（1993），Banerjee 和 Newman（1993）认为金融的自由化从而金融发展水平的提高可以通过减小融资的约束而减小收入的不平等。Greewood 和 Jovanovic（1990）认为金融发展对收入不平等的影响存在着一个门槛效应。面对这一理论文献的冲突，相关的实证文献给出的结论大都是金融自由化拉大了收入的不平等，如 Claessens 和 Perott（2007）。其原因不外乎就是发展中国家发起的金融自由化或者其他金融改革政策，受限于国内的制度不完善，使得信贷资源没有起到应有的作用，反而进一步地扩大了收入的不平等。因此，陈志刚也提出，要想实现金融自由化的均等化效应，就应该在推进金融自由化改革的过程中，完善相关的制度体系，如产权制度、司法制度、监督制度以及一些其他的规则。保证金融自由化的过程能受到良好的监督。这样才能发挥好金融自由化应有的积极作用。

与多数学者使用跨国数据来进行实证分析不同，万广华等（2005）通过建立一个收入决定函数，并利用夏普里值分解法衡量了全球化对中国的地区间收入差距的影响。他们认为，过去的研究由于对收入差距指标选择的不同，或者样本的选择不同等，样本时间段不同等，很容易产生不同的金融自由化对收入不平等的影响结果不同。所以，为了克服这些不利因素，增加样本的可比性，他们通过 Box-Cox 模型模拟了潜在的收入决定过程，并通过夏普里值框架分析了收入的各个因素对收入差距的影响大小。在综合考虑了人均收入，人均资本，人口负担率，教育水平，政府支出，FDI，对外贸易，国有化比率，非农人口比率等因素后，通过建立 Box-Cox 和 Box-Tidwell 相结合的模型，之后通过利用我国省级的面板数据进行夏普里值分解，他们的实证分析结果发现全球化对地区间收入差距的贡献为正，进一步地有形资本对导致收入差距有显著作用。为了使得实证结果更具稳健性，他们分别使用了基尼系数，广义熵指标（GE0 and GE1）、Atkinson 指数，以及变异系数（CV）的平方来衡量收入差距，最终的结果大体是类似的。

郑长德和杨晓龙（2010）通过构建中国的金融自由化指数分析了中国的金融自由化对收入差距的影响。他们通过选取 Bandiera et al.（2000）的八个指标（分别为：利率自由化，进入壁垒的降低，准备金要求的减少，信贷管制的放松，银行产权多元化，审慎监管，证券市场，国际金融自由化等）构架了一个中国的金融自由化指标，并测度了中国的基尼系数的大小。通过进行协整分析他们发现，金融自由化程度每提高 1%，基尼系数会增加 0.221%，从而金融自由化带来了收入差距的扩大。

国内还有很多学者对贸易自由化与收入不平等的关系进行了详细的分析。国际贸易和国际资本流动是相互依赖的，两者是一枚硬币的正反面。因此，虽然贸易自由化不是本书的研究重点，但是本书也将简单介绍几篇相关的文献，这些文献可以对本书接下来的理论和实证分析有很好的借鉴意义。李世光（2004）通过构建一个包含国际贸易，外商直接投资和技术进步的综合模型分析了贸易自由化对收入差距的影响。通过模型分析他得出发展中国家通过对高科技产品的进口，吸收 FDI 和技术进步导致了对技术性工人的需求增加，相应的这一类人的收入水平上升，而非技术性劳动力的收入水平下降，从而经济体内部的收入不平等上升。戴枫（2005）利用时间序列模型分析了 1980—2003 年中国的贸易自由化和收入差距的关系。其 Granger 检验显示中国的贸易自由化与中国的收入差距存在着长期稳定的关系。而且贸易自由化是引起收入差距的 Granger 原因。颜银根（2012）在 Brülhart et al.（2004）和 Pfluger（2004）的模型基础之上构建了一个关于外部市场接近和内部经济地理的三地区（世界其他国家、本国沿海地区、本国内陆地区）、两部门（传统部门和现代部门）以及两要素（技术性劳动力 K 和非技术性劳动力 L）的理论模型，并通过这个理论模型分析了贸易自由化、产业规模对地区工资差距的影响。最后通过理论分析得出：贸易自由化对区域间收入差距的影响，取决于当地的产业份额大小以及是否具有较好的国外市场接近优势。较好的国外市场接近优势和本地产业份额相对较小的时候，贸易自由化可能会促进或缩小区域间的收入差距。进一步地，当本地产业份额相对较大时，贸易自由化总是能促进区域间的收入差距扩大，本地产业份额越大则区域间收入差距越大。最后这种差距随着贸易自由化增加而递减。他还通过使用 1992—2008 年全国 27 个省级层面的面板数据，对上述理论进行了检验，并证实了理论中的假说。近年来，越来越多的学者开始关注于微观企业层面的贸易对收入差距的影响，如 Helpman 和 Itskhoki（2010），Helpman et al.（2012），Amiti 和 Davis（2011），Anwar 和 Sun（2012），Autor et al.（2013）以及国内的很多学者如于洪霞和陈玉宇（2010）等相关的研究。鉴于企业层面的数据可得性，使用微观证据来实证检验贸易自由化技术性劳动力和非技术性劳动力，不同的行业，不同的区域等工人之间的收入差距越来越重要，相信未来这也将会是一个研究的重点领域。

总之，金融自由化与收入不平等的关系是国际经济学领域的一个重点研究话题。近年来，随着越来越多的发展中国家选择金融自由化、放松金融管制等相关的金融改革措施，加大了吸引外资的力度，一定程度上促进了各国国内经济增长。但是，同时也对国内的收入不平等带来了一些影响。那么，这种金融自由化政策是否促进了收入分配的改善呢？从目前多数的研究文献来看回答是否定的。Chari et al.（2012）的理论模型表明资本市场一体化提高了真实工资的增长率。但是进一步地，Larrain（2015）的模型中的两种投入品，资本和技术性劳动力，它们的互补关系却表明了资本市场的一体化将会使得经济体内部的收入差距过大，整个经济体的收入不平等上升。紧接着，很

多的学者从实证角度对这两者之间的关系进行了分析，如 Cornia
（2004），Das 和 Mohapatra（2003），Adams（2008），James Ang
（2009），Milanovic（2005），Mandel（2009），Bergh 和 Nilsson
（2010），Asteriou et al.（2014）以及很多的国内学者，如陈志刚
（2006），万广华等（2005），郑长德和杨晓龙（2010）等。他们的相
关实证分析多数也证实了金融自由化，抑或资本账户一体化，提高了
收入的不平等。还有很多学者用对外贸易开放和 FDI 来衡量全球化，
衡量全球化和收入不平等的关系。总而言之，这些研究多是集中于使
用跨国层面的数据［如 Bergh 和 Nilsson（2010）使用了全球 79 个国
家的数据］，或者集中于某一个国家的数据［如 Ang（2009）仅使用
了印度一个国家的数据］进行分析。考虑到国家之间的可比性和数据
的可得性，本书将研究的重点转向于新兴市场经济体国家，并采用可
比性比较高的 SWIID 数据库中的基尼系数指标和多个金融自由化指
标，如事实或者官方的自由化，Quin 和 Ito（2008）的自由化指标，
以及 Abiad et al.（2010）的自由化指标等一系列指标实证分析了金
融自由化对新兴市场经济体国家收入不平等的影响。

第二节　关于金融发展与收入
不平等的相关文献

　　与研究金融自由化和收入不平等之间的关系的文献相比，金融发
展对收入不平等的影响的相关文献要更丰富一些。不管是理论还是实
证文献，近年来相关的研究已经非常成熟。下面将对此做一个简单的
介绍。

一　关于金融自由化与收入不平等理论方面的相关研究文献

　　Greenwood 和 Jovanovic（1990）在他们的一篇经典的文献《金融
发展，增长和收入的分配》里提出了金融发展和收入不平等的曲线型
关系。Kuznets（1995）认为，在经济发展的初期，随着经济的增长

收入的不平等也在逐渐扩大。当跨越一个门槛之后，收入的不平等将随着经济的增长而下降。而 Greenwood 和 Jovanovic（1990）的观点与其类似，他们认为金融发展和经济发展是相互作用的。金融发展促进了经济的发展。反过来，经济发展也促进了金融结构的逐渐完善。同时，他们认为金融发展和收入不平等之间存在着倒 U 型的曲线关系。因此，他们通过建立一个动态模型，对金融发展，经济增长和收入分配之间的关系进行了分析。他们的结论认为：金融发展一开始加剧了收入的不平等，而随着经济水平的发展当收入跨越一定的门槛后，收入分配逐渐趋于平等。在他们构建的动态模型中，他们假设经济体中存在着两种不同类型的生产技术：低收益安全的生产技术和高收益但有风险的生产技术，而且使用不同的生产技术产生的收益是不同的。通过使用金融中介服务可以使人们避免生产中的风险从而获得一种高的安全的收益。但是使用这种服务需要支付一定的费用（Lump-Sum Fee）。因此，经济发展的初期，只有富裕的群体可以支付这笔费用从而获得一种高的平均收益。随着金融中介的发展，资本得到更好的配置，从而使得经济能够较快发展、人民收入逐渐增加，但收入的不平等也逐渐加大。与此同时，经济的增长也促使了金融结构的逐渐完善。伴随着经济和金融中介的发展进入成熟期，居民的收入逐渐增长，从而更多的人可以使用金融中介服务来获取更高的收益。所以收入的不平等达到一定的峰值后逐渐减小，最终趋于平稳。

与 Greenwood 和 Jovanovic（1990）的观点不同的是，Banerjee 和 Newman（1993）以及 Galor 和 Zeira（1993）认为金融发展和收入不平等存在着一种线性的负相关关系，即金融发展水平的提高减小了收入的不平等。Banerjee 和 Newman（1993）通过建立一个动态的理论模型分析了职业选择、收入分配以及经济发展的关系。通过建立三种职业，不需要工作、自我雇佣和企业家，他们指出由于初始的个体之间的财富的不平等分配和资本市场的不完全性，使得一部分人（富裕群体，有足够的资金使用金融服务）成为企业家，另外的一部分人（贫穷群体，不能使用金融服务）成为工人或者自我雇佣。因为金融服务的提供者需要一定的保证金，富裕的投资者可以支付这部分保证金，从而借足够的资本来进行投资。相反，贫穷的群体没有足够的资本支付保证金，所以他们只能借到有限数量的资本，因此他们也就不能进行投资而成为企业家。因此，随着资本市场的信贷摩擦减小（金融市场的发展），进入的门槛限制减小，而且工人阶层的后代逐渐可以进入金融市场从而获得更高的收入。所以说金融发展减小了收入的不平等分配。模型中他们假设经济体只生产一种产品，但是人们可以进行三种类型的投资，分别对应着三种不同类型的职业。第一种为不需要劳动投入即可获得一个固定收益，这种投资是可分的而且安全的投资。一般来说，只进行这种投资的人是懒惰的人、活着可以自我维持生存的人。第二种就是有风险的不可分的投资项目，如不需要一定的技能即可操作的机器或者农场等。一般来说，自我就业的人进行这种投资。第三种投资就是需要一定的监管来进行总的生产的项目，这种投资也是不可分的。而且这种投资产生的收益要比自我就业产生的收益高。企业家一般会进行这种投资。资本市场是不完全的，代理人可以通过其所有的财富 W 作为保证金借到数量 L 的资本。这样一来，初始的财富分配就决定了收入的不平等。因为初始的财富分配的不同，使得人们可以进行的投资不同，从而也就决定了人们的职业进一步地决定了社会的收入不平等。随着资本市场的不完全性减小（金融发展水平的提高），监管的技术水平提高减小了对保证金的需求，使得个人可以借贷到足够的资本进行投资，甚至不需要保证金。这样一来，人们的收入水平将提高，最终社会的不平等将减小。

Galor 和 Zeira（1993）的观点和 Banerjee 和 Newman（1993）类似，只是他们分析的角度不同。他们通过一个开放经济下的世代交替的跨期模型分析了宏观经济学中的收入分配问题。模型中他们有两个重要的假定：第一，资本市场是不完全的。因此对借款者来说存在着一个实施和监管成本，最终也就导致了借款者的利率要高于贷款者的贷款利率。第二，对人力资本的投资是不可分的，技术是非凸性的。即财富的初始分配对长期的均衡也会有影响。因此，在不完全的资本市场和人力资本的投资不可分的假设下，人们初始的财富分配决定了经济体的短期和长期均衡。具体来说就是人们手中初始财富的多少决定了每个人对人力资本的投入，从而决定了是否成为一个熟练或者非熟练的技术性劳动力。富裕的群体用充足的资金对人力资本进行投资，从而成为一名技术性劳动力并获得一种较高的收入。但是贫困的群体需要通过借贷来对人力资本进行投资，资本市场的不完全又限制了他们的借贷，这样一来也就限制了他们成为一名技术性劳动力。因此，贫穷的人就不可以获得一种高的收入。资本市场的不完全性减小（金融发展水平的提高）可以促进贫困人群体的借贷从而使得他们可以将更多的资金投入于人力资本，使得他们成为熟练工人而增加他们的收入。因此金融发展最终减小了收入分配的不平等。总之，Banerjee 和 Newman（1993）以及 Galor 和 Zeira（1993）都认为更发达的资本市场可以使得多数人更好地进入这个市场，从而可以更好地获得信贷，以投资于人力资本或者进行其他投资（从而成为企业家）以获得更高的收益，最终减小了社会整体的收入不平等。

我国的陈斌开和林毅夫（2012）也用理论分析了金融抑制、产业结构与收入分配之间的关系。他们也认为金融发展水平的提高，或者说金融抑制的减小，社会的收入不平等将减小。他们认为政府为了支持本国没有比较优势的行业的发展，实行了金融抑制政策。即政府要求银行以低于市场利率的价格向资本密集型行业提供资金。这样一来压低了资本的价格，使得资本密集型行业的成本降低，也就是变相对这个行业实行了补贴。因此，金融的压制政策实际上使得穷人面对更高的贷款利率和更低的存款利率，造成他们在金融市场的"机会不平等"，最终使得穷人财富增长更慢，甚至陷入贫困陷阱。企业家们由于获得了政府采取的金融压制政策的利益，因此他们的财富得到了较大的增长。最终，社会的收入不平等进一步扩大。但是政府若实现比较优势发展战略，即积极地发展本国具有比较优势的产业，那么Aghion 和 Bolton（1997）的"滴落"机制将发生作用，收入分配格局将会不断改善。模型中他们假设有三种可供选择的技术，传统技术、现代劳动密集型技术和现代资本密集型技术，其中资本密集型的生产技术需要政府的补贴。倘若政府采取比较优势战略，不为资本密集型的技术提供补贴，从而没有实现金融抑制政策。那么均衡时，只有传统技术和现代劳动密集型的技术将会被采用。其最终的均衡就是先富带动后富的机制将发生作用，最终达到全民共同富裕。相反，若政府采取了重工业优先发展战略，那么政府将实行金融抑制政策，即利率的管制和政府的指令性信贷配给。这里的金融抑制与 Banerjee 和 Newman（1993）以及 Galor 和 Zeira（1993）的资本市场不完全性类似，不同的是，他们的资本市场不完全是由于信息不对称引起的，而这里的资本市场不完全则是由政府的干预所导致的。金融抑制使得穷人获得更低的资本回报，实际上形成了一种居民补贴企业、穷人补贴富人的机制。因此金融抑制实质上是一种"穷帮富"的机制，将导致居民财富分布向作为企业家的富人倾斜。最终社会的收入不平等将扩大。最后他们的模拟分析也证实了这一点。因此，他们的观点也认为减小金融的抑制，提高金融发展水平，可以降低收入的不平等分配。

二　关于金融自由化与收入不平等实证方面的相关研究文献

很多实证方面的文献从不同角度检验了上述理论模型的结果，即金融发展是否减小了收入的不平等，从而金融发展和收入不平等直接是否存在着一种线性的关系，抑或是否与收入的不平等之间存在着一种倒 U 型的曲线关系。

部分学者发现金融发展水平的提高，减小了收入分配的不平等。如 Li et al.（1998）使用 49 个国家 1947—1994 年的面板数据解释了收入不平等的国际和跨期的变化。文章中他们主要是检验了两个重要的假定：1. 收入的不平等在一国内部是相对稳定的。2. 收入的不平等在国与国之间差异很大。他们用 M2/GDP 表示金融发展，衡量了资本市场的不完全程度，基尼系数指标来衡量收入的不平等。进行回归后他们的实证结果显示金融发展是决定各个国家收入不平等的一个重要因素。金融发展水平的提高对富裕群体和贫困群体都有利，但是总体来看减小了收入的不平等分配。

　　Clark et al.（2003）使用了1960—1995年91个国家的跨国数据，检验了关于金融部门的发展和收入不平等的三个不同的理论的适用性，这三个理论分别是：Galor和Zeira（1993），Banerjee和Newman（1993）以及Greenwood和Jovanovic（1990）。其中，前两个理论认为金融发展和收入不平等存在着一种线性的负相关关系，而后一个理论认为金融发展和收入不平等是一种倒U型的曲线关系。考虑到金融部门发展和收入不平等之间可能的内生性，在分析模型中他们还使用了工具变量进行了稳健性的分析。使用Deininger和Squire（1996）与Lundberg和Squire（2000）统计的基尼系数指标来衡量收入的不平等程度，分别以私人信贷（由银行和其他金融机构贷给私人机构的贷款）和银行资产（储蓄银行对国内的非金融部门的贷款）占GDP的比重来表示金融发展程度的高低，估计方程中还控制了金融发展的平方项，在控制了人均实际GDP及其平方项（控制库兹涅茨效应）、通货膨胀率、政府消费支出、知识产权的保护程度等变量后，将样本每五年取平均值，用OLS和GMM方法实证分析了金融发展与收入不平等的关系。考虑到金融发展和收入不平等可能的内生性，参照以往文献的做法，他们还使用了法律起源（La Porta et al.，1998）作为金融发展的工具变量进行了稳健性的分析。最后，他们的实证结果显示：总体来看金融部门的发展减小了收入的不平等，这与Galor和Zeira（1993），Banerjee和Newman（1993）的理论观点类似。相反，没有很好的实证证据可以支持Greenwood和Jovanovic（1990）的观点。他们的实证结果也证实了一个扩展的库兹涅茨假设①，即金融发展对收入不平等的削减作用一定程度上依赖于经济体的部门结构，随着金融发展水平的提高，现代部门的收入不平等的降低程度要小一些。

　　与多数研究金融发展和收入不平等的文献不同，Beck et al.

---

　　① 库兹涅茨认为经济发展和水平不平等呈现一种倒U型的曲线关系。他认为经济发展初期只有一小部分在现代部门的人可以从技术进步中获益，从而收入不平等上升。但是随着越来越多的人可以接触这种新的技术，人们的收入水平普遍上升，收入不平等下降。

（2004）用 52 个国家 1960—1999 年的数据实证分析了金融发展对收入不平等的变化和贫困率变化的影响。估计方程中，他们用私人信贷占 GDP 的比重来衡量一国的金融发展水平。其中私人信贷指的是金融机构（不包括中央银行和其他发展政策性银行）给私人部门贷款，剔除了金融机构给国有企业、政府部门和银行间同业拆解的贷款。利用 Dollar 和 Kraay（2002）数据库的统计计算出了基尼系数的增长率，为了处理金融发展和收入不平等之间可能的内生性问题，他们用法律起源和首都城市维度的绝对值作为金融发展的工具变量。而且在进行分析时他们对每一个变量均取了其在样本区间内的平均值。这样一来，在控制了初始的收入不平等水平，通货膨胀率，入学率，人均实际 GDP 等因素之后，他们的实证结果显示金融发展促进了最低收入群体的收入的增长率，而且金融发展减小了收入的不平等。最后，通过使用工具变量以控制可能的内生性问题和控制更多的影响因素后，前面的实证结果没有发生多大变化。总之，他们的实证结果显示金融发展水平的提高通过大幅度地提高低收入群体的收入水平而使得收入不平等和贫困率都减小。

　　与以往的文献仅考虑银行部门作为金融发展的衡量指标不同，Kappel（2010）还考虑了股票市场的发展来衡量金融发展水平。因此，除了传统的用私人信贷占 GDP 的比重来衡量金融发展水平之外，他还用股票市场的资本化、股票市场的总交易值占 GDP 的比重以及股票市场的交易量比率来衡量金融发展水平的高低，而且进一步考虑了可以使用金融服务的人数比重等指标来表示金融发展水平。同时将总体观测值（共 78 个发展中国家和发达国家，1960—2006 年的数据）分为高收入国家和低收入国家进行了实证分析。他的基尼系数的数值来自 UNU-WIDER 的 World Income Inequality Database（WIID），而金融发展水平则来自 Beck et al.（2007）。在控制了种族的多样性，政府支出，人力资本，教育水平之后，他的实证结果显示不论使用哪一个金融发展指标，金融发展的提高都减小了收入的不平等，但对高收入国家的减小作用要大于低收入国家的减小作用。同时，信贷市场的发展对不平等的减小作用要大于股票市场的作用，可获得金融服务的能力对收入不平等的减小有显著而且很大的作用。股票市场的发展对减小收入的不平等的作用虽然比较小，但仍然是显著的。作者还使用工具变量法进行了实证分析，金融发展对收入不平等的减小作用依然显著。

上述研究发现金融发展水平的提高减小了收入的不平等。相反，还有一些研究认为金融发展扩大了一国内部收入的不平等。如 Jauch 和 Watzka（2011）用 138 个国家 1960—2008 年的更为广泛的非平衡面板数据（3228 个观测值，820 个五年平均值）进行了实证研究。文中基尼系数的指标来自 SWIID 数据库，而金融发展来自 Beck et al.（2010）的金融结构数据库，并控制了人均实际 GDP，通货膨胀率，教育水平，政府规模等因素。当使用年度数据用 OLS 方法进行回归时，金融发展水平一开始减小了收入的不平等，到最后又使得收入的不平等增加。而使用五年平均值做计量回归时，金融发展水平的上升提高了收入的不平等。进一步通过使用面板固定效应分析和 2SLS 进行分析，最后的实证结果并没有发生多大改变，金融发展水平的提高仍然使得收入不平等增加。金融发展对收入不平等的曲线效应并不明显，同样，他们的实证结果没有发现所谓的库兹涅茨效应。通过将总的样本按照收入水平的不同分成不同的群体，使用不同的控制变量和工具变量法等进行稳健性检验，他们发现金融发展水平的提高仍然拉大了各国的收入不平等。

Rodriguez-Pose 和 Tselios（2009）以及 Gimet 和 Lagoarde-Segot（2011）也发现了金融发展收入不平等的扩大效应。Rodriguez-Pose 和 Tselios（2009）使用了欧盟国家 102 个地区 1995—2000 年的数据分析了收入不平等的决定因素。通过分别使用面板数据静态模型估计，面板数据空间静态模型估计和动态面板估计，他们的实证结果发现金融部门的发展提高了收入的不平等。

同样，Gimet 和 Lagoarde-Segot（2011）使用了 49 个国家 1994—2002 年的数据，并使用了面板贝叶斯—结构向量自回归（SVAR）分析方法实证分析了金融发展和收入不平等的关系。他们的实证结果发现金融发展对收入不平等有一种强烈的因果关系，而且银行部门的发展对收入不平等的影响要更大一些。为了尽可能地减少测量误差和增加各国国家的基尼系数的可比性，他们使用了 Daymon 和 Giment（2009）统计的数据库里的基尼系数指标，银行部门的大小和特征变量分别用国内信贷占 GDP 的比重，银行的借款和存款利率之差，金融和保险服务业的出口占商品出口的比重，流动性储备占资产的比重来表示。用上市公司的市场价值占 GDP 的比重和交易量占 GDP 的比重来衡量资本市场的发展，最后通过用 SVAR 进行分析，他们发现金融发展如银行部门的发展和资本市场的发展对收入的不平等有重要的作用，而银行部门的发展所起到的作用要更大一些。

Roine et al.（2009）也发现金融发展水平的提高更加有利于富裕的群体。他们考察了 16 个国家（多数为发达国家）在 20 世纪中收入不平等的决定因素。他们将一国内部的收入分配划分为三个阶层，第 99 分位到第 100 分位，第 90 分位到第 99 分位，以及第 90 分位以下的收入群体。分别用储蓄银行和私人的商业银行的总资产占 GDP 的比重，上市公司和债券的总市场价值占 GDP 的比重以及这两个指标之和等三个指标来衡量金融的发展水平。通过使用广义矩分析方法（GMM）进行分析，他们的实证结果发现金融发展水平的提高促进了高收入群体的收入水平的提高。而且金融发展水平的提高降低了最低的九个分位数的收入群体的收入水平。而银行危机的爆发却降低了高收入群体的收入水平。

还有一些文献考察了金融发展对单一的一个国家的收入不平等的影响。如 Ang（2010）对印度这一个国家 1951—2004 年的时间序列数据实证分析了金融发展和金融自由化与印度的收入不平等的关系。通过使用条件误差修正模型（ECM），他的实证结果表明，金融发展有效地减少了印度的收入不平等。但是，并没有发现金融发展和收入的不平等存在着曲线型的关系。金融自由化的改革政策倾向于增加了印度的收入不平等。他认为金融自由化政策很可能使得那些既得利益群体获得了大部分的收益，而并没有使得多数人更容易地获得金融服务，从而最终使得收入不平等上升。这与 Rajan 和 Zingales（2003）以及 Claessens 和 Perotti（2007）的观点类似。同样，Liang（2006）使用中国 1986—2000 年的省级城市数据并使用 GMM 估计方法进行了实证分析，但是他发现金融发展减小了中国城市的收入不平等。他分别用金融部门的总资产占 GDP 的比重，总的信贷占总固定资本投资的比重和私人信贷占 GDP 的比重来衡量中国各省份的金融发展水平，通过进行动态面板估计分析，他发展中国各省份的金融发展水平的提高有效地减小了各省份的收入不平等。没有证据支持金融发展和收入不平等呈现倒 U 型的曲线关系。Motonishi（2006）也分析了一个国家（泰国）的金融发展和收入不平等的关系。通过使用泰国 1975—1998 年的数据进行实证分析，他发现金融服务的发展（保险和利息支出占总收入的比重）减小了泰国的收入不平等。

Law 和 Tan（2009）又使用马来西亚 1980—2000 的时间序列季度数据检验了金融发展和收入不平等的关系。文中它主要使用了 ARDL 边界测试。但是他的实证分析结果却发现金融发展并没有显著地减少收入的不平等。通过使用更多的金融发展指标，如银行部门、股票市场以及金融的一个加总指标进行了稳健性检验，前边的实证结果依然成立。另外，制度的质量在减少收入不平等的影响方面非常显著。因此，这也表明了政府应该建立一个良好的制度，以促进金融资源更好地有效分配，提高整体居民的福利水平。

金融发展的门槛效应也是学者们考察的重点。Kim 和 lin（2011）充分考虑了金融发展对收入不平等的门槛效应。其因变量使用的是收入不平等的年均增长率，金融发展水平则用私人信贷占 GDP 的比重，银行资产占 GDP 的比重，银行和其他非金融机构持有的货币及其需求和有息负债占 GDP 的比重，以及国内上市公司的总价值占 GDP 的比重，国内交易所交易的股票价值占上市公司的总价值的比重和国内交易所交易的股票价值占 GDP 的比重等一共六个指标来衡量。使用了 72 个国家 1960—2005 年的数据并利用 Caner 和 Hansen（2004）最新的门槛工具变量分析方法进行回归分析后，他们的实证分析结果指出金融发展对收入不平等的作用取决于一个门槛值。当金融发展水平高于这个门槛值后，以金融中介和股票市场的发展所衡量的金融发展水平的提高减小了收入分配的不平等。而当一国的金融发展水平低于这个门槛值时，金融发展水平的提高则会恶化该国的收入不平等。总体来看，Kim 和 Lin 的结论支持了 Greenwood 和 Jovanovic（1990）的理论模型所得出的观点，即金融发展和收入不平等呈现一种曲线型的关系。

国内关于金融发展与收入分配的文献多是实证文献，而且多数的学者发现金融发展提高了中国的收入不平等[①]。如章奇等（2004）发现了金融中介发展提高了中国的城乡收入差距。在模型设定中，他们利用省级全部国有及国有控股银行信贷总额占 GDP 的比例和其中向农业贷款的比例来衡量金融发展的水平，用剔除了价格指数影响后的城市家庭居民的可支配收入和农民的人均纯收入之比来衡量城乡收入差距，并利用1978—1998 年的中国 29 个省、直辖市的面板数据进行实证分析。在控制了所谓的库兹涅茨效应（模型中放入人均实际GDP及其平方项），并控制了其他的一些因素如对外贸易，政府规模，FDI等因素的影响后，他们分别使用了双向固定效应（TWFE）估计、工具变量法（IV）以及 GMM 等估计方法对模型进行了分析。最后，他们的实证结果发现以省级全部国有及国有控股银行信贷总额占 GDP的比例表示的金融发展水平的提高扩大了中国的城乡收入差距，而农业贷款的比例对收入差距的影响并不明显。这说明中国的正规金融结构在农业信贷方面还缺乏一定的效率。通过实证结果分析他们还发现了库兹涅茨效应的存在。他们还将样本分成了两个阶段，即 1978—1988 年和 1989—1998 年这两个阶段。再次进行实证分析他们发现金融发展在第一阶段的效应并不明显。而在第二阶段金融发展显著地提

---

① 鉴于数据的可得性，中国的学者多用城乡收入差距来衡量收入分配的不平等，也就是除了价格指数影响后的城市家庭居民的可支配收入和农民的人均纯收入之比。

高了各省的城乡收入差距。总之，他们的实证结果显示，中国的金融中介的发展显著地扩大了城乡收入差距，而且这种扩大的效应并不依赖于经济结构的特征，如产业结构、所有制结构等。

温涛等（2005）也得到了类似的结论，也就是中国的金融发展提高了中国的收入不平等。他们以 1952—2003 年中国的金融发展、农村金融发展和农民收入增长的实际数据为依据，运用时间序列分析方法实证了中国金融发展与农民收入增长的关系，并以此为依据提出促进农民收入增长的金融发展对策和建议。模型中，他们用货币存量对GDP 比率（M2/PGDP）、金融机构信贷比率（信贷存量对 GDP 的比率）和经济证券化比率（股票和债券的市值与 GDP 的比率）来衡量中国的金融发展水平，他们还用农村居民储蓄比率和农村金融机构信贷比率衡量了农村的金融发展水平，从而考察了农村金融发展水平对城乡居民收入水平的影响。最后，他们使用了协整检验（Cointegration Test）、格兰杰因果关系检验（Granger Causality Test）和 VAR 分析对中国的金融发展水平和农民收入的增长的关系进行了实证分析。他们的实证结果表明金融机构贷款比率和经济证券化比率的提高显著地减少了农民收入的增长，而且经济货币化比率的提高也没有促进中国农民收入水平的提高。同时农村金融的发展同样没有成为促进农民收入增长的重要因素，但是格兰杰因果关系检验发现农村金融发展确实是城市居民收入增长的显著性因素。总之，中国的金融发展水平的提高并没有促进农民收入增长，相反，对农民收入增长还起到了抑制作用。而且这也导致了我国城乡收入差别的拉大与"二元结构"的进一步强化。

姚耀军（2005）基于 VAR 模型和协整分析，并利用 Granger 因果检验法，对中国 1978—2002 年金融发展与城乡收入差距的关系进行了实证研究。他的实证结果表明：金融发展与城乡收入差距关系存在着一种长期均衡关系，金融发展规模与城乡收入差距呈正相关关系且两者具有双向的 Granger 因果关系。这种正相关的关系很可能是由于中国金融资源多数偏向于城市，并且垄断在国有企业手里，信贷的投放也多投向于国有企业。因此会造成这种金融发展和城市收入差距的正相关关系。

张立军和湛泳（2006）利用中国 29 个省、市和自治区 1978—2004 年的数据分析了金融发展影响收入差距的三条途径，即金融发展的门槛效应、金融发展的降低贫困效应、金融发展的非均衡效应。他们的实证分析发现金融发展提高了城乡的收入不平等，并且这种效应在不同的地区，如东部、中部、西部的影响是不同的。

紧接着，张立军和湛泳（2006）又将研究的重点转向了中国农村的金融发展对城乡收入差距的影响。考虑到数据的可得性和实际情况，他们用农户储蓄加上农业贷款之和除以农业产出的比值作为衡量农村金融发展的指标，用向量自回归模型（VAR）进行了分析。最后模型的实证结果仍然表明我国农村的金融发展提高了我国的城乡居民收入差距。究其原因，他们认为农村银行资金和非正规金融体系的外流很可能是导致农村金融发展拉大城乡收入差距的一个重要的原因。与他们不同的是，王征和鲁钊阳（2011）用中国 29 个省份 1993—2008 年的数据分析了各省的农村金融发展与城乡收入差距的关系。但是他们的实证结果与张立军和湛泳（2006）相同，即在控制其他变量不变的情况下，中国农村金融发展扩大了城乡收入差距。无论是农村金融发展的规模、结构还是效率，都与城乡收入差距呈现正相关的关系。王修华和邱兆祥（2011）使用中国 1978—2008 年的时间序列数据进行分析发现农村金融规模（农村存贷款总额与农村 GDP 的比值）的扩大在一定程度上拉大了城乡收入差距，而农村金融效率（农村贷款余额与农村存款余额之比）的提高却有助于缩小城乡收入差距。

杨俊等（2006）也发现金融发展水平显著地扩大了中国的城乡收入差距。使用 1978—2003 年中国的时间序列数据，他们的实证结果发现我国的金融发展是城乡收入差距的格兰杰原因。稳健性检验仍然表明我国的金融发展与全国居民收入分配之间存在显著且稳定的正相关关系。金融服务的门槛成本和城乡的二元结构都是造成金融发展对城乡收入差距的正向作用的原因。

楼裕胜（2008）利用1978—2006年我国的年度时间序列数据并使用误差修正模型进行估计分析时发现，城乡金融发展规模差异和城乡金融发展效率差异均是城镇居民收入差距的格兰杰原因，其中的城乡金融发展规模差异是根据城市和农村的金融发展规模计算得出的，农村金融发展规模用农村存贷款总额占农村GDP来表示，而城市金融发展规模用存贷款总额减去农村存贷款总额后与城市的GDP的比率来表示。同理，城乡金融发展效率的差异也是根据城市和农村的金融发展效率计算得出。其中农村金融发展效率等于农村贷款与农户储蓄存款的比率，而城市金融发展效率等于各项贷款总额减去农村贷款后与城市储蓄存款的比重表示。进一步地，他发现"城市偏向型"金融发展战略导致了城乡金融规模与效率差异的进一步加剧，加大了城乡居民收入的差距。

陈志刚和王婉君（2009）发现中国金融规模的扩张扩大了中国的基尼系数和城乡收入差距比率，但是金融效率的提高降低了城乡收入差距的比率。利用我国1986—2005年的时间序列数据，金融相关系数（FIR）来衡量金融规模，存贷款的比值来衡量金融效率，非银行资产占总资产的比重来衡量金融结构，并分别计算出了中国居民的基尼系数和城乡收入差距比率，使用误差纠正模型进行分析后，他们发现金融规模的扩张扩大了中国的基尼系数和城乡收入差距比率。得益于我国稳健的货币政策的推行和商业银行的"慎贷、惜贷"行为，金融效率的提高缩小了城乡收入差距的比率。最后，金融结构的影响不明显。

叶志强等（2011）也发现了金融发展扩大了城乡的收入差距。他们首先表明了我国金融业的特点：即金融资源多数集中在城市，国有四大银行高度垄断以及金融体系的高度国有化。这些特点很可能导致金融发展对收入的不平等产生扩大效应。接着，他们用中国28个省份1986—2006年的数据每四年取值，这样就减少了商业周期波动和高频数据对估计结果的影响。通过使用混合OLS分析，面板固定效应分析和系统 GMM 分析方法对模型进行了实证分析。他们的实证结果发现金融发展扩大了城乡的收入差距，而且这个结果是稳健的。进一步地他们分析了造成这种现象的原因。通过分别对农村居民人均收入和城市居民可支配收入进行实证分析。他们发现中国的金融发展显著地降低了中国农村居民的纯收入，而中国的金融发展与城市居民的收入的关系并不显著。金融资源高度垄断在城市部门，农村很难获得这些资源，因此金融发展水平的提高很可能减少了农村居民的收入。而中国金融体系的低效率也导致了金融发展水平的提高并没有提高城市居民的收入。

孙永强和万玉琳（2011）利用我国 1978—2008 年的 20 个省份的省级数据对金融发展、对外开放和城乡居民收入差距之间的关系进行了实证分析。在实证分析中他们使用了面板协整和误差修正模型分别对我国总体以及东中西部的金融发展（地区存贷款总额占 GDP 的比重）、对外开放与城乡居民收入差距（泰尔指数）之间的关系进行了分析。最后他们的实证结果表明长期内金融发展扩大了城乡收入差距，但是短期内这种效应并不明显。金融发展对收入不平等的影响在不同地区（东中西部）所起的作用是不一样的。这也证明了进入资本市场需要一定的门槛，穷人由于支付不起这个固定成本因此金融水平的提高扩大了收入差距，进一步地，穷人也无法进行人力资本投资，因而最终使得金融发展水平的提高扩大了我国的城乡居民收入差距。

孙永强（2012）进一步指出中国整体金融发展水平的提高将会扩大城乡居民收入差距。他首先根据中国的实际情况，建立了一个城乡二元经济结构的模型，经过模型推导之后他得到了两个重要的命题：1. 农村部门对外部融资度的提高将提高农村部门的收入水平，而城市部门对外部融资度的提高将提高城市部门的收入水平。整体金融发展的提高将扩大已存在的城乡居民收入差距。2. 消除金融城乡二元结构和城市化都有利于缩小城乡居民收入差距，而金融发展对城市化具有促进作用，金融城乡二元结构的消除将延缓城市化进程。紧接

着，他采用中国 1980—2009 年的数据，并使用了误差修正模型
（ECM）进行了实证分析。实证分析中他用城乡贷款总额/GDP 来衡
量了总的金融发展水平，农村贷款/农村固定资产的比值来衡量农村
外部融资依赖度，城镇贷款/城镇固定资产的比重衡量了城市外部融
资依赖度。通过进行实证分析他发现在经济和金融在城乡存在着二元
结构的情况下，虽然农村和城市的外部融资程度的提高都将分别有助
于提高农民和城市居民的收入，但总体金融发展水平的提高会扩大城
乡的收入差距，而金融城乡二元结构的缓解有助于减小城乡收入
差距。

孙君和张前程（2012）也分析了中国城乡金融的不平衡发展和城
乡收入差距的关系。他们认为，鉴于中国的二元经济结构，城市（农
村）的金融发展必然要和城市（农村）的居民收入水平更相关一些。
因此，他们分别用城市（农村）居民贷款占城市（农村）GDP 的比
重来衡量城市（农村）的金融发展水平，而农村的 GDP 采用第一产
业的 GDP 加上乡镇企业的增加值来表示。这样城乡金融发展规模不
平衡就用上述两个指标之比来表示。同理，城乡金融发展效率不平衡
用城市和农村的金融发展效率之比来表示。而城市或农村的金融发展
效率则用城市或农村的储蓄与贷款的比值来表示。基于 VAR 模型，
他们用协整分析和格兰杰因果检验进行了实证分析。他们的实证分析
表明中国的城乡金融发展不平衡是城乡收入差距之间存在着长期的协
整关系。而且城乡金融发展的规模不平衡和效率不平衡一定程度上拉
大了中国的城乡收入差距。

还有部分学者认为金融发展减小了中国的城乡收入差距，如汪建
新和黄鹏（2009）。他们利用分组数据计算出了洛伦兹曲线，从而也
就计算出了各省的基尼系数。并分别用各省的金融机构贷款总额占
GDP 的比例，各省工商企业贷款在总的贷款中所占的比例以及总的贷
款与固定资本形成额之比，这三个指标来衡量金融发展水平。控制了
一些因素后，他们分别用可行广义最小二乘法（FGLS）和面板校正
误方法（PCSE）对模型进行了分析。他们的实证结果显示：金融发

展水平的提高减小了各省的收入不平等，而且这个结果是非常稳健的。没有足够的证据支持中国的金融发展和收入不平等之间存在着倒U型的曲线关系。

苏基溶和廖进中（2009）运用动态面板分析了中国21个省2001—2007年的金融发展与收入分配的关系。他们的实证结果也认为中国的金融发展更有利于贫困家庭收入水平的提高从而减小了收入分配不平等。此外，金融发展和收入不平等之间倒U型的曲线关系并没有得到实证证据的支持。

杨俊和王佳（2012）基于中国2000—2009年的省级面板数据，运用完全修正最小二乘法（FMOLS）进行了面板协整分析，从金融结构的角度分析了金融发展和城镇居民收入不平等的关系。他们的实证分析发现金融结构的优化、直接融资比例的提高显著地减小了城镇居民的收入不平等。但是这个结果在实际中并不是很显著，因为中国的金融体系并不发达，资本市场也不完善，目前来看国有企业占据了资本市场很大的比重等。如在中国27个地区直接融资的比例为9.3%，但是在以银行为主导的国家这一比例占到了60%。因此，金融发展的均等化收入分配的作用还有待进一步的检验。

乔海曙和陈力（2009）利用县级的截面数据检验了金融发展和城乡收入差距的倒U型曲线关系。他们根据金融聚集理论来分析城乡金融发展差异与城乡收入差距的关系，并提出了三个假设：金融发展的初级阶段，城乡居民收入差距逐渐扩大。随着金融深度的提高，城乡居民收入差距出现拐点。在金融发展的高级阶段，城乡居民收入差距逐渐缩小。接着他们引入Kerdall非参数校验模型进行了实证分析。利用中国2007年的县级层面数据，最终他们的实证结果显示：金融深度低于20%分位数的地区，还处在金融集聚发展阶段，城乡居民收入差距还将继续扩大。金融深度落入中间水平的地区，城乡居民收入差距扩大的趋势或将迎来拐点金融深度分位数高于70%的地区，金融业进入扩散阶段，城乡居民收入差距逐步缩小。乔海曙和陈力（2009）的研究是国内第一个采用非参数估计，使用详细的县级层面的数据进行实证分析的文献。其实证分析所得出的结论对我国的政府决策有很重要的指导意义，对以后的相关研究也起到了很好的借鉴作用。

余玲铮和魏下海（2012）研究了中国金融发展的门槛效应。金融发展可以通过劳动力市场，信贷市场和金融中介服务对收入不平等产生影响。基于 Hansen（1999）的门槛模型和中国 29 个省级层面 1996—2009 年的数据，他们的门槛估计显示：在样本期间内金融发展显著加剧了中国的收入不平等，而且金融发展的收入不平等扩大效应表现出鲜明的门槛特征，跨越特定门槛值后金融发展对收入不平等的扩大影响变得更大。接着他们从金融服务的获取、信贷市场和劳动力市场给出了可能的解释。余玲铮（2012）考察了金融发展与收入不平等的曲线型关系。使用 29 个省份 1997—2009 年的数据进行实证分析时发现，金融发展（各省份金融机构存贷款总额与 GDP 之比）与城乡收入差距显现一种倒 U 型的曲线型关系。曲线的拐点大约是金融发展等于 3.295 处。低于这个数值，金融发展水平的提高将扩大收入不平等，反之则会降低收入的不平等。

总之，关于金融发展和收入不平等的关系，无论在国内还是国外，都是经济学者们研究的热点之一，同时也是政策的制定者们所重点关注的议题之一。因为金融在国民经济体系中占有很重要的地位，而居民的收入分配也是人们所普遍关心的。目前来看，相关的理论和实证研究得出的结果并不统一。理论方面，多数的研究都认为金融发展将减少经济体内部的收入不平等，或者在经济发展的一开始使得收入的不平等增加，但是最终还是会使得收入的不平等减小。但是，短期内，有的学者认为由于金融市场的进入需要一定的门槛，因此并不是所有人都能够享受到金融服务所带来的利益。所以这部分学者认为金融发展在经济的初期将提高居民的收入不平等。而另一部分学者认为金融发展的提高将直接降低居民收入的不平等分配。实证方面给出的证据也不是很统一。但从国际证据来看，多数证据还是认为金融发展的提高降低了收入的不平等，而他们之间的曲线关系并不明显。国内学者的研究以实证文献居多。从国内学者的研究来看，无论是使用中国国家层面，还是省级层面的数据，多数的研究认为金融发展扩大了中国的城乡收入差距。至于金融发展和收入不平等的负相关关系和倒 U 型曲线关系的实证证据并不是很多。这也就说明了虽然目前中国经济发展的规模已经很大，金融体系的规模也已经很大。但是由于各方面的原因，如中国所特有的城乡二元经济结构体系，国有企业的垄断，金融资源的严重偏向城市等，这些都导致了中国的金融资源严重地倾向于配置到城市，而忽略了对农村的支持作用。因此，鉴于关于中国的相关研究的观点不是很统一，本书也认为非常有必要从更加细致的角度，如城市层面进行相应的实证分析，以进一步探究我国的金融发展和收入不平等之间的相互关系。

第三节　小结

目前来看关于金融自由化或者资本开放对收入不平等的影响的理论和实证文献有很多。理论方面多数从资本—技术性劳动力互补性、金融全球化对技术密集和技术性劳动力密集行业的影响等多个方面进行了分析，而在实证方面很多学者也利用跨国或者欧洲国家的非平衡面板数据进行了详细的分析。总体来看无论是理论研究还是实证研究，多数研究都认为金融的自由化扩大了收入的不平等。但是，目前为止从新兴市场经济体国家的角度分析两者关系的文献并不多。前面本书也提到过，这些国家在全球经济中的地位及其影响日益重要。因此，本书将首次将研究的重点放在这些国家身上，以分析一下这些国家在近几十年的金融自由化对收入的分配造成了什么样的影响。而从金融发展与收入不平等的研究来看，相关的研究得出的结论并不统一。理论方面多数认为金融发展水平的提高起到均等化收入分配的作用，但是实证分析方面得出的结论并不统一。为此，本书不仅在分析新兴市场经济体国家的金融自由化与收入不平等的关系时加入了金融发展的因素，还进一步地用细致的中国 265 个城市在入世后 10 年的面板数据分析了我国的金融发展和城乡收入差距的关系。总之，本书将着重分析新兴市场经济体国家的金融自由化、金融发展对收入不平等的关系以及中国在入世后的 10 年内的金融发展水平的提高对城乡收入差距的影响。

第三章

新兴市场经济体国家的金融自由化、金融发展和收入不平等的现状

　　本章将对新兴市场经济体国家的金融自由化、金融发展和收入不平等的现状做一个总体的概括，为本书后面即将要进行的理论和实证分析打下基础。

　　虽然新兴市场经济体这个词已经为人们所广泛熟知，但是目前并没有统一标准的概念来定义新兴市场经济体。不同的国际金融机构或者组织对其也有不同的定义。如 IMF（2012）指出新兴市场经济体包括以下几个国家：巴西、保加利亚、智利、中国、哥伦比亚、爱沙尼亚、匈牙利、印度、印度尼西亚、拉脱维亚、立陶宛、马来西亚、墨西哥、巴基斯坦、秘鲁、菲律宾等。而彭博社的摩根斯坦利国际资本公司（MSCI，2013）将以下国家定义为新兴市场经济体国家：阿根廷、巴西、智利、哥伦比亚、埃及、希腊、捷克共和国、匈牙利、印度、印度尼西亚、马来西亚、墨西哥、秘鲁等国家。本书则参考了 Kearney（2012）对新兴市场经济体国家或地区的划分。他将这些针对新兴市场经济体国家不同的分类整合起来后，将其划分为以下几个国家和地区：阿根廷、巴西、捷克共和国、智利、中国、哥伦比亚、埃及、匈牙利、印度、印度尼西亚、以色列、约旦、马来西亚、摩洛哥、墨西哥、巴基斯坦、秘鲁、菲律宾、波兰、俄罗斯、南非、韩国、中国台湾、泰国、土耳其、阿拉伯国家和委内瑞拉，一共 27 个国家和地区。其中，中国、印度、俄罗斯和巴西，按照 IMF 在 2012

年的统计，它们的 GDP 按照购买力平价计算，其总量位居世界的前10 位。而墨西哥、韩国、印度尼西亚、土耳其等国家其经济总量位居世界前 20 位。基于数据的可得性，本书删除掉了我国台湾地区和沙特阿拉伯国家，所以最终本书所分析的样本主要包含了 25 个国家。按照所处的地区不同又将这 25 个国家分成了五组，分别是：非洲地区、亚洲地区、欧洲地区、中北美洲地区、南美洲地区。非洲地区包括了埃及、摩洛哥和南非；亚洲地区包括了中国、印度、印度尼西亚、以色列、约旦、马来西亚、巴基斯坦、菲律宾、韩国、泰国和土耳其等国家；欧洲地区则包括了捷克共和国、匈牙利、波兰和俄罗斯；中北美洲地区则包括了墨西哥，南美洲地区包括了阿根廷、巴西、智利、哥伦比亚、秘鲁和委内瑞拉。

"二战"以后，世界经济的一体化进程通过贸易和金融的全球化进一步加快并达到了一个新的高度，远远超过了"一战"以前的水平。目前来看，大量的文献关注于贸易的自由化对收入分配的影响，而金融的自由化对各国收入分配影响的相关研究并不是很多。因此本章将着重介绍一下新兴市场经济体国家近几十年来所进行的金融自由化以及金融发展水平和收入分配状况，进而从总体上对这几者之间的关系有所了解。

第一节 新兴市场经济体国家的金融自由化与金融发展

一 新兴市场经济体国家的金融自由化

(一) 金融自由化的概念

简而言之，金融自由化就是消除对国际资本的流动以及交易的管制[①]。按照国际货币基金组织（IMF）第六版的国际收支和国际头寸手册，国际资本的流动和交易主要是指其金融账户项目下的各种交

---

① 郑重等（2013）。

易，包括了直接投资（股票、股权、认购凭证以及共同基金等），证券资本投资（债券，票券，货币市场工具等）和其他投资（贷款，贸易信贷和预付款，其他应收/应付款，特别提款权分配等）以及金融衍生品和雇员认股权、储备资产（货币黄金，特别提款权，在基金组织中的储备头寸以及其他储备资产）等。此外，IMF 从 1996 年起便通过发表《关于汇率制度和外汇管制的年度报告》（*Annual Report on Exchange Arrangements and Exchange Restrictions*）来衡量各国的金融账户项目下各个指标的开放程度。通过分别衡量各国金融账户下各个项目（如货币市场工具，直接投资，个人资本流动管制等）的管制程度，并分别赋予 0 或者 1 的值，其中 0 代表的是完全的管制，而 1 则代表的是完全的开放。但是，一般来说这种描述资本管制的方法只是简单地赋予 0 或者 1 两个值，因此考虑得并不细致。所以很多的经济学者们借鉴 IMF 的 AREAER 并构建了一些其他相关的指标来对金融的自由化程度进行度量，本书后文将会对此做进一步的说明。

一般来说，金融自由化的概念也与金融一体化的概念类似，即描述一国国内的金融管制解除和对外金融的开放同步进行，从而与国际资本市场联系加深的进程（刘程，2009）。而且在西方的多数研究文献中，金融开放、金融一体化或者资本账户的一体化的概念是完全等价的，并不加以区分。所以如果不加以特殊说明的话，本书中使用到的这几个概念均为一个意思，都表示各国的金融自由化。

（二）新兴市场经济体国家的金融自由化现状

表 3.1 是根据 Bekaret et al.（2005）的数据整理出的 19 个新兴市场经济体国家的事实和官方的股市自由化情况。其中事实的自由化时间是官方的自由化时间、第一个美国存托凭证的首发时间和第一个国家基金的首发时间这三个时间中最早的一个时间。从这个表中可以清楚地看到，在 20 世纪八九十年代，表中所包含的 19 个新兴市场经济体国家都或早或晚地选择了实施金融自由化的改革政策。如阿根廷在 1989 年为了实现资本的自由汇款和股利、资本收益的汇款而实施了官方允许金融的自由化。巴西在 1991 年修改了外商投资的相关法律，

允许外商机构占有投票权的股票的 40%，而不具有投票权的股票的
100%，并且对资本的收益不再征收相关税收和外资资本在国内至少
6 年内不准撤资，而以前这个年限至少是 12 年。埃及在 1992 年也允
许外国投资者可以完全地进入资本市场并且对外商投资股票市场没有
任何限制等。所以说，在 1980—1997 年这 18 年时间里，多数的新兴
市场经济体国家为了方便资本的自由流动都选择了金融或者说资本账
户自由化的金融改革政策。

表 3.1　　　　　新兴市场经济体国家 1980—1997 年的官方
自由化与事实自由化

国家	官方的自由化时间	第一个美国存托凭证（ADR）首发时间	第一个国家基金（Country Fund）的首发时间
阿根廷	1989	1991	1991
巴西	1991	1992	1992
智利	1992	1990	1989
哥伦比亚	1991	1992	1992
埃及	1992	1996	—
印度	1992	1992	1986
印度尼西亚	1989	1991	1989
以色列	1993	1987	1992
约旦	1995	1997	—
韩国	1992	1990	1984
马来西亚	1988	1992	1987
墨西哥	1989	1989	1981
摩洛哥	1988	1996	—
巴基斯坦	1991	1994	1991
菲律宾	1991	1991	1987
南非	1996	1994	1994
泰国	1987	1991	1985
土耳其	1989	1990	1989
委内瑞拉	1990	1991	—

注：根据 Bekaret, et al.（2005）的数据整理计算得出。

表 3.1 是通过分别采用官方的自由化指标和事实的自由化指标对多
数的新兴市场经济体国家金融自由化的一个总体描述，无论从哪个方面

来看，近几十年来越来越多的新兴市场经济体国家选择了金融的自由化政策。下面再来分别了解一下各个国家的金融自由化情况。首先看一下金砖四国（巴西、俄罗斯、印度和中国）的金融自由化状况。因为目前这四个国家的经济总量排名均位居世界前 10 位，而且在本章考察的 25 个新兴市场经济体国家中这四个国家的经济总量也占有很大的比重。所以本章首先考察这四个国家在最近几十年的金融自由化情况。

正如前文所述，1991 年巴西政府修改了一系列的外商投资法案，放宽了外商在其国内进行投资的一些限制从而在官方允许了金融的自由化。图 3.1 是使用 Abiad et al.（2010）的标准化为 0—1 的金融改革指标描述的巴西在 1980—2005 年的金融改革情况①。从图 3.1 中也可以看到，在 1991 年巴西政府宣布官方的金融自由化之后，其金融自由化程度便逐渐提高。但在 1991 年之前这个值增长的幅度并不大，甚至还有所下降。总体来说巴西的金融自由化程度越来越高，尤其是在官方宣布金融自由化之后。

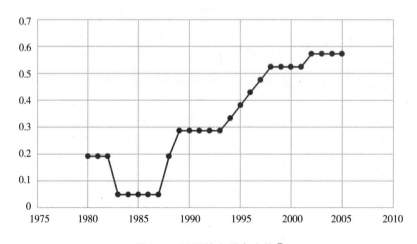

图 3.1　巴西的金融自由化②

---

① 关于 Abiad et al.（2010）指标的详细说明，稍后将会在第四章予以介绍。
② 根据 Abiad et al.（2010）的数据整理得出，以下类似。

图 3.2 则是关于俄罗斯的金融自由化进展情况。俄罗斯在 20 世纪 80 年代末采取了激烈的"休克式"经济改革之后，在金融市场方面采取了全面的金融自由化的改革措施以尽快融入国际金融体系中。如 1993 年进行的利率的市场化改革，货币市场的改革，股票市场的私有化和允许外资进入证券市场并于 1993 年开始发行短期的债券。在外汇市场方面俄罗斯也开始逐步放开了汇率的管制，并实现卢布的可自由兑换。从图 3.2 中也可以看到俄罗斯的金融自由化程度从 1990 年开始一直处于上升状态，但是从 1998 年到现在为止，这个数值一直停留在了 0.8 左右。1998 年正好是俄罗斯金融危机爆发的时间，过重的债务负担和税收状况恶化导致政府丧失偿债能力，致使俄罗斯在 1998 年 8 月爆发了严重的金融危机。虽然在 1998 年爆发了严重的金融危机，但是俄罗斯国内以市场经济为导向型的金融市场体系已经逐步建立起来了。普京执政以后开始逐步完善金融体制和货币政策，稳定卢布比值，调整汇率政策和国债政策，金融体制逐渐完善。总之，20 世纪 90 年代俄罗斯的金融自由化得到了较快的发展，但是进入 21 世纪后，俄罗斯的金融自由化改革处于完善期，从图 3.2 中也可以看到 2000 年以后这个指标比较平稳。梅德韦杰夫执政后则致力于进一步推进俄罗斯的金融自由化改革。俄罗斯还提出要扩大区域金融合作，倡导构建国际金融新秩序，并进一步落实金融深化改革战略，重振金融市场，实现金融稳定与安全。其通过的《2020 年前俄罗斯金融市场发展战略》还提出了规范和发展俄罗斯证券市场，并努力将莫斯科建成国际性金融中心。

图 3.3 则描述了 1980 年以来中国的金融自由化情况。同前面的分析类似，金融自由化指标采用的是 Abiad et al. （2010）的数据。1978—1980 年这段时间内，我国实行改革开放政策以后，开始逐步恢复了金融体系，中国人民银行、中国银行、中国建设银行和中国农业银行开始重新建立起来。80 年代开始现代金融服务体系的雏形逐渐建立起来了。中国人民银行的功能逐渐确立起来，中国工商银行也从央行分离出来。一些信托投资公司、财务公司和投资基金也

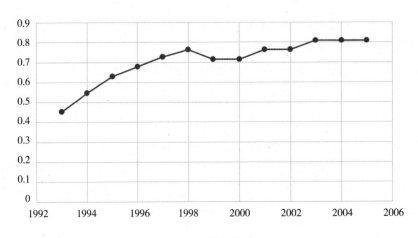

图 3.2 俄罗斯的金融自由化

开始逐渐出现。一些国库券、金融债券和企业有价证券也开始发行。但是从图 3.3 中可以看到这一时间中国的金融自由化水平比较低，而且这一时期也比较平稳。90 年代开始金融体系有了较快发展。1990 年年底成立了上海证券交易所，1991 年年初深圳证券交易所挂牌，一些证券公司和证券投资基金也相继设立。总之这一时期资本市场有了很大的发展。1993 年党的十四届三中全会确定了社会主义市场经济体制的基本框架，国务院又相继出台了一系列的法律法规逐步规范了我国金融市场的发展，如商业银行法、保险法等。这一时期我国的金融开放有了很大进展，如图 3.3 所示，从1993 年开始直到 2000 年，我国金融的自由化程度直线上升。进入21 世纪以来我国的金融市场改革进入了一个新的阶段，尤其是在中国于 2001 年加入世界贸易组织以后。国有金融机构的改革进一步深入，资本市场也开始新的改革，利率市场化的稳步推进，按照WTO 规则的要求金融业的全面开放以及人民币汇率的逐步完善，2005 年我国推出了汇率形成机制的进一步改革，实行以市场供求为基础、参考一篮子货币计算人民币多边汇率指数的变化、有管理的人民币汇率制度，承诺了保持人民币汇率在合理、均衡水平上基本稳定的责任。从图 3.3 中可以清楚地看到，2000 年以后我国的金融开放又上了一个新的台阶。虽然目前来看我国的资本账户仍然是不可自由兑换的，但是总体来看，以 Abiad et al.（2010）的指标衡量的我国金融自由化情况已经有了很大的进展。

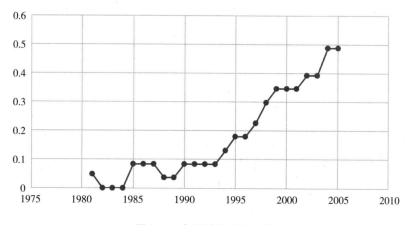

图 3.3　中国的金融自由化

　　图 3.4 描述的是印度 1988—2005 年的金融自由化进展情况。1991 年之前印度对金融体系的管制比较多，限制了金融市场的发展。印度政府开始逐步实行了金融自由化的政策，通过对整个的金融体系进行重建以使得市场在价格决定和资源配置中起到决定性的作用。结果利率逐渐市场化，存款准备金和法定准备金也下降了很多，1992 年股票市场也逐渐自由化，1986 年设立了第一个国家基金，1993 年资本账户的管制也逐渐放开，一些外资的银行开始在印度设立，同时对股票投资和外资直接投资的限制也取消。1993—1994 年汇率也统一起来了。总之，20 世纪 90 年代开始印度开始大力推行了金融自由化的政策并取得了很大的成就。如图 3.4 所示，从 1988 年开始，金融自由化指标逐渐上升，到 2005 年这个值已经从 1988 年的 0.0476 增长到了 0.6190。

　　其他的新兴市场经济体国家的金融自由化进程在近二三十年来也取得了很大的进展。如图 3.5 是阿根廷 1982—2005 年的金融自由化进展情况。从 20 世纪 80 年代末期阿根廷的金融自由化进程开始加

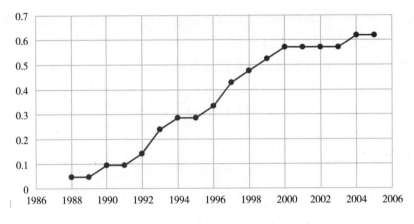

图 3.4 印度的金融自由化

快，到 1995 年这个数值已经增长到了 0.8095 左右，之后略微有所下降，但是一直保持在 0.7 以上。

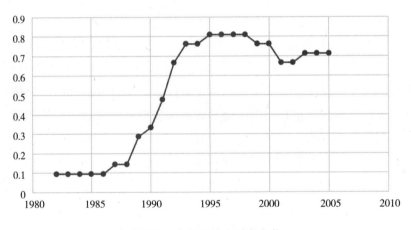

图 3.5 阿根廷的金融自由化

图 3.6 则是以色列的金融自由化情况。20 世纪 80 年代末期以色列的金融自由化程度加速上升，一直到 2005 年，这一指标已经迅速增长到了 0.9066 左右，几乎为金融完全自由化的国家。由于篇幅原因，其他新兴市场经济体国家的金融自由化情况就不一一赘述了。

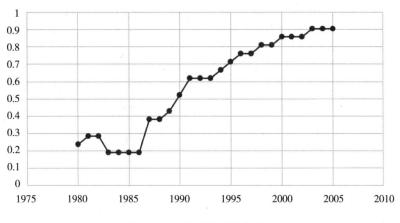

图3.6 以色列的金融自由化

总体而言，自20世纪80年代开始，新兴市场经济体国家的金融自由化的进程大大加快。目前来看，多数国家已经实施了金融自由化的政策。即便是一些国家没有实现官方的自由化，但是按照 Abiad et al. （2010）的金融自由化指标来衡量的话，这些国家的金融自由化的程度也有了很大提高。

二 新兴市场经济体国家的金融发展

前面主要分析了新兴市场经济体国家的金融自由化情况，这一部分再来看一下这些国家的金融发展水平状况是怎样的。衡量金融发展水平的指标有很多，为了综合考虑信贷市场和股票市场的发展，在本章中金融发展指标选取的是 Beck et al. （2013）的五个指标来衡量一国的金融发展程度，在第四章的实证分析部分将会对这五个指标做一个详细的说明①。一般来说，发达国家的金融发展水平要高于发展中国家，如图3.7所示。很显然在图3.7中，高收入群体国家的私人信贷与 GDP 的比重的中位数是最大的，并远远大于其他收入群体的国

① 这五个指标包括金融体系发放给私人机构的贷款占 GDP 的比重，股票市场上市公司的总市值占 GDP 的比重等。

家的这个比重，在图中由最高的曲线表示。而低收入群体国家的这个
比值则是最低的。在图中由最低的曲线表示。总体来看，在 1980—
2007 年这段时间里，除了低收入群体的国家以外，用私人信贷占
GDP 的比重来衡量的金融发展水平在不同的收入群体的国家中均呈现
了上升的趋势，但是不同收入群体的国家之间的上升趋势是不同的。
一般来说，高收入国家的私人信贷占 GDP 的比重的增长比较大，从
1980 年的 0.5 左右增长到了 2007 年的 1.2 左右。低收入国家的这个
比值几乎没什么变化，一直徘徊在 0.1 左右。较高的中等收入国家和
较低的中等收入国家的这个比值处于缓慢上升的状态。新兴市场经济
体国家属于中等收入的国家，因此可以说在这段时间里这些国家的金
融发展水平也在缓慢地提高。

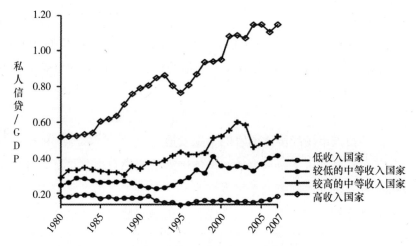

图 3.7　不同收入群体的国家的私人信贷占 GDP 的
比重的中位数（1980—2007）①

　　图 3.8 是用另外的一些金融发展指标来衡量的全球各国的金融发
展水平在 1995—2007 年的总体变化情况。从图中可以清楚地看到，

---

①　资料来源：Beck et al.（2009）。

对于全球的所有国家来说，股票市场的上市公司的总市值占 GDP 的比重和股票市场的交易量占 GDP 的比重这两个指标在过去的 12 年里一直处于上升的态势。股票市场的交易量比率这个指标在 2003—2007 年的增长态势比较明显，但是之前的变化并不是很明显。

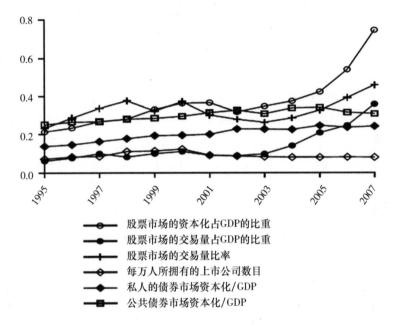

图 3.8　不同国家的股票市场、债券市场在不同时间的

发展状况（1995—2007）①

　　图 3.7 和图 3.8 是对不同收入群体的各个国家甚至全球各国金融发展水平的一个总体概况。接下来，如第一部分介绍金融自由化的情形一样，将着重看一下代表性的新兴市场经济体国家这几十年的金融发展情况是怎样的。

　　首先来看看中国的情况。图 3.9 是分别用五个指标所表示的中国的金融发展情况。其中的 pcrdbgdp 表示的是由储蓄银行发放给私人机

---

① 资料来源：Beck et al.（2009）。

构的贷款占 GDP 的比重，而 pcrdbofgdp 表示的是由金融体系内所有的机构发放给私人机构的贷款占 GDP 的比重。stmktcap 则表示的是上市公司的总市值占 GDP 的比重，stvaltraded 表示的是上市公司的交易量占 GDP 的比重，最后 stturnover 表示的是股票市场的交易总额占股票的总的上市公司的市值的比重。很多学者在研究金融发展与收入不平等的关系时都用这五个指标来衡量一国的金融发展水平，如 Kappel（2010）等。Beck et al.（2009）也认为这五个指标可以很好地对一国的信贷市场和股票市场的发展水平进行衡量，因此这些指标可以很好地刻画一国的金融发展水平。pcrdbgdp 和 pcrdbofgdp 这两个指标的取值大小几乎相等，所以在图中这两条曲线是重合的。从信贷市场的发展来看，随着中国的金融改革进程逐渐推进，虽然中国的金融发展水平变化比较平稳，但是仍然处于上升的态势。这与很多的国内学者如温涛等（2005）对中国金融发展水平的总体描述是类似的。股票市场的发展所得到的结果并不统一。stmktcap 和 stvaltraded 这两个指标在 1990—2005 年之前的变化并不是很明显，但是 2005 年之后这两个指标开始急速上升，2007 年达到峰值以后逐渐开始下降。这也正好与中国目前的股市发展相吻合。stturnover 反映的是股票市场的活动能力或者流动能力。一个规模比较小的股票市场如果交易量比较大那么这个指标的取值也将会很大，相反，一个规模比较大的股票市场如果交易量比较小那么这个指标的取值也将会很小。图中可以看到这个指标的变化并不是很明显，其波动也比较大。进入 2000 年之后这个指标的波动范围有所减小。总之，通过对图 3.9 的分析可以发现，大体来看中国的金融发展水平在进入 2000 年之后发展比较迅速，无论是信贷市场还是股票市场的发展都取得了较大的进步。2000 年之后金融发展水平虽然进展比较缓慢，但是仍然呈现了上升的态势。

再来看看另外一个新兴市场经济体国家——印度的金融发展情况，如图 3.10 所示。私人信贷占 GDP 的比重几乎在 1980—2011 年这三十几年里没有大的变化，这也可以从 pcrdbgdp 和 pcrdbofgdp 这两个指标的曲线图中看到。反倒是印度股市的发展变化比较明显，如图

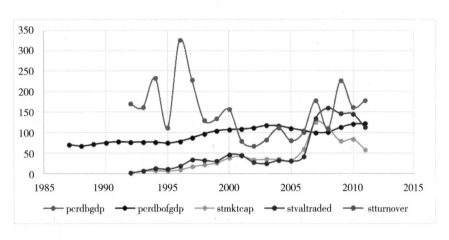

图 3.9　中国的金融发展

中的 stvaltraded 和 stmktcap 两个指标所示。stturnover 指标在 2000 年达
到其峰值，之后便一直下跌。2007 年略微有所上升但是 2009 年以后
又有所下降。这也就是说 2000 年之后印度的股市活动量呈现了下降
的趋势。因此，综合图 3.10 的分析可以看到，以股市市场的指标衡
量印度的金融发展情况比较明显，但是信贷市场的发展并不是很
明显。

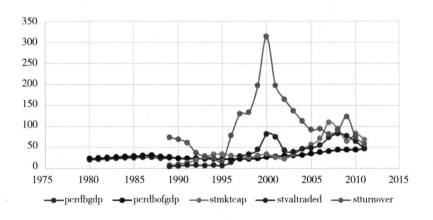

图 3.10　印度的金融发展

图 3.11 描述的是巴西的金融发展水平变动情况。股市的交易量比率（stturnover）这个指标变动依然很大，在 1993 年时这个指标达到了最大值，之后便一直下降。其他的两个股票市场的指标（stmktcap 和 stvaltraded）则是从 20 世纪 90 年代开始一直都在平稳上升。私人信贷占 GDP 的比重的两个指标由于它们的取值类似，所以在图 3.11 中两个指标的曲线几乎重合。同印度的情况类似，在 1980—2011 年的三十几年的时间里，这个指标的变化不是很大，只是在 2000 年以后开始略微有所上升。

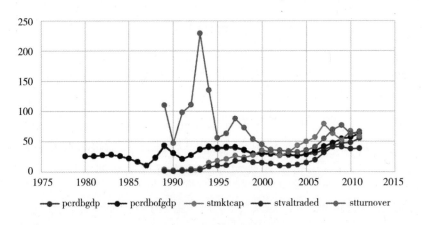

图 3.11 巴西的金融发展

俄罗斯的金融发展水平在 1994—2011 年这段时间里提高很多，如图 3.12 所示。俄罗斯在 20 世纪 80 年代末进行经济体制改革以后，金融体系的改革便一直是其改革的重要领域。虽然中间发生过金融危机，但是总体来看俄罗斯的金融改革还是取得了很大的成效。从私人信贷占 GDP 的比重来看，这个指标从 1994 年开始就一直在上升，从 1994 年的 0.0684 持续增长到了 2011 年的 0.4166。股票市场的发展也非常好，从 1994 年开始三个股票市场的指标一直都是上升的态势。而且，与中国、印度和巴西不同，俄罗斯的股票市场交易量比率（stturnover）这个指标的取值也一直上升，2008—2011

年中间虽有所下降，但是总体来看仍然是上升的。俄罗斯的金融体系改革虽然中间遭受了金融危机的重创，但是长期来看仍然取得了很大的成就。

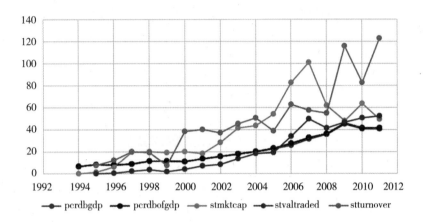

图 3.12 俄罗斯的金融发展

　　上述图示对金砖四国近三十几年的金融发展状况有了一个大体的介绍。其他的新兴市场经济体国家的情况与之类似，如图 3.13、图 3.14 和图 3.15 所示。图 3.13 是哥伦比亚（Colombia）的金融发展情况。私人信贷占 GDP 的比重从 20 世纪 90 年代开始一直上升，1998 年之后有所下降，但是很快在 2000 年之后直到目前为止，一直都在增加。在股票市场的发展中，stvaltraded 在 1990—2011 年的变化不是很明显，但是 stmktcap 指标在这个时间段里的增长趋势比较明显。

　　图 3.14 和图 3.15 分别是匈牙利和印度尼西亚的金融发展情况。从这两个图中可以清楚地看到，两个国家的私人信贷占 GDP 的比重这个指标在过年的二三十年里均有所上升或下降，但是 2000 年之后均处于上升的态势。股票市场的发展中 stturnover 指标的波动性都很大，另外两个股票市场的发展指标在这两个国家的变化情况也类似。

　　总之，从金砖四国和其他几个新兴市场经济体国家的金融发展情况来看，多数国家的金融发展水平在近几十年来有了显著的提高，尤

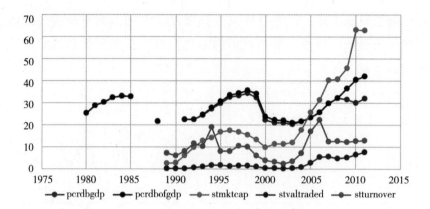

图 3.13　哥伦比亚的金融发展

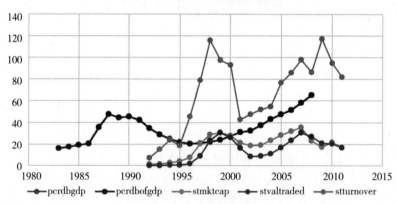

图 3.14　匈牙利的金融发展

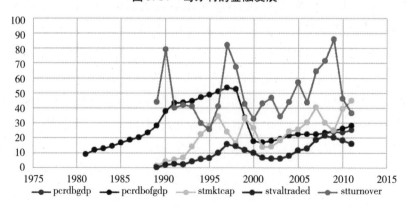

图 3.15　印度尼西亚的金融发展

其是信贷市场的发展。因此，虽然新兴市场经济体国家的金融改革遇到了很多困难，但是也取得了很大的成效。股票市场的发展也不可忽视，新兴市场经济体国家的股市起步比较晚，但是经过几十年的发展，股市在经济发展中所起的作用也已经越来越明显。

第二节 新兴市场经济体国家的收入分配

上一节介绍了新兴市场经济体国家的金融自由化和金融发展的现状。鉴于本书的研究目的是分析金融自由化和金融发展对收入不平等的影响，因此这一节将回顾一下新兴市场经济体国家近几十年的收入不平等现状。

一 全球收入不平等的总体概况

根据 IMF（2007）的统计数据显示，世界各国的收入不平等自1985 年以来均有了不同程度的提高（如图 3.16 所示）。具体来看，较高的中等收入国家的收入不平等一直处于最高的位置。较低的中等收入国家的收入不平等程度次之，但这类国家自 1985 年以来收入不平等上升的程度最大。再者便是高收入国家和低收入国家群体。这两类国家在近几年的收入不平等上升程度较为缓慢。

此外，IMF（2007）的统计数据还显示，除了撒哈拉沙漠以南的非洲国家和独联体国家（CIS）以外，在亚洲地区、中东欧国家、拉丁美洲、新兴工业化国家和发达经济体国家，收入的不平等在过去的几十年里都有了一定程度的扩大。使用以人口为权对各个地区或国家的基尼系数进行重新计算后，这个趋势并没有发生多大变化。

总而言之，世界各国的收入不平等在过去的几十年里均有所扩大，较高的中等收入国家其收入不平等仍高居不下。拉丁美洲和加勒比海地区等一些新兴市场经济体国家的收入不平等也处于很高的位置。那么新兴市场经济体国家的收入不平等情况是怎样的呢？接下来将具体介绍一下这些国家在过去的二三十年里的收入不平等状况。

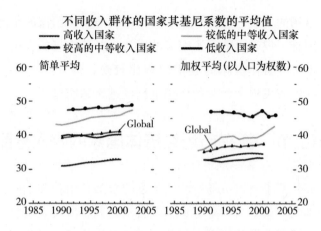

图 3.16　全球的收入不平等（按照不同的收入群体划分）

图 3.17 则是按照不同的地区所列明的各个国家的收入不平等变化情况。除了撒哈拉沙漠以南的非洲国家和独联体国家（CIS）以外，在亚洲地区、中东欧国家、拉丁美洲、新兴工业化国家和发达经济体国家，收入的不平等在过去的几十年里都有了一定程度的扩大。使用以人口为权重重新对各个地区或国家的基尼系数进行重新计算后，这个趋势并没有发生多大变化。

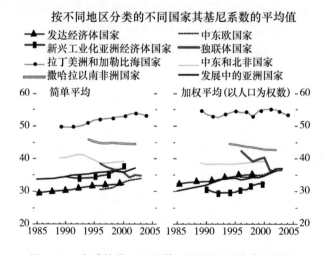

图 3.17　全球的收入不平等（按照不同的地区划分）

二 新兴市场经济体国家的收入不平等

同第一节一样，这部分将分别介绍一下主要新兴市场经济体国家的收入不平等情况。图 3.18 是对巴西的收入不平等的现状的一个描述，收入不平等用基尼系数指标来衡量，采用的是 Solt（2013）的标准的世界收入不平等数据库（SWIID）里关于各国收入不平等的统计。其中的基尼系数指标是使用税后和转移支付后的收入所得计算出来的，Solt（2013）的 SWIID 数据库中基尼系数的跨国可比性和数据的可得性很强，在第五章的实证分析部分本书还将会对这个指标进行更加详细的介绍。巴西在 1980—2011 年这三十多年的时间里基尼系数变化不是很大，一般徘徊在 0.5 左右，而 2000 年之后巴西的基尼系数开始逐步下降。官方的金融自由化（1991）前后基尼系数的几乎没什么变化。如 1988—1990 年平均的基尼系数约为 0.5292，而 1992—1994 年平均的基尼系数为 0.5181，略微有所下降。虽然巴西的基尼系数这 30 年里比较平稳并在 2000 年之后开始下降，但是一直高于国际公认的 0.4 的警戒线，所以说收入的严重不平等在巴西依然是一个亟须解决的问题。

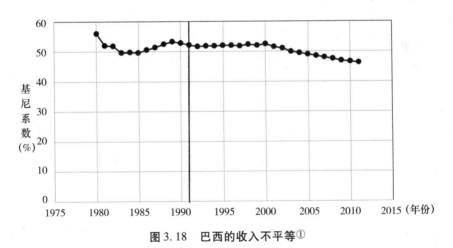

图 3.18 巴西的收入不平等①

---

① 图中黑色实线表示的是官方的股市自由化时间，以下类似。

图 3.19 则是关于中国的收入不平等在近 30 年内的变动情况。1985 年之后中国的收入不平等开始缓慢地上升，直到 2002 年左右开始维持在了 0.5 这个数值上。按照 Solt（2013）的统计，1993 年之后中国的收入不平等已经超过了国际公认的 0.4 的收入不平等警戒线。目前中国的经济发展已经取得了很大的成就，但是收入的不平等在最近这几年来一直居高不下，2013 年党的十八届三中全会也指出今后将会改革现行的收入分配制度，促进共同富裕。因此，今后一段时间里如何解决过高的收入不平等将是我国面临的一个重要议题。值得注意的是，在这几十年来，无论是中国的金融自由化程度还是金融发展水平均有大幅度的提高。对应到前面所描述的金融开放程度的描述，尤其是在 1990 年之后，按照 Abiad et al.（2010）测算的中国金融自由化程度开始直线上升，这段时间内中国的收入不平等上升很快，因此至少从这些图示中可以看到金融自由化与收入不平等之间的正向关系。

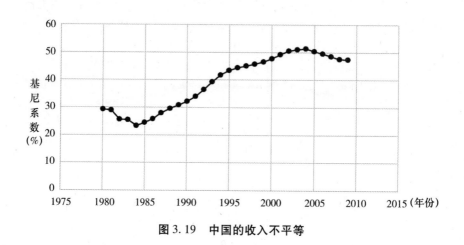

图 3.19　中国的收入不平等

官方的金融自由化之后印度的收入不平等变化也比较明显，如图 3.20 所示。图中的黑色实线为印度的官方金融自由化时间。因此从图示中可以发现金融自由化之后印度的收入不平等变化非常明显，金融自由化之前的前三年基尼系数平均为 0.4711，而金融自由化之后的三年内平均的基尼系数为 0.5022。金融自由化前后的这种收入不平等变化情况也为后文的进一步实证分析打下了基础。

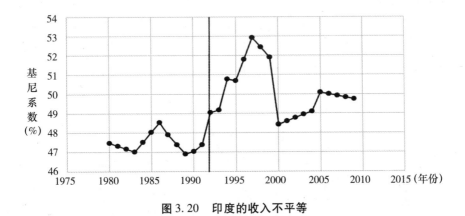

图 3.20　印度的收入不平等

　　俄罗斯的情况依然如此，如图 3.21 所示。俄罗斯在 20 世纪 80 年代末期 90 年代初期进行了激进式的金融自由化改革，同时根据图中的曲线也显示出 1990 年以后俄罗斯国内的收入不平等逐渐加剧，1995 年达到峰值后有所下降，之后的时间里也是一直徘徊在 0.4 左右。

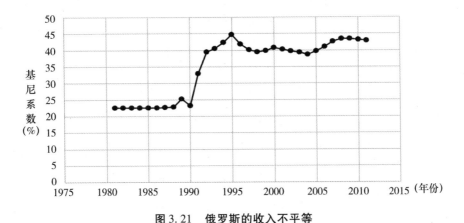

图 3.21　俄罗斯的收入不平等

　　同样，再来分析一下其他新兴市场经济体国家的收入不平等情况。图3.22—图3.27分别是对印度尼西亚、以色列、墨西哥、巴基斯坦、南非和泰国的金融自由化前后收入不平等的一个描述。同前述一样，黑色实线表示的是官方的金融自由化时间。总体来看，官方的金融自由化后，这些国家的收入不平等与自由化之前相比，均有所提高。

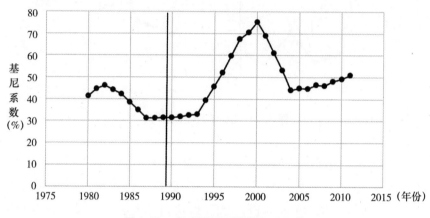

图3.22　印度尼西亚的收入不平等

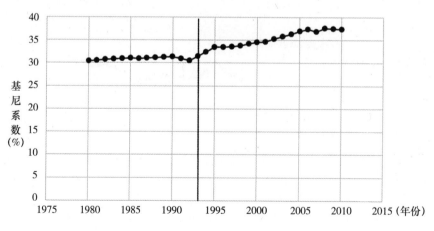

图3.23　以色列的收入不平等

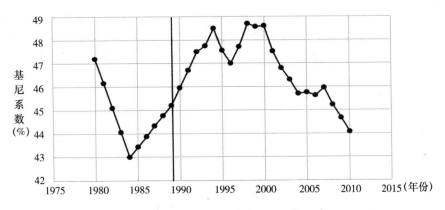

图 3.24 墨西哥的收入不平等

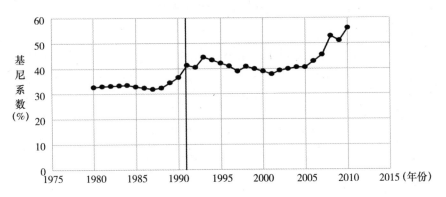

图 3.25 巴基斯坦的收入不平等

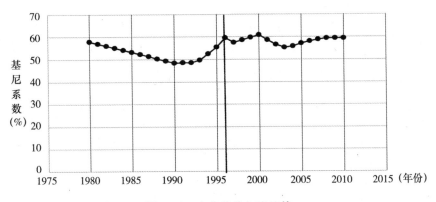

图 3.26 南非的收入不平等

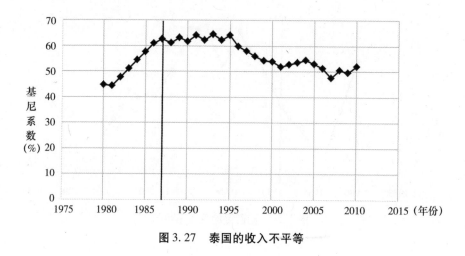

图 3.27　泰国的收入不平等

金融自由化可以通过多种渠道影响到一国的收入不平等，如资本和技术性劳动力的互补性，对技术密集和技术性劳动力密集型行业的投资，资本市场的不完全性等多种途径可能会增加一国的收入不平等。在理论分析和实证分析部分本书将会进一步地进行阐述。

第三节　小结

20 世纪七八十年代以来，新兴市场经济体国家融入全球金融市场体系中的步伐逐渐加快。平均来看，新兴市场经济体国家的以事实的自由化指标所表示的金融自由化程度在 1970 年以后一直处于上升的状态，到 2004 年左右这一指标已经到了 0.9 左右（Kose et al.，2006）。具体来说，金砖四国的金融自由化进程很快，如印度的金融自由化指标从 1988 年的 0.0476 很快地就增长到了 2005 年的 0.6190，中国的金融自由化指标则从 1981 年的 0.0476 增长到了 2005 年的 0.4881，俄罗斯的金融自由化程度从 1993 年的 0.4524 增长到了 2005 年的 0.8095，而巴西的金融自由化程度从 1980 年的 0.1905 增长到了 2005 年的 0.5714。其他的一些新兴市场经济体国家印度、阿根廷等国家金融自由化的程度也是逐步提高的。通过使用 Beck et al.

（2013）的五个指标来测度一国的金融发展水平程度，可以看到，新兴市场经济体国家的金融发展水平在过去的几十年里也有了很大提高。信贷市场的发展比较平稳，但是股票市场的发展则要变化更大一些。进一步地，对新兴市场经济体国家1980—2011年的收入分配现状进行分析后发现，普遍来看，一国在采取金融自由化政策的同时也伴随着收入不平等的上升，如印度、俄罗斯、墨西哥等。总而言之，上述对各国的金融自由化、金融发展以及收入不平等的总体状况为本书后续即将要进行的理论和实证分析打下了一个很好的基础。接下来的章节本书将先分析一下金融自由化以及金融发展对一国收入不平等的影响渠道或者机理，之后再通过采用实证分析以验证理论模型所得出的结论的适用性。

第四章

金融自由化对收入
不平等的影响机制

通过前几章的介绍，已经对金融自由化、金融发展和收入不平等的相关理论研究和实证分析有了初步的了解。这一章将会对金融自由化对收入不平等的影响机制或者说影响渠道进行深入的分析，从而在理论上对这两者之间的关系有一个很好的把握，并为后面即将进行的实证分析打下基础。

第一节　金融自由化与收入不平等——
一个理论解释

经济的全球化可以通过很多渠道对一国居民的收入不平等造成影响。如 Goldberg 和 Pavcnik（2007）所指出，经济全球化如贸易的自由化、国际外包、资本的跨边界流动以及外汇汇率的冲击等，这些经济全球化的因素都对一国居民的收入不平等造成了很重要的影响。与其不同，本书主要关注于资本市场或者说金融的全球化对收入不平等的影响。而在分析金融自由化对收入不平等的影响之前，首先提出一个很重要的假定，那就是资本和技术性劳动力的互补性。Grihiches（1969）最早提出：相对于非技术性劳动力来说，技术性劳动力与资本要更为互补一些。他还使用行业的数据对这个假设进行了证实。紧接着 Krussel（2000）就指出资本和技术性劳动力的互补性可以很好地解释近几年来发生的技术溢价现象，这里技术的溢价指的是技术性劳动力的工资与非技术性劳动力的工资之比。Acemoglu（2003），Burstein（2013）和Parro（2013）也指出了资本和技术性劳动力的互补性以及技术性劳动力偏向的技术变化（Skill—Biased Technology Change）都会提高收入的不平等。一般来说，资本的增加降低了资本的成本，因此，企业也会选择用更多的资本去代替劳动力。假设劳动力分为技术性劳动力和非技术性劳动力，那么资本和技术性劳动力的替代弹性要小于资本和非技术性劳动力的替代弹性，也就是说：

$$\sigma_{k,u} > \sigma_{k,s}$$

其中 k 为资本，u 为非技术性劳动力，s 为技术性劳动力。这里的替代弹性为 Allen—Uzawa 偏替代弹性，其定义为如下形式：

$$\sigma_{x,y} = \frac{d\ln \dfrac{x}{y}}{d\ln \dfrac{\partial f / \partial y}{\partial f / \partial x}}$$

其中 $x, y \subset \{k, s, u\}$。

一般来说，假设劳动力市场是完全竞争的，技术性劳动力和非技术性劳动力的收入就等于其边际产量。基于资本和技术性劳动力的互补性假定，资本的增加将增加技术性劳动力的相对需求，从而增加了技术性劳动力的工资，最终将使得工资溢价或者收入的不平等（$\frac{w_s}{w_u}$）增加。总之，直觉的理解就是资本账户的开放或者金融的自由化使得一国的资本存量增加，这样对一国内部技术性劳动力的需求也将增加。需求的增加必将会提高他们的工资，从而最后使得一国居民的收入不平等增加。

本书接下来的理论模型正是参考和引用了 Krussel（2000）和 Larrain（2015）的新古典模型分析了金融自由化对收入不平等的影响。Chari et al.（2013）基于 Solow 的内生经济增长理论分析了资本市场一体化对工资的影响，但是他的模型并没有区分技术性劳动力和非技术性劳动力的差别，进而也就没有分析金融自由化对收入不平等的影响。与之类似，Larrain（2015）将劳动力分为技术性劳动力和非技术性劳动力并放入模型中进行了分析，并指出生产函数中资本的投入量是关于资本账户一体化的一个函数。而 Krussel（2000）则表明了资本和技术性劳动力的互补性，并根据这种互补性分析了金融自由化对于工资溢价的影响。因此，本书主要是引用 Krussel（2000）和 Larrain（2015）的模型，进一步地从理论上分析了金融自由化对收入不平等的影响机制。

标准的新古典模型中综合考虑了家庭部门（Household）和厂商（Firm）两个部门。Krussel（2000）和 Larrain（2015）则将其进行简化，因此在模型中他们只考虑了厂商部门。经济体中有三种最终产品，分别为：最终消费产品 c，结构投资产品 x_s 以及设备投资产品 x_e。考虑到厂商在生产中的投入四种生产要素，技术性劳动力 s，非技术性劳动力 u，资本结构 k_s 和资本设备 k_e。因此厂商的总生产函数为如下形式：

$$Y = c + x_s + x_e = A \times f(s, u, k_s, k_e)$$

其中生产函数 f 是相对于技术性劳动力 s，非技术性劳动力 u，资本结构 k_s 和资本设备 k_e 的规模收益不变的（constant returns to scale）。

进一步地，生产函数 f 相对于资本结构 k_s 是 Cobb-Douglas 形式的，而相对于其他的三种投入品则是 CES（不变替代弹性）形式的，即

$$Y = A k_s^\alpha \tilde{Y}^{1-\alpha}(s, u, k_e)$$

那么最终生产函数 f 可表现为如下的具体形式：

$$f(s, u, k_s, k_e) = A k_s^\alpha \left\{ \mu u^\sigma + (1 - \mu) \left[\lambda k_e^\rho + (1 - \lambda) s^\rho \right]^{\frac{\sigma}{\rho}} \right\}^{\frac{1-\alpha}{\sigma}}$$

其中的 μ 和 λ 分别控制了投入要素 u，s 和 k_e 在总的收入中占的份额，σ 和 ρ 则代表了技术性劳动力、非技术性劳动力和资本设备的替代弹性。根据 Allen—Uzawa 偏替代弹性的定义，资本设备和技术性劳动力的替代弹性为：

$$\sigma_{k,s} = \frac{d\ln \frac{k_e}{s}}{d\ln \frac{\partial f/\partial s}{\partial f/\partial k_e}}$$

$$= \frac{d\ln \frac{k_e}{s}}{d\ln \dfrac{k_s^{\alpha}(\frac{1-\alpha}{\sigma}) \left\{ \mu u^{\sigma} + (1-\mu) \left[\lambda k_e^{\rho} + (1-\lambda) s^{\rho} \right]^{\frac{\sigma}{\rho}} \right\}^{\frac{1-\alpha}{\sigma}-1}(1-\mu) \left[\lambda k_e^{\rho} + (1-\lambda) s^{\rho} \right]^{\frac{\sigma}{\rho}-1}(1-\lambda)(\frac{\sigma}{\rho})\rho s^{\rho-1}}{k_s^{\alpha}(\frac{1-\alpha}{\sigma}) \left[\mu u^{\sigma} + (1-\mu)(\lambda k_e^{\rho} + (1-\lambda) s^{\rho}) \right]^{\frac{1-\alpha}{\sigma}-1}(1-\mu)(\lambda k_e^{\rho} + (1-\lambda) s^{\rho})^{\frac{\sigma}{\rho}-1}(\frac{\sigma}{\rho})\lambda \rho k_e^{\rho-1}}}$$

$$= \frac{1}{1-\rho}$$

资本设备和非技术性劳动力的替代弹性为:

$$\sigma_{k,u} = \frac{d\ln \frac{k_e}{u}}{d\ln \frac{\partial f/\partial u}{\partial f/\partial k_e}}$$

$$= \frac{d\ln \frac{k_e}{u}}{d\ln \dfrac{k_s^{\alpha}(\frac{1-\alpha}{\sigma}) \left\{ \mu u^{\sigma} + (1-\mu) \left[\lambda k_e^{\rho} + (1-\lambda) s^{\rho} \right]^{\frac{\sigma}{\rho}} \right\}^{\frac{1-\alpha}{\sigma}-1}\mu \sigma u^{\sigma-1}}{k_s^{\alpha}(\frac{1-\alpha}{\sigma}) \left\{ \mu u^{\sigma} + (1-\mu) \left[\lambda k_e^{\rho} + (1-\lambda) s^{\rho} \right]^{\frac{\sigma}{\rho}} \right\}^{\frac{1-\alpha}{\sigma}-1}(1-\mu) \left[\lambda k_e^{\rho} + (1-\lambda) s^{\rho} \right]^{\frac{\sigma}{\rho}-1}\lambda \rho k_e^{\rho-1}}}$$

$$= \frac{1}{1-\sigma}$$

因此,资本设备和技术性劳动力的互补性的假定也就意味着:

$$\frac{1}{1-\sigma} > \frac{1}{1-\rho}$$

也就是说: $\sigma > \rho$ 。

接下来再来看一下收入的不平等或者说技术溢价(用 π 来表示)的决定因素。考虑到要素的收入等于其边际产量,收入的不平等表现为下面的形式:

$$\pi = \frac{w_s}{w_u}$$

$$= \frac{(\frac{1-\alpha}{\sigma})k_s^\alpha \left\{ \mu u^\sigma + (1-\mu)\left[\lambda k_e^\rho + (1-\lambda)s^\rho\right]^{\frac{\sigma}{\rho}} \right\}^{\frac{1-\alpha}{\sigma}-1}(1-\mu)\left[\lambda k_e^\rho + (1-\lambda)s^\rho\right]^{\frac{\sigma}{\rho}-1}(\frac{\sigma}{\rho})(1-\lambda)\rho s^{\rho-1}}{(\frac{1-\alpha}{\sigma})k_s^\alpha \left\{ \mu u^\sigma + (1-\mu)\left[\lambda k_e^\rho + (1-\lambda)s^\rho\right]^{\frac{\sigma}{\rho}} \right\}^{\frac{1-\alpha}{\sigma}-1}\mu\sigma u^{\sigma-1}}$$

$$= \frac{(1-\mu)(1-\lambda)\left[\lambda k_e^\rho + (1-\lambda)s^\rho\right]^{\frac{\sigma}{\rho}-1}s^{\rho-1}}{\mu u^{\sigma-1}}$$

$$= \frac{(1-\mu)(1-\lambda)}{\mu} \times \frac{\left[\lambda k_e^\rho + (1-\lambda)s^\rho\right]^{\frac{\sigma}{\rho}-1}s^{\rho-1}}{u^{\sigma-1}}$$

$$= \frac{(1-\mu)(1-\lambda)}{\mu} \times \left[\lambda(\frac{k_e}{s})^\rho + 1 - \lambda\right]^{\frac{\sigma-\rho}{\rho}}(\frac{s}{u})^{\sigma-1}$$

进而对数线性化后收入的不平等表达式变为：

$$\log(\pi) = \log(\frac{w_s}{w_u})$$

$$\simeq \lambda\frac{\sigma-\rho}{\rho}(\frac{k_e}{s})\rho + (1-\sigma)\log(\frac{u}{s})$$

因此资本的增加对收入不平等的影响为：

$$\frac{\partial \log(\frac{w_s}{w_u})}{\partial (\frac{k}{s})} = (\sigma-\rho) \times \frac{k^{\rho-1}}{s^\rho}$$

由于资本和技术性劳动力的互补性意味着 $\sigma > \rho$ ，所以

$$\frac{\partial \log(\frac{w_s}{w_u})}{\partial (\frac{k}{s})} > 0 。$$

金融的自由化或者资本账户的一体化增加了资本的存量。假设资本是金融自由化或资本账户一体化的一个函数，这里金融的自由化政策用 θ 来表示，因此 $k_e = k_e(\theta)$ 。一般来说，

$$\frac{\partial k_e(\theta)}{\partial \theta} > 0$$

也就是说一国的金融自由化政策将增加国内的资本存量，这一点也可以从 IMF 对各国资本流动的统计中看出来。

从数学公式上看，金融自由化对收入不平等的影响表现为：

$$\frac{\partial \left(\frac{w_s}{w_u}\right)}{\partial \theta} = \frac{\partial \left(\frac{w_s}{w_u}\right)}{\partial k} \times \frac{\partial k}{\partial \theta}$$

前面的理论分析已经得出，资本存量的增加将扩大收入的不平等，因此，$\dfrac{\partial \left(\frac{w_s}{w_u}\right)}{\partial k} > 0$，而金融的自由化政策又将会使得一国的资本存量增加，即 $\dfrac{\partial k}{\partial \theta} > 0$。所以说最终，金融自由化扩大了收入的不平等，$\dfrac{\partial \left(\frac{w_s}{w_u}\right)}{\partial \theta} > 0$。

总之，从理论分析得出的结论来看，一国的金融自由化或者资本账户的一体化政策增加了一国的资本流入量。经济体内资本存量的增加降低了资金的成本，使得更多的企业选择用资本去代替劳动力。但是，由于资本和技术性劳动力的相对互补性，企业会选择用更多的资本去代替非技术性劳动力，那么技术性劳动力的相对需求就会增加。需求的增加必将会提高技术性劳动力的工资，而非技术性劳动力的相对需求减少则会使得他们的工资降低，因此最终的结果是金融自由化提高了收入的不平等。

第二节 其他影响机制

前面已经提到，金融的自由化可以通过多种方式或者渠道对收入的不平等产生影响。在本章上一节提出了一个理论模型分析了金融自由化或者说资本一体化对收入不平等的一种可能的影响渠道。但是除了资本与技术性劳动力的互补性会对金融的自由化与收入不平等之间的关系产生影响之外，金融自由化还可能会通过其他的影响渠道对一国的居民收入不平等产生影响。这一节将对此进行简单的分析。

一 金融危机或宏观经济的波动性

金融自由化以后，贫困的群体得以进入金融市场获取较高的收益。但是金融自由化也可能会使得贫困的群体遭受到金融危机或较差的金融制度质量的影响。正如 IMF（2007）所指出的，金融的全球化很可能会为实施金融自由化的国家带来金融危机而损害低收入的群体并最终扩大收入的不平等。IMF 还指出，如果金融制度是脆弱的，那么金融全球化将不会平滑贫困群体的消费并再增加他们收入的波动性，相反，此时金融全球化将更加有利于增加富裕群体的收入。因此金融部门制度的脆弱也使得金融全球化恶化收入不平等。Agenor（2002）便指出短期内国际金融市场的一体化很可能带来一国的金融的不稳定性和经济危机（如 1994—1995 年爆发于墨西哥及拉美的金融危机，1997 年的东南亚金融危机，1998 年俄罗斯金融危机，1999 年的巴西危机以及阿根廷危机等）而扩大收入的不平等，尤其可能发生在那些国内金融体系监管不力的新兴市场经济体国家。Agenor（2002）进一步指出金融开放为国内的金融市场带来了大量的资本，但是这些外资一般都流向了可以生产贸易品的大型的企业，从而减少了中小企业的获得贷款能力以及他们对劳动力的需求，最终将恶化收入的不平等。Agenor（2002）还认为实施金融自由化的国家受到国际金融市场的冲击的影响增加。从而导致了国内更高的利率和较低的产出，并最终可能会扩大收入的不平等。最后他还从风险分担的角度分析了金融开放对收入不平等的负面影响。

此外，本书前面的理论分析是基于金融自由化增加了流入一国的资本量而最终使得一国收入的不平等增加。但是，金融自由化也可能会使得一国的资本大量外流，这也将对居民的收入水平产生重要的影响。Aghion et al.（2004）通过一个动态的开放经济模型进行理论分析得出，当一国处于一个中等程度的金融发展水平时，金融的自由化即伴随着资本的大量流入，同时也会使得资本的大量外逃。因为外资的流入在拉动经济增长的同时也使得生产要素的价格上升和本币的升值，进而压缩企业的利润，最终致使资本外流，经济走向衰退。Agenor（2002）就指出全球金融市场的信息是不对称的，经济发展形势良好的时候金融自由化的国家可以吸引大量的资金流入，从而大幅度地增加消费和支出。但是在经济发展形势不好的时候金融自由化又会导致大批的资金外流，加剧了金融开放国家的经济衰退。因此，这种国际金融市场的顺周期性所导致的宏观经济的不稳定很可能会严重地恶化收入的不平等。Evans 和 Hnatkovska（2007）也认为金融开放增加了一国的经济波动。Evans 和 Hnatkovska（2007）还认为虽然金融一体化可以增加风险的分担，但是由于其加大了经济体的波动性，所以对福利的改善作用很小。国内的学者张玉鹏和王茜（2011）在分析东亚国家的金融开放和宏观经济稳定性时也指出，由于东亚的一些发展中国家的金融体系不够完善，金融开放增加了东亚发展中国家的经济波动。总之，由于资本的顺周期性特点，金融的自由化促进了经济的增长，也使得要素价格上升，企业的生产成本增加，从而企业的利润下降，资本开始大量外逃。资本的外逃引起的国内利率的上升又会使得投资下降，国内的经济进一步陷入衰退。因此，金融的自由化所导致的资本大量的外逃和宏观经济的不稳定性最终也会使得收入不平等增加。

二 信贷市场的不完全性

新兴市场经济体国家国内的信贷市场的不完全也会对金融自由化与收入不平等之间的关系产生重要影响。金融自由化或者股票市场的自由化将会通过降低融资的成本而促进经济或投资的增长提高居民的收入。标准的国际资产定价模型已经指出，股票市场的自由化将会降低权益资本（Equity Capital）的融资成本。如 Stulz（1999）指出，股票市场自由化后，一方面，投资者所要求的足以抵补他们投资于股票的风险的预期的收益减少。另一方面，代理成本的存在增加了投资者投资于股票市场的困难，但是股票市场自由化减小了这种困难。总之，股票市场的自由化降低了企业的融资成本。而金融的自由化却可以通过多种途径影响到企业的治理进而影响到企业的融资成本。如金融自由化允许国外的投资者投资于国内的企业，而这些投资者可以带来国际先进的技术和信息以减少企业的监管成本。金融的全球化还可以改变企业和资本提供者的关系。因为金融的全球化增加了国内的资本的提供厂商的数量，因此这会加剧国内资本提供者的竞争，减低交易的成本。金融的自由化还会增加现在的股东和潜在的投标者对企业的监管。最后，金融的自由化还会使得企业接触到最新的融资工具并可以有效地控制企业的融资风险。因此，通过以上种种渠道，一国的金融自由化政策可以减少国内的权益资本的成本。进一步地，投资成本的降低必然会增加企业的固定资产投资。Henry（2000）就指出投资成本的降低增加了企业投资项目的净现值（NPV）。一些投资项目的负的净现值在金融自由化之后很可能会变成正的。Henry（2000）还用 11 个新兴市场经济体国家（分别为阿根廷、巴西、智利、哥伦比亚、印度、韩国、马来西亚、墨西哥、菲律宾、泰国和委内瑞拉）1985—1994 年的数据对这个推论进行了验证。他的实证结果也显示出股票市场自由化促进了这些国家的私人投资，股票市场开放后三年之内的平均投资率超过了样本内各国国家的平均投资率 22 个百分点。

Henry（2003）利用 18 个新兴市场经济体国家和地区（阿根廷、巴西、智利、哥伦比亚、印度、印度尼西亚、约旦、韩国、马来西亚、墨西哥、尼日利亚、巴基斯坦、菲律宾、中国台湾、泰国、土耳其、委内瑞拉、津巴布韦等国家和地区）的数据进行分析时也指出资本账户的一体化降低了资本的成本，提高了投资率和工人的人均产出，而且 Henry（2003）排除了这些国家进行的经济改革政策会对资本的成本和产出的增长等可能造成的影响。文中他还基于 Stulz（1999）局部均衡理论分析得出资本账户一体化之后无风险的理论和股票的升水将会降低。总之他认为流入金融开放国际的金融资源的增加将会减少资本成本，促进投资和提高产出。Tornell et al.（2004）、Bekaert et al.（2005）、Klein 和 Olivei（2008）、Quinn 和 Toyoda（2008）、Eichengreen et al.（2011）以及 Kotwal et al.（2011）等多数学者的研究均发现金融自由化促进了经济增长。总之，金融自由化降低了企业的融资成本，促进了投资和经济的增长，提高了居民的收入水平。但是由于信贷市场的不完全，金融自由化的这种促进效应并不能完全地令所有人所享有。鉴于只有少数人能够进入资本市场，所以说金融自由化会扩大收入的不平等。

　　总体来看，虽然金融自由化可以促进人民收入水平的提高，但是由于信贷市场的不完全（尤其是在新兴市场经济体国家，他们的信贷体系发展较为落后）的存在，使得金融自由化促进收入水平的提高的这种收益并不能为经济体中所有的居民所获得。如 Galor 和 Zeria（1993）以及 Ray（1998）等人指出，不完全的信贷市场阻止了低收入的群体进入信贷市场并进行外部融资，从而使得他们不能通过融资来进行教育投资以提高自己的人力资本价值，也就是不能提高自己的收入。Banerjee 和 Newman（1993）也指出信贷约束使得低收入者不能很好地进入金融市场进行融资以投资于高收益的项目，从而也不能提高他们的收入。因此，金融的自由化促进了新兴市场经济体国家的投资和经济增长，但是，由于这些国家的信贷市场的不完全，使得低收入群体未能享受到金融的自由化所带来的这种收益，而高收入群体的人却可以更好地进入金融市场并进一步地提高自己的收入。所以说金融自由化通过信贷市场的不完全这个渠道扩大了新兴市场经济体国家的收入不平等。

三　金融自由化通过 FDI 渠道对收入不平等造成了很大的影响

　　多数学者的实证研究发现 FDI 的流入恶化了收入不平等。如 Pan-Long（1995）利用 33 个国家的数据进行实证分析时发现 FDI 和收入不平等之间存在着显著的正向关系，在不发达国家这种关系尤为明显。Gopinath 和 Chen（2003）利用 1970—1995 年 26 个国家（15 个发达国家，11 个发展中国家）的数据实证分析时发现发展中国家的 FDI 流入增加拉大了技术性劳动力和非技术性劳动力的收入差距，扩大了整个经济体的收入不平等。Choi（2006）在使用 119 个国家

1993—2003 年的数据进行分析时也发现了 FDI 和收入不平等之间存在着正向关系。Lee（2006）利用 14 个欧洲国家 1951—1992 年的面板数据实证分析时也发现金融全球化（用 FDI 来表示）很可能使得技术性劳动力收益更多而提高了收入的不平等。Basu 和 Guariglia（2007）使用 119 个发展中国家 1970—1999 年的面板数据进行实证分析也发现 FDI 促进了收入的不平等。他们首先提出了一个动态的二元经济模型，即经济中包括了两个部门，传统的农业部门和现代的工业部门。贫困群体拥有较少的人力资本，而富裕群体的人力资本较高并可以进入现代部门。理论模型中 FDI 更有益于富裕群体，因为他们可以进入现代工业部门，从而使得 FDI 的流入扩大了收入的不平等。实证分析也证实了 FDI 恶化了收入的不平等。

IMF（2007）也发现了金融全球化（特别是 FDI）增加了对技术性劳动力的需求而扩大了收入的不平等。Jaumotte et al.（2008）在使用多个国家的数据进行实证分析时指出了金融全球化（主要用 Chinn-Ito 的资本账户开放指数、金融资产负债占 GDP 的比重以及 FDI 存量占 GDP 的比重三个指标来表示）扩大了收入的不平等，而其中 FDI 的扩大效应尤为明显。究其原因，Jaumotte et al.（2008）认为金融自由化以后 FDI 主要流入了相对技术和技能密集的部门或者行业，增加了对技术性劳动力的需求和他们的工资，因此扩大了收入的不平等。他们的实证结果显示 FDI 每增加一个标准误，那么收入的不平等将增加大约 2.7 个百分点。在他们的实证分析中技术进步指标（用信息和通信技术行业的资本占总的资本存量的比重来表示）也恶化了收入的不平等，这个指标每增加一个标准误，那么收入不平等大约将会增加 1.7 个百分点左右。因此这也进一步证实了金融全球化（尤其是 FDI 流入的增加）通过增加对技术性劳动力的需求而扩大收入差距。Acharyya（2011）也指出技术偏向型的 FDI 扩大了发达国家和发展中国家的收入不平等。Wu 和 Hsu（2012）使用了 1980—2005 年 54 个国家的混合数据实证分析了 FDI 对收入不平等的影响是否基于东道国吸收 FDI 的能力的不同而不同。文中他们使用了 Hansen（2000）与

Caner 和 Hansen（2004）的内生门槛回归模型进行了实证分析。他们的实证结果显示 FDI 的流入扩大了收入的不平等，对一些吸收 FDI 的能力比较低的东道国这种关系尤为明显。Herzer 和 Nunnenkamp（2013）使用面板协整模型和非平衡的面板数据回归分析了欧洲国家的内向型和外向型的 FDI 对收入不平等的影响。他们的分析显示短期来看无论是内向型的 FDI 还是外向型的 FDI 都与收入的不平等之间存在着正相关关系。长期来看有些国家的内向和外向 FDI 也与收入不平等之间存在着正向关系。Asteriou et al.（2013）的实证分析也认为金融全球化尤其是 FDI 的增长在近几年来扩大了欧洲国家的收入不平等。因此，FDI 的流入可以提高一国居民的收入不平等，这也是金融自由化影响收入不平等的一个重要体现。

四 其他可能的途径

金融自由化还可能会通过其他的途径对收入的不平等造成影响。Das 和 Mohapatra（2003）便认为一些不可观测的因素也会对金融自由化和收入不平等之间的关系造成重要影响。他们认为实施金融自由化的国家释放了一个重要的信号，即国内的经济环境将得到良好的改变从而更加有利于企业的成长。一般来说，高收入群体由于跟政府的关系比较密切因此他们更有可能得到相关的信息。因此，那些高收入群体所拥有的受到优惠的企业或者投资者更可能进行相关的投资而获取较高的收益，从而金融自由化之后他们的收入水平将得到进一步的提高，收入的不平等扩大。Das 和 Mohapatra（2003）还指出，资本市场一体化之后资本的成本将会下降，因此实施金融自由化的国家的股票价格指数将会上升，这时国内持有股票的人就会获得较高的收益。但是新兴市场经济体国家的股票市场并不是由所有人都持有的。Beim 和 Calomiris（2000）指出有很强的证据表明新兴市场经济体国家的股票市场多数为具有较高收入的人所持有。也就是说新兴市场经济体国家中具有较高收入的群体获得了股票市场自由化之后的多数收益，因此实施金融自由化之后这些国家的收入不平等将会上升。

第三节 小结

一国的金融自由化或者说资本账户开放政策对国家内部收入分配的影响渠道有很多种。从本章的研究来看，可以通过以下方式影响国家内部的收入不平等。首先，通过资本存量的增加引起了对技术性劳动力和非技术性劳动力的不同需求这种渠道引起的收入不平等的变化。这个分析的前提便是资本和技术性劳动力的互补假定。Griliches（1969），Fallon 和 Layard（1975），Bergström 和 Panas（1992），Krusell et al.（2000），Duffy et al.（2004）以及 Lindquist（2004）等多位学者对资本和技术性劳动力的互补性及其对收入分配的影响进行了分析。多数的理论和实证分析均认为资本存量的增加将增加对技术性的劳动力的相对需求，进而增加他们的工资，扩大经济体内部的收入不平等。而金融的自由化又将会使得一国的资本存量增加。所以说通过这个影响渠道，金融体系的一体化增加了收入的不平等。其次，新兴市场经济体国家脆弱的金融制度。这些国家所实施的金融自由化政策还可能会引起金融或经济危机、资本的外逃，从而对国内的经济和就业、消费波动造成很大的冲击，进而恶化收入的不平等。再次，资本市场的不完全性也是一个很重要的影响渠道。金融自由化不仅为实施金融自由化政策的国家带来了充足的资金，也带来了先进的国际管理经验和技术，总之金融自由化降低了国内企业的融资成本，进一步地也促进了国内投资的提高和经济的增长。但是，众所周知，多数国家的信贷市场是不完善的，尤其是在新兴市场经济体国家等发展中国家信贷市场的不完全性表现得尤为严重。因此，这也就阻碍了一些收入阶层如低收入群体进入金融市场进行融资以获取投资于人力资本或者投资与其他的高收益项目等以获取较高的收益。也就是说信贷市场的不完善使得金融自由化带来的增长收益更多地分配给了那些可以更好地进入金融市场进行融资的人，所以金融自由化使得收入更趋于不平等。又次，FDI 的流入是一个很重要的因素。FDI 流向了东道国的技术密集和技术性劳动力密集的部门而增加对技术性劳动力的需求和他们的工资水平并最终扩大收入的不平等。很多的理论模型〔如Feenstra 和 anson（1997）、Basu 和 Guariglia（2007）的二元经济模型等）和实证分析（Tsai（1995）、Gopinath 和 Chen（2003）、Choi（2006）、Jaumotte et al.（2008）以及 Wu 和 Hsu（2012）等〕均显示出 FDI 的流入显著地扩大了国家内部的收入不平等。最后，还有很多其他的渠道使得金融全球化会扩大收入的不平等。如新兴市场经济体国家的股票市场参与者多为高收入的人，而金融自由化后使得投资于股票市场的人获得较高的收入。因此，这一部分人获取了股票市场自由化之后的收益从而增加了收入的不平等。

总之，金融自由化或者资本账户的开放可以通过多种渠道对新兴市场经济体国家的收入不平等产生影响。不论是资本和技术性劳动力的互补性、资本市场的不完全性、FDI 流入技术密集型行业以及一国的金融制度的脆弱性等各种渠道，从中都可以看到金融的自由化很可能会增加实施金融自由化政策的国家内部的收入不平等。但是，金融自由化对收入不平等的扩大效应是否经得起实证检验呢？在下一章，本书将使用新兴市场经济体国家的 1980—2011 年广泛的非平衡面板数据进行实证分析以对本章的研究结论进行检验。

第五章

基于新兴市场经济体
国家的实证分析

通过前面章节的介绍，已经对金融自由化、金融发展和收入不平等之间关系的影响机制有了初步的认识，对新兴市场经济体国家的相关金融改革和收入分配现状也有了一定的了解。而本章将利用新兴市场经济体国家的数据进行相关的实证分析，以检验前面理论的适用性，并对新兴市场经济体国家的相关的金融改革政策对各国国内的收入不平等所产生的影响进行更深入的探讨。前面已经提到过，近几年以来，越来越多的经济学者开始将目光转向金融自由化和收入不平等的关系，如 Das 和 Mohapatra（2003），Adams（2008），Ang（2009），Chari et al（2012），Larrain（2015），Asteriou et al.（2014），等等。同时，金融发展和收入不平等的关系也是经济学者们所关注的重点，如 Li et al.（1998）、Clark et al.（2003）、Beck et al.（2004）、Kappel（2010）、Jauch 和 Watzka（2011）以及 Kim 和 lin（2011）等。

总体来看，现存的相关文献多数从单方面分析了金融自由化或者金融发展对收入不平等的影响，如 Larrain（2015）认为资本账户一体化是收入不平等的推动力量，并使用工业化国家的数据证实了他的观点。而 Asteriou et al.（2014）也认为金融全球化（通过 FDI，资本账户开放和股票市场资本化）提高了欧洲国家的收入不平等。同样，单方面研究金融发展与收入不平等关系的相关文献也有很多，如 Beck et al.（2004）以及 Kappel（2010）等。但是，综合分析金融自由化与金融发展结对收入不平等影响的相关研究并不是很多。而且，关注于新兴市场经济体国家的金融自由化和金融发展对收入不平等的影响的文献则更少。

有鉴于此，本书首次使用 Solt（2013）的标准的世界收入不平等数据库（SWIID）里关于基尼系数指标的统计，基于新兴市场经济体 25 个国家 1980—2011 年的非平衡面板数据实证分析了金融自由化、金融发展对收入不平等的全面影响。在金融自由化方面，本章全面考虑了金融改革，股市自由化以及资本账户的开放等多个指标。而且本章也综合考虑了一国金融体系的全面发展，选取了 Beck et al.（2013）的金融发展和结构数据库（Financial Development and Structure）里关于金融发展水平的指标来衡量一国的金融发展水平，如私人信贷占 GDP 的比重，股票市场的交易额占 GDP 的比重等多个指标进行了相关的实证分析。同时，在进行实证分析时，本章还控制了其他的一些因素，比如人均实际 GDP 及其平方项，通货膨胀率等。总之，本章通过综合考虑了金融自由化和金融体系的全面发展的多方面因素，并通过 OLS 估计以及动态面板估计等多种估计手段，实证分析了金融自由化和金融发展对收入不平等的影响。在实证分析的最后，还进行了敏感性检验，以检验相关实证结果的稳健性。

第一节　相关变量和数据来源

一　变量选取和数据来源

本章研究的目的是探讨金融自由化、金融发展对收入不平等的影响，因此首先重点介绍一下这相关变量指标的选取。

（一）基尼系数指标（GINI）

关于被解释变量，即收入不平等的指标选取，本章主要采取了最常用的基尼系数（GINI）这个指标来度量。一般来说，基尼系数等于 0 意味着全社会所有人的收入都是相等的，这时不存在收入的不平等或者说收入是均等的。如果基尼系数等于 1 则意味着全社会所有的收入都被一个人所拥有，此时社会的收入不平等最大。因此，基尼系数的数值介于 0 到 1 之间，而这个指标的取值越大，则表明社会的收入越是趋向于不平等。

目前关于基尼系数的测算方法有很多种，如根据税前以及转移支付之前的个人或者家庭的收入进行计算，或者根据税后以及转移支付后的个人或者家庭的收入进行测算，还可以根据消费支出测算得出。但是目前并没有一个统一的、标准的基尼系数对各国的收入不平等进行衡量。卢森堡收入研究所（Luxembourg Income Study Database）利用多个国家的微观调查数据测算了很多国家的基尼系数。但是他们的统计数据多是来自发达国家，如美国、德国、法国等，缺少对发展中国家的统计。还有很对学者使用了来自联合国大学的世界发展经济学研究院（UNU-WIDER）的世界收入不平等数据库（WIID）。这个数据库是基于来自世界银行的 Deininger&Squire 数据库建立起来的一个关于各国收入不平等的数据库。目前最新的版本是在 2008 年 5 月更新的，包含了 159 个国家的 5313 个观测值。但是 Deininger 和 Squire 他们自己也指出了 WIID 数据库的国与国之间的可比性不是很大，甚至在一个国家的不同时间段里的统计数值的可比性也不是很大。因此，越来越多的学者开始使用 Solt（2013）的标准的世界收入不平等数据库（SWIID）里基尼系数指标来进行相关的研究，如 Bergh 和 Nilsson（2010），Jauch 和 Watzka（2011）等。SWIID 数据库通过自定义的缺失数据多重填补算法标准化了来自 UNU—WIDER、OECD 收入分配数据库、拉丁美洲和加勒比海地区社会经济数据库、世界银行数据库、EUROSTAT、卢森堡收入研究所以及国际劳工组织（ILO）等多个机构所统计的基尼系数指标，使得数据尽可能地适用于跨国研究的数据可得性和可比性，其中 LIS 的数据是这个数据库的基础。目前这个数据库里包含了大约 170 多个国家的 14000 个观测值，最早的数据可以追溯到 1960 年。鉴于 SWIID 数据库的可得性和跨国的可比性，本书也选择了这个数据库里的基尼系数指标作为实证分析的被解释变量。在实证分析中还对其进行了对数处理。

总体来看，Solt（2013）关于基尼系数的统计包括两个方面：净收入（net income，税后和转移支付之后）的基尼系数和毛收入（market income，税前和转移支付之前）的基尼系数。本章主要使用了净收入的基尼系数。在稳健性分析这一部分则使用了毛收入的基尼系数进行了相关的敏感性分析。

（二）金融自由化指标（Liberalization）

金融自由化一般来说由很多方面构成。Kaminsky 和 Schmukler（2008）曾指出金融的自由化主要包括了三个方面：股票市场的自由化，资本账户的一体化或者自由化以及国内金融体系的自由化。其中股票市场的自由化则考虑了外国人在国内的股票市场上收购的股票的份额的管制，资金汇回本国和利息以及红利汇回本国的管制。而资本账户的一体化则考虑了国内金融机构海外借款、非金融企业的海外借款，多重汇率市场和控制资本的外流等情况。国内金融体系的一体化则充分考虑了对存款利率、贷款利率和信贷的分配等项目的管制等。在充分考虑了股票或者资本市场的开放性和资本账户的自由化后，本章选取了以下四个指标来衡量一国的金融自由化。

首先，股票市场的自由化。关于股票市场的自由化，参考国内外相关文献的做法，使用了 Bekaert et al.（2005）提出的两种指标来衡量股票市场的自由化，即股票市场的官方自由化（Official Liberalization）和事实的自由化（First Sign）。官方的股票市场自由化时间即指的是官方的管制政策发生改变并允许外国投资者可以投资于国内的股票市场的时间。而事实的自由化时间指的是以下三个时间中最早的一个：官方的自由化时间、第一个国家基金的首发时间和第一个美国存托凭证（American Depositary Receipt，ADR）的首发时间。很显然，股票市场的事实开放时间要早于或等于股票市场的官方自由化时间。一般来说，如果一个国家实行了股票市场的自由化，那么这个指标就取值为 1，反之则为 0。Bekaert et al.（2005）对 90 个国家 1980—1997 年的这个指标进行了统计，因此本章直接引用他们所用到的数据作为金融自由化的一个重要的衡量指标。

　　其次，关于资本账户的开放性，使用的是 Chinn 与 Ito（2011）的资本账户开放指标来描述各国或者经济体的资本账户开放程度。Chinn-Ito 指标是度量一个国家资本开放程度的指标，他们基于 IMF 的《关于汇率制度和汇率安排的年度报告》（AREAER）所建立起来的。IMF 的 AREAER 中关于资本账户开放的项目主要包括对跨界的资本交易或者资本流动的管制，包含很多分指标，如对资本和货币市场的管制，对直接投资的管制，对信贷业务的管制等。对每一项下的指标，如果实施了相关的管制政策，那么取值为 1，反之则为 0。一个很大的问题是 AREAER 没有表明各个项目资本管制的程度或者跨境的金融交易的程度。因此，Chinn 和 Ito（2006）基于 IMF 的 AREAER 下的这几个项目重新进行了赋值：多重的汇率体系的存在，对经常账户交易的限制，资本账户交易的限制和出口收汇的交回等。如果某一项目不存在管制，那么取值为 1，否则取值为 0。显然这个数值越大，资本开放的程度越高。目前该数据已经更新到了 2011 年，大约包含了 1970—2011 年的 182 个国家的数据。该数据的最大值约为 2.45，最小值约为 -1.86，均值为 0。Chinn 和 Ito（2006）的资本开放指标是这四个变量的第一标准主成分。

　　最后，本章还使用了 Abiad et al.（2010）对金融改革的一种度量方法作为金融自由化的指标[①]。他们通过综合考虑以下七个金融政策维度：信贷管制和过高的存款准备金率，利率的管制，金融体系的进入壁垒，银行部门的国有控股，金融账户管制，银行业的审慎监管和监督以及证券市场政策等，构建了金融自由化指标。相对于其他的金融开放指标的 0、1 赋值，Abiad et al.（2010）等学者对每一个国家每一项下的金融改革政策赋予 0、1、2、3 的值，分别表示了金融的完全的管制、局部的管制、局部的自由化和完全的自由化。然后将这七项因素的赋值综合在一起后构成了对一国金融自由化程度的总体度量。目

---

　　① AbiadA, Detragiache E and Tressel T, "A New Database of Financial Reforms", Vo. 57, No. 2, *Imf Staff Papers*, 2010.

前为止该数据集包含了大约 91 个国家 1973—2005 年近 30 年的金融自由化指标。近年来，越来越多的文献开始使用这个指标来衡量各国的金融自由化程度，如 Mendoza et al. (2007)，Ang (2011) 以及 Bekaert et al. (2006, 2011) 等。鉴于这个数据库的优越性，本章也选择了这个指标来衡量一国的金融自由化程度。文中主要使用了将这些数值标准化为 0—1 区间的数值。根据 Abiad et al. (2010) 的统计，近年来样本中的所有国家（包括新兴市场经济体国家）的金融自由化程度均呈现了上升趋势，当然发达经济体的金融自由化程度最高。

（三）金融发展指标（Financial Development，FD）

衡量金融发展的指标已经有很多，目前并没有统一的标准来定义一国的金融发展水平。在实证研究当中，学者们大多根据数据的可得性和研究的具体问题等来选取不同的衡量方法，如私人信贷占 GDP 的比重，金融资产或者银行存款占 GDP 的比重等。总之，关于金融发展水平的测度，目前还没有一个比较统一、标准的指标。具体到本书本章而言，主要使用了 Beck et al. (2000, 2009, 2012) 的金融发展和结构数据库（Financial Development and Structure）里的相关指标来衡量金融发展水平，该数据已经更新到了 2013 年。这个数据库包含了近 180 个国家在不同时期（最早可以追溯到 1960 年）的金融市场的各个指标，如金融中介和市场的大小，商业银行的结构、效率和稳定性，资本市场和保险部门的规模和活动，金融全球化的指标金融结构的最新趋势等一共大约 31 个指标。

具体来说，参照以往的文献的做法并综合考虑了信贷市场和股票市场的发展后，本章从以下五个方面对各国的金融发展水平进行了测度：一方面，需要衡量金融市场信贷资源配置的能力，用的是以下两个指标来衡量这种能力：pcrdbgdp，指的是由银行部门（不包括其他的金融机构）发放给私人部门的贷款占 GDP 的比重表示。pcrdbofgdp，指的是由银行部门和其他的金融机构（整个的金融体系）发放给私人部门的贷款占 GDP 的比重表示，这是一个比前一个指标的范围稍微宽广的概念。这两个指标的数值越大，那么地区的金融发展水平就越高。显然上述两个指标很好地衡量了金融中介最重要的功能之一——信贷资源的配置能力。目前来看，在不同的国家和不同的时间，这两个数值的差别是很大的。

另一方面，股票市场的发展。参照以往文献的做法，选取了以下三个指标：股票市场的资本总额占 GDP 的比重（stmktcap），指的是所有的上市公司的价值占 GDP 的比重。该指标衡量了股票市场相对于整个经济体的规模大小。这个比值越大，意味着经济体内更好的资本流动性和更好的分散风险能力，因此经济体的金融发展水平就越高。股票交易所的股票市场交易总额与 GDP 的比重（stvaltraded），按照 Beck et al.（2009）的观点，这个指标衡量了股票市场的交易量占国民经济产出的比重并反映了股票市场向经济体提供流动性的能力。最后一个指标是股票市场的交易量比率（stturnover），指的是股票市场的交易总额占股票的总的上市公司市值的比重。它反映了股票市场的活动能力或者流动能力。一个小的但是比较活跃的股票市场的交易量比率比较大，相反一个大的但是不活跃的股票市场的交易量比率将比较小。

总之，这五个指标综合考虑了经济体内的信贷体系和股票市场的发展情况，可以全面地衡量一国的金融发展水平，从而非常有利于实证分析的展开。

（四）其他的控制变量的选取

为了控制其他可能影响到一国收入不平等的因素，参考以往相关文献的做法，实证分析时还控制了以下变量：经过购买力评价指数（PPP，2005 年的国际美元价格）进行调整后的人均实际 GDP（Pcrgdp），实证分析中取其对数形式。在具体进行实证分析中还加入了其平方项（Pcrgdp_Squ），以控制所谓的"库兹涅茨效应"。对外开放性（Trade），指的是一国进出口总额与 GDP 的比重。政府规模（Gov），用政府最终的消费支出占 GDP 的比重来表示。教育水平（Edu），中等教育的在校生人数占官方规定的达到进入中等教育的总人数的比重。这个数值可能大于 1，因为有的超龄学生入学比较晚或者有的学生入学比较早。失业率（Unemployment），失业的劳动力占总劳动力人口的比重；城市化率（Urban），城市人口占总人口的比重。人口增长率（Population），某国居民总人口的增长率；通货膨胀率（Inflation），用各国历年的 GDP 平减指数来表示，缺失的数值用 CPI 来代替。

介绍完了主要变量的选取及其来源之后，表 5.1 简单描述了一下这部分所用到的各个变量及其来源。

表5.1　金融自由化、金融发展与收入不平等各个变量的总体描述

变量名称	描述	来源
收入不平等（GINI）		
GINI_Net	净收入表示的基尼系数	Solt（2013）
GINI_Market	毛收入表示的基尼系数	Solt（2013）
金融自由化（Liberalization）		
Off_Lib	官方的金融自由化	Bekaert et al.（2005）
First_Sign	事实的金融自由化	Bekaert et al.（2005）
Kaopen	资本账户的开放程度	Chinn 和 Ito（2011）
Fin_Reform	金融改革	Abiad et al.（2010）
金融发展（FD）		
Pcrdbgdp	银行部门（不包括其他的金融机构）发放给私人部门的贷款占 GDP 的比重	Beck et al.（2000，2009，2012）
Pcrdbofgdp	整个的金融体系发放给私人部门的贷款占 GDP 的比重	Beck et al.（2000，2009，2012）
Stmktcap	股票市值占 GDP 的比重	Beck et al.（2000，2009，2012）
Stvaltraded	股票市场交易总额占 GDP 的比重	Beck et al.（2000，2009，2012）
Stturnover	股票市场交易量占股票市值的比重	Beck et al.（2000，2009，2012）
其他的控制变量		
Pcrgdp	经过购买力调整后的人均实际 GDP	World Bank Indicators Online（2013）
Pcrgdp_Squ	人均实际 GDP 的平方值	World Bank Indicators Online（2013）
Trade	进出口总额与 GDP 的比重	World Bank Indicators Online（2013）

变量名称	描述	来源
Gov	政府财政支出占 GDP 的比重	World Bank Indicators Online（2013）
Unemployment	失业人口占总的劳动力人口的比重	World Bank Indicators Online（2013）
Urban	城市人口占总人口的比重	World Bank Indicators Online（2013）
Population	总人口的年均增长率	World Bank Indicators Online（2013）
Inflation	GDP 平减指数表示的通货膨胀率	World Bank Indicators Online（2013）
Edu	中等教育的总人数占官方规定允许进入中等教育的总人数的比重	World Bank Indicators Online（2013）

二 主要变量的描述性统计

表 5.2 是主要变量的描述性统计。样本选取的是新兴市场经济体国家 1980—2011 年的非平衡的面板数据，而且样本中各个变量的观测值数量均有所不同。总之，从表 5.2 中可以清楚地看到，各个变量在样本中的变化很大。

表 5.2　金融自由化、金融发展和收入不平等各个变量的描述性统计

Variable	Obs	Mean	Std. Dev.	Min	Max
GINI_Net	769	42.627560	9.866467	19.642300	75.256400
GINI_Market	769	46.346190	8.616920	25.015000	79.352700
Off_Lib	360	0.3944444	0.4894112	0	1
First_Sign	360	0.5055556	0.500665	0	1
Kaopen	752	−0.224322	1.383766	−1.863970	2.439010
Pcrgdp	766	8.719851	0.786985	6.261396	10.223910
Pcrgdp_Squ	766	76.654330	13.430700	39.205090	104.528300
Pcrdbgdp	681	42.164320	29.418580	2.960000	165.800000
Pcrdbofgdp	688	45.805650	32.533110	4.800000	165.800000
Stmktcap	512	47.132790	47.635280	0.010000	279.170000
Stvaltraded	511	26.095110	35.088360	0.010000	186.710000
Stturnover	511	66.317690	74.824330	0.860000	538.200000
Trade	771	62.417810	38.078090	11.545700	220.407000

续表

Variable	Obs	Mean	Std. Dev.	Min	Max
Gov	764	14.562710	5.610900	2.975540	41.476100
Unemployment	632	8.036392	4.835042	0.700000	27.200000
Urban	800	61.471000	19.839720	19.358000	93.504800
Population	799	1.534719	0.981482	-1.088980	11.180700
Inflation	763	57.663440	346.503800	-8.637830	6836.880000
Edu	697	70.155450	21.726810	16.504700	106.036000

注：基尼系数（GINI_Net、GINI_Market）、所有的金融发展指标、对外开放（Trade）、政府支出、失业率、城市化率、人口增长率、通货膨胀率和教育水平等均为百分数。如 Edu 的 16.6047 表示的是中等教育的比率为 16.6047%。

进一步地，图 5.1 是基尼系数和金融改革指标 [Abiad et al. (2010) 的 Fin_Reform 指标] 的一个线性拟合图示。直观上来看，金融自由化和收入的不平等之间存在着一直正向关系，即随着金融自由化水平的提高，收入不平等也在扩大。这也与前述的理论机制部分得出的结论是一致的。

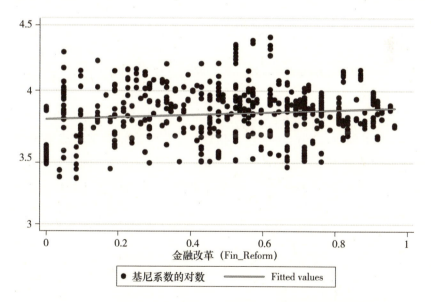

图 5.1　金融改革（Fin_Reform）和收入不平等的线性拟合图

　　而图 5.2 是资本开放指标（Kaopen）和收入不平等的拟合图，从这个图上仍然可以看到金融自由化和收入不平等之间的线性正相关的关系。当然，这种资本开放和收入不平等之间的正向关系是不是显著的，还需要后文进一步的实证分析进行验证。

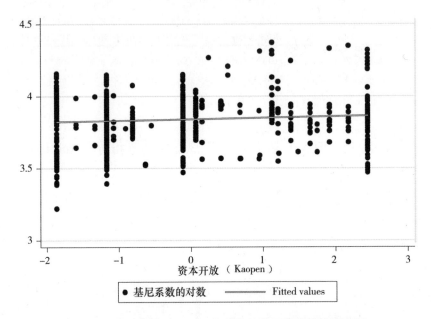

图 5.2　资本开放（Kaopen）和收入不平等的线性拟合图

　　图 5.3—图 5.6 则是几个主要的金融发展指标（Pcrdbgdp、Pcrd-bofgdp、Stmktcap、Stvaltraded）与收入不平等的拟合图。总体来看，金融发展水平的提高扩大了收入的不平等，这与 Jauch 和 Watzka（2011）、Rodriguez-Pose 和 Tselios（2009）、Gimet 和 Lagoarde-Segot（2011），以及很多的国内的学者的关系类似。而且，这种正相关的关系也需要进一步的实证分析加以验证。

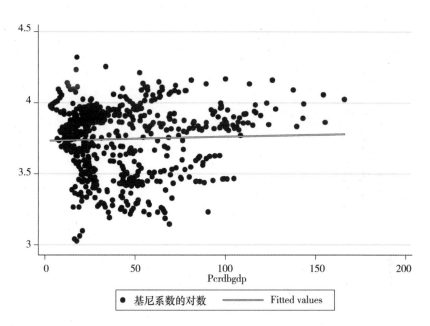

图 5.3　金融发展（Pcrdbgdp）和收入不平等的线性拟合图

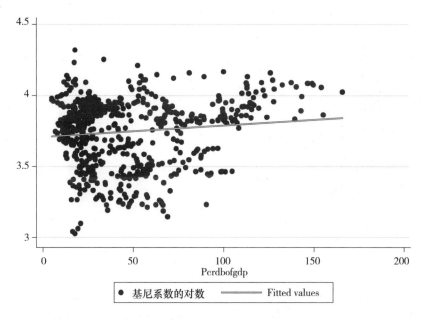

图 5.4　金融发展（Pcrdbofgdp）和收入不平等的线性拟合图

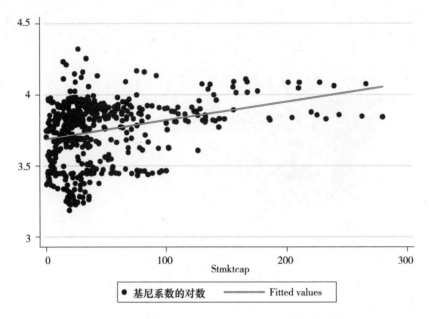

图 5.5 金融发展（Stmktcap）和收入不平等的线性拟合图

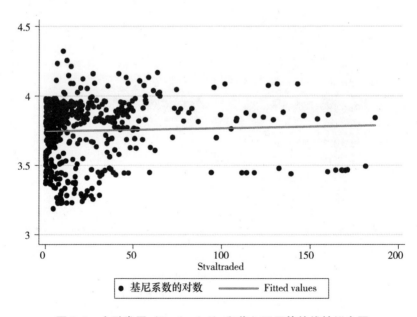

图 5.6 金融发展（Stvaltraded）和收入不平等的线性拟合图

库兹涅茨效应也是本书重点关注的一个问题，如图 5.7 所示。从拟合图上来看，两者之间是一种倒 U 型曲线的关系。实证分析中也将会对这种关系进行检验。

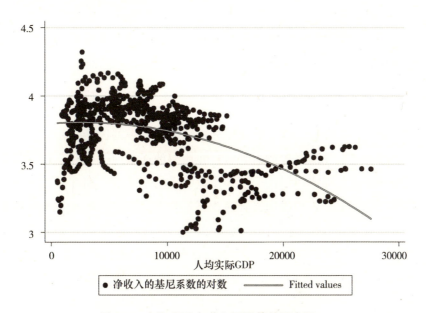

图 5.7　人均 GDP 与收入不平等的拟合图

第二节　混合横截面数据分析

一　模型设定

在进行动态面板分析之前，本章首先将所有的数据混合在一起并通过混合横截面的 OLS 估计方法进行了实证分析，从而对金融自由化、金融发展和收入不平等的关系做一个总体的了解。前面也介绍过了，通过综合使用混合横截面分析和动态面板分析，既可以使得研究结果更加稳健，也可以考虑到金融自由化对收入不平等的不同影响，从而有助于验证前面的结论。综合以往研究的做法，混合横截面数据分析的模型设定如下：

$$GINI_i = \alpha + \beta_1 \text{Liberalization}_i + \beta_2 \text{FD}_i + \beta_3 \text{Pcrgdp}_i + \beta_4 \text{Pcrgdp\_Squ}_i +$$

$\beta_5 \text{Trade}_i + \beta_6 \text{Gov}_i + \beta_7 \text{Unemployment} + \beta_8 \text{Urban}_i + \beta_9 \text{Population}_i +$
$\beta_{10} \text{Inflation}_i + \beta_{11} \text{Edu}_i + \nu_i$

其中，Liberalization 指标就用前面提到过的四个金融自由化的指标来表示，FD 为金融发展指标，用前面介绍的五个金融发展指标表示。V 为方程的随机误差项。其他的各个变量的含义在前面一节已经有所介绍，此处不再赘述。

二　估计结果分析

表 5.3 是第一个混合横截面分析结果，其中的因变量是以净收入表示的基尼系数的对数值来表示。在所有的横截面分析和下边的动态面板分析中，都将使用这个值来衡量收入的不平等，而在稳健性分析部分，收入不平等的指标将会换成以毛收入计算得出的基尼系数值来表示。金融自由化指标则分别使用前述的四个指标来衡量，而金融发展指标则使用的是银行部门（不包括其他的金融机构）发放给私人部门的贷款占 GDP 的比重来表示，在后续的模型中将分别使用其他的几个变量来衡量各国的金融发展水平。表 5.3 的四个模型当中并没有控制对外开放程度、政府支出、人口增长率、失业率、通货膨胀率等因素的影响。在模型 1、模型 2 和模型 4 中，金融自由化指标前面的系数均为正值，但是都不显著。模型 3 中用 Chinn 和 Ito（2011）的资本账户开放程度衡量的金融自由化指标前面的系数虽然为负值，但是也不显著。因此，金融自由化对收入不平等的影响还需要使用其他的模型进行进一步的检验。模型 1 中以 Pcrdbgdp 衡量的金融发展水平的提高扩大了收入的不平等，这种影响在 1% 的显著性水平上显著，而且其他的三个模型中这种影响也都是非常显著的。这与国内多数学者的研究所得出的结果是类似的。这说明金融发展水平的提高并没有抑制收入的不平等，反而起到了相反的作用。

人均实际 GDP 的影响也很明显，在表 5.3 的四个模型中，人均实际 GDP（Pcrgdp）前面的系数均为正值，而且非常显著。同时，人均实际 GDP 的平方项（Pcrgdp_ Squ）前面的系数为负值，而且也是非常显著的。这说明人均实际 GDP 对收入不平等的影响与库兹涅茨假设（Kuznets，1955）类似，即经济发展水平的提高一开始扩大了收入的不平等，但是跨过一定的门槛后，随着经济发展水平的提高，收入的不平等又将会逐渐减小，从而人均收入和收入的不平等之间呈现一种倒 U 型曲线的关系。总体来看，金融自由化的各个变量的影响并不明显。虽然多数是正的影响，但是并不显著。而且 Kaopen 指标前面的系数还是负值，但是也不显著。因此，这也就需要通过进一步地控制更多的因素来分析这几者之间潜在的关系。

表5.3　金融自由化、私人信贷（银行体系）与收入不平等（1）

Dep. Var. GINI_ Net	模型 1	模型 2	模型 3	模型 4
Off_ Lib	0. 0129 (0. 0199)			
First_ Sign		0. 0066 (0. 0206)		
Kaopen			− 0. 0011 (0. 0061)	
Fin_ Reform				0. 0044 (0. 0334)
Pcrdbgdp	0. 0006 ** (0. 0003)	0. 0007 *** (0. 0003)	0. 0011 *** (0. 0002)	0. 0008 *** (0. 0002)
Pcrgdp	2. 4179 *** (0. 3142)	2. 4352 *** (0. 3204)	2. 6857 *** (0. 2082)	2. 9183 *** (0. 2455)
Pcrgdp_ Squ	− 0. 1458 *** (0. 0184)	− 0. 1468 *** (0. 0188)	− 0. 1620 *** (0. 0120)	− 0. 1764 *** (0. 0142)
常数项	− 6. 1797 *** (1. 3316)	− 6. 2503 *** (1. 3562)	− 7. 2963 *** (0. 8984)	− 8. 2197 *** (1. 0505)
观测值	310	310	639	529
调整的 R^2	0. 2193	0. 2185	0. 3328	0. 3288

　　注：括号内为稳健的标准误。其中，***、** 和 * 分别表示在 1%、5% 和 10% 的显著性水平上显著，以下类似。

　　在表5.4 中汇报了通过控制更多的因素，并仍然使用 Pcrdbgdp 来衡量金融发展水平后的分析结果。这时候发现金融自由化显著地扩大了收入的不平等。无论是官方的自由化指标，事实自由化指标，资本账户的开放程度还是 Abiad et al.（2010）的金融改革指标，这几个变量前面的系数在四个模型中均是正值，而且都非常显著。如 Kaopen 前面的系数为 0.0221，在 1% 的显著性水平上显著。这也就说明 Kaopen 每增加一个单位，在其他情况不变的条件下，平均来看收入的不平等将增加 2%。从其他的几个金融发展指标中也可以得出类似的解释。Das 和 Mohapatra（2003），Jaumotte et al.（2008），Adams（2008），Ang（2009），Mandel（2009），Larrain（2015）Asteriou et al.（2014）等人也都得出了类似的观点。金融自由化减小了资本的成本，企业会选择用更多的资本去替代劳动力。但是，由于资本和技术性劳动力之间的互补性（Griliches，1969；Krusell et al.，2000；Parro，2013 等），资本的增加会加大对技术劳动力的需求，提高他们的工资，从而使得收入差距扩大，进而收入的不平等增加。再一次，金融发展水平（Pcrdbgdp）前面的系数在四个模型中均显著为正值，这说明随着金融发展水平的提高，居民的收入不平等也扩大了。Jaumotte et al.（2008）在研究金融全球化对收入不平等的影响时也发现了金融发展水平（私人信贷占 GDP 的比重）提高了收入的不平等。国内的金融深化更加有利于那些技术性的工人，他们拥有更多的抵押金或者收入。因此可以投资或者获得足够的资本投资于人力资本以提高自己的收入水平，从而最终使得收入不平等增加。

其他控制变量的影响不尽相同。人均实际 GDP 与收入不平等之间依然呈现了倒 U 型曲线的关系，而且这种关系是非常显著的。这与表 5.3 里各个模型的回归结果一样。对外开放减小了收入的不平等，这与标准的斯托尔珀 - 萨缪尔森定理（Stolper-Samuelson Theorem）的观点类似。还有一些研究如 IMF 的 World Economic Outlook（2007a，b），Wu 和 Hsu（2012）以及 Asteriou et al.（2013）也得出了相同的观点，他们都认为对外开放程度的提高减小了国内的收入不平等。因此，对外贸易起到了均等化收入不平等的作用。政府支出的作用应该是减小了收入的不平等。模型 1 和模型 2 中 Gov 变量前面的系数虽然是正值，但是并不显著。相反，模型 3 和模型中 Gov 前面的系数为负值而且是显著的。这也说明政府的支付更加倾向于帮助那些贫困的群体，并提高了他们的收入水平，最终使得收入不平等减小。失业率的影响并不统一。模型 1 和模型 2 和模型 4 里边 Unemployment 前面的系数为负值但是并不显著，相反在模型 3 里边 Unemployment 前面的系数却是正值而且也是显著的。这说明失业率的增加扩大了居民的收入不平等。城市化率的影响并不明显，在四个模型中这个指标前面的系数均不显著，因此还有待于后面的实证分析来进行进一步的理解。人口增长率的提高显著地增加了收入不平等，这说明人口增长率的提高增加了贫困人口的比例。通货膨胀率的提高虽然增加了收入的不平等，而且非常显著（在 1% 的显著性水平上显著），但是它的值非常小，因而对收入不平等的影响有限。教育水平的提高显著地减小了收入不平等，Jaumotte et al.（2008）、Bergh 和 Nilsson（2010）、Asterou et al.（2013）等人也得出了相同的观点。这说明教育水平的增加，提高了低收入者的人力资本，使得他们更有可能成为技术性劳动力而获取高额的收入，从而减小了收入的不平等。

表 5.4　金融自由化、私人信贷（银行体系）与收入不平等（2）

Dep. Var. GINI_ Net	模型 1	模型 2	模型 3	模型 4
Off_ Lib	0.1208 *** (0.0251)			
First_ Sign		0.1217 *** (0.0261)		
Kaopen			0.0221 *** (0.0067)	
Fin_ Reform				0.3220 *** (0.0396)
Pcrdbgdp	0.0030 *** (0.0006)	0.0029 *** (0.0006)	0.0027 *** (0.0002)	0.0022 *** (0.0002)
Pcrgdp	4.2695 *** (0.4163)	4.3564 *** (0.4350)	2.8562 *** (0.2212)	2.9764 *** (0.2485)
Pcrgdp_ Squ	-0.2525 *** (0.0242)	-0.2586 *** (0.0253)	-0.1667 *** (0.0125)	-0.1763 *** (0.0143)
Trade	-0.0026 *** (0.0005)	-0.0024 *** (0.0005)	-0.0011 *** (0.0002)	-0.0013 *** (0.0003)

续表

Dep. Var. GINI_Net	模型 1	模型 2	模型 3	模型 4
Gov	0.0020 (0.0019)	0.0018 (0.0019)	−0.0116 *** (0.0013)	−0.0068 *** (0.0016)
Unemployment	−0.0103 (0.0140)	−0.0107 (0.0138)	0.0057 *** (0.0020)	−0.0007 (0.0021)
Urban	0.0010 (0.0018)	0.0019 (0.0016)	0.0009 (0.0009)	0.0013 (0.0010)
Population	0.0702 *** (0.0178)	0.0643 *** (0.0215)	0.0488 *** (0.0095)	0.0639 *** (0.0113)
Inflation	0.0000 *** (0.0000)	0.0000 *** (0.0000)	0.0000 (0.0000)	0.0000 *** (7.06e−06)
Edu	−0.0021 *** (0.0008)	−0.0030 *** (0.0008)	−0.0016 *** (0.0007)	−0.0031 *** (0.0008)
常数项	−14.2187 *** (1.8062)	−14.5143 *** (1.8907)	−8.3195 *** (0.9751)	−8.7617 *** (1.0809)
观测值	180	180	434	351
调整后的 R^2	0.6074	0.5999	0.5932	0.6307

注：基于 Off_Lib 和 First_Sign 的数据的可得性，模型 1 和模型 2 中使用的数据样本取自 25 个新兴市场经济体国家 1980—1997 年的数据。后文的估计方程中类似，因此不再赘述。

紧接着，表 5.5 显示的是将金融发展指标换成 Pcrdbofgdp（整个的金融体系发放给私人部门的贷款占 GDP 的比重）之后的回归结果。仅控制金融自由化的四个指标、金融发展以及人均实际 GDP 的指标后，可以看到分析结果中，虽然金融自由化指标前面的系数为不显著，但是它们均为正值。Pcrdbofgdp 指标前面的系数仍为正值，而且在模型 1、模型 2 和模型 4 中是非常显著的，这与前面的实证分析得到的结果相同，而且也与描述性统计部分得到的拟合图相同。进一步地，人均实际 GDP 和收入不平等的 U 型曲线关系依然成立。因为 Pcrgdp 及其平方项前面的系数分别为正值和负值，而且均是显著的。

表5.5　金融自由化、私人信贷（金融体系）与收入不平等（1）

Dep. Var. GINI_ Net	模型 1	模型 2	模型 3	模型 4
Off_ Lib	0.0077 (0.0199)			
First_ Sign		0.0016 (0.0205)		
Kaopen			0.0004 (0.0060)	
Fin_ Reform				0.0045 (0.0336)
Pcrdbofgdp	0.0008 *** (0.0003)	0.0008 *** (0.0003)	0.0013 (0.0012)	0.0011 *** (0.0002)
Pcrgdp	2.3450 *** (0.3193)	2.3516 *** (0.3251)	2.6460 *** (0.2067)	2.8753 *** (0.2451)
Pcrgdp_ Squ	− 0.1412 *** 0.0187	− 0.1416 *** (0.0191)	− 0.1597 *** (0.0119)	− 0.1738 *** (0.0142)
常数项	− 5.9023 *** (1.3519)	− 5.9290 *** (1.3750)	− 7.1417 *** (0.8918)	− 8.0596 *** (1.0491)
观测值	317	317	646	535
调整的 R^2	0.2087	0.2083	0.3422	0.3292

在表5.6中控制了更多的因素后，重新对模型进行了分析。将金融发展指标换成整个的金融体系发放给私人机构的贷款占GDP的比重以后，这时从四个模型中仍然可以看到随着金融自由化的四个指标（off_ Lib，Fisrst_ Sign，Kaopen，Fin_ Reform）的提高，新兴市场经济体国家的收入不平等在逐渐扩大，而且这种影响都是非常显著的。其中Fin_ Reform前面的系数最大，大约为0.3431。这几个指标均在1%的显著性水平上显著。再一次地，金融发展水平（Pcrdofgdp）的提高也显著地扩大了收入的不平等。如前所述，金融发展水平使得富裕的群体可以通过融资来提高自己的人力资本价值或者进行更好的投资，从而扩大了收入的不平等。其他的控制变量的影响跟前面的实证结果一样。人均实际GDP与收入不平等的倒U型曲线关系依然成立。对外开放程度（Trade）的提高也减小了收入的不平等。政府财政支出的增加也显著减小了收入的不平等。失业率、城镇化率和人口增长率的增加，均扩大了居民的收入不平等。而教育投资的作用依然很明

显，平均来看，在其他情况不变的情况下，教育投资每增加一个单位，大约将会使得收入不平等减小 0.25 个百分点左右。调整后的 R^2 为大约为 60%，这样说明模型可以很好地解释造成收入不平等的变化的各个因素。

表5.6　　金融自由化、私人信贷（金融体系）与收入不平等（2）

Dep. Var. GINI_Net	模型 1	模型 2	模型 3	模型 4
Off_Lib	0.1227 *** (0.0248)			
First_Sign		0.1173 *** (0.0260)		
Kaopen			0.0255 *** (0.0066)	
Fin_Reform				0.3431 *** (0.0397)
Pcrdbofgdp	0.0029 *** (0.0006)	0.0028 *** (0.0005)	0.0027 *** (0.0002)	0.0022 *** (0.0002)
Pcrgdp	4.3585 *** (0.4064)	4.4163 *** (0.4216)	2.8876 *** (0.2175)	3.0113 *** (0.2464)
Pcrgdp_Squ	−0.2576 *** (0.0236)	−0.2618 *** (0.0245)	−0.1696 *** (0.0123)	−0.1792 *** (0.0142)
Trade	−0.0025 *** (0.0005)	−0.0023 *** (0.0004)	−0.0011 *** (0.0002)	−0.0013 *** (0.0002)
Gov	0.0018 (0.0019)	0.0014 (0.0018)	−0.01098 *** (0.0012)	−0.0062 *** (0.0016)
Unemployment	0.0136 *** (0.0033)	0.0137 *** (0.0033)	0.0015 (0.0016)	0.0041 *** (0.0017)
Urban	0.0014 (0.0015)	0.0022 (0.0014)	0.0018 *** (0.0008)	0.0020 *** (0.0009)
Population	0.0766 *** (0.0174)	0.0693 *** (0.0204)	0.0420 *** (0.0089)	0.0592 * (0.0108)
Inflation	0.0000 *** (0.0000)	0.0000 *** (0.0000)	0.0000 (0.0000)	0.0000 *** (0.0000)
Edu	−0.0022 *** (0.0008)	−0.0031 *** (0.0007)	−0.0017 *** (0.0006)	−0.0033 *** (0.0007)
常数项	−14.6204 *** (1.7613)	−14.7972 *** (1.8283)	−8.3921 *** (0.9572)	−8.8672 *** (1.0696)
观测值	194	194	438	355
调整的 R^2	0.5938	0.5816	0.6067	0.6369

接下来，考虑用股票市场的发展来衡量金融发展水平，并实证检验他们与收入不平等的关系。本部分别用三个指标（Stmktcap、Stvaltraded 和 Stturnover）来衡量金融发展水平的高低。基本的回归结果如表5.7 所示。将第一个股票市场发展的指标 Stmktcap 放入估计方程中进行估计后，估计的结果显示金融自由化对收入不平等的影响多数为正，如模型 1、模型 2 和模型 4 中金融自由化指标前面的系数为正值，但是在模型 3 中金融自由化对收入不平等的影响为负。总体来看，这几个指标均不显著。上市公司的市值占 GDP 的比重的提高显著地拉大了收入的不平等，在模型 1、模型 2、模型 3 和模型 4 中这种影响都是非常显著的。这也与前面的以私人信贷占 GDP 的比重表示的金融发展水平指标所得到的估计结果类似。这再次说明金融发展水平的提高扩大了居民的收入不平等。人均实际 GDP 与收入不平等仍然是倒 U 型曲线的关系。接下来将更多的因素控制之后看看这种影响是否发生改变。

表 5.7　金融自由化、上市公司市值占 GDP 的比率与收入不平等（1）

Dep. Var. GINI_Net	模型 1	模型 2	模型 3	模型 4
Off_Lib	0.0332 (0.0298)			
First_Sign		0.0462 (0.0346)		
Kaopen			−0.0149 (0.0165)	
Fin_Reform				0.0499 (0.0583)
Stmkcap	0.0009*** (0.0002)	0.0009*** (0.0002)	0.0015*** (0.0001)	0.0015*** (0.0002)
Pcrgdp	2.4401*** (0.4309)	2.5649*** (0.4288)	2.4472*** (0.2129)	2.7421*** (0.2738)
Pcrgdp_Squ	−0.1461*** (0.0249)	−0.1535*** (0.0249)	−0.1481*** (0.0122)	−0.1657*** (0.0157)
常数项	−6.3836*** (1.8538)	−6.9186*** (1.8424)	−6.3017*** (0.9239)	−7.4936*** (1.1753)
观测值	160	160	482	370
调整的 R^2	0.2845	0.2681	0.4648	0.4193

　　控制更多的影响因素之后，其估计的结果如表 5.8 所示。这时可以看到，除了模型 3 以外，其他的几个模型中金融自由化对收入不平等的影响是非常显著的。在表 5.8 中的模型 1、模型 2、模型 3 和模型 4 中，off_Lib、First_Sign、Kaopen 和 Fin_Reform 前面的系数都是正值，而且在模型 1、模型 2 和模型 4 中都是非常显著的，只有在模型 3 中 Kaopen 前面的系数并不是很显著。因此，这也就说明了将金融发展指标换成股票市场的上市公司总价值占 GDP 的比重（Stmktcap）之后，金融自由化对收入不平等的影响依然是显著为正的。金融发展指标在四个模型中依然是显著为正值，如模型 1 中，Stmktcap 前面的系数大约为 0.0022，因此每增加一单位，收入不平等将增加大约 0.22 个百分点。平均来说，在四个模型中，金融发展对收入不平等的影响大约为 0.22 个百分点。人均实际 GDP 及其平方项前面的系数一正一负，而且均是非常显著的。因此，库兹涅茨效应在这部分的实证分析中依然是十分显著的。对外开放度和政府财政支出的增加缩减了收入的不平等，但是失业率、通货膨胀率的上升依然显著地增加了收入的不平等，但是通货膨胀率对收入不平等的影响非常有限，平均来看大约为 0.000005。因此，从经济学意义上看通货膨胀率对收入不平等的影响并不大。总体来看，城市化率对收入不平等的影响并不是很显著。教育水平的均等化收入分配的作用依然是非常显著的，这从其前面的系数为负值并且是很显著的就可以看出来。

表 5.8　金融自由化、上市公司市值占 GDP 的比率与收入不平等（2）

Dep. Var. GINI_Net	模型 1	模型 2	模型 3	模型 4
Off_Lib	0.0946 ** (0.0413)			
First_Sign		0.1194 *** (0.0532)		
Kaopen			0.0098 (0.0072)	
Fin_Reform				0.3148 *** (0.0545)

续表

Dep. Var. GINI_ Net	模型1	模型2	模型3	模型4
Stmkcap	0.0022 *** (0.0005)	0.0022 *** (0.0005)	0.0022 *** (0.0002)	0.0020 *** (0.0003)
Pcrgdp	4.9062 *** (0.6111)	4.9479 (0.6096)	2.4124 *** (0.2627)	2.2946 *** (0.3536)
Pcrgdp_ Squ	− 0.2915 *** (0.0354)	− 0.2952 *** (0.0355)	− 0.1419 *** (0.0147)	− 0.1382 *** (0.0201)
Trade	− 0.0034 *** (0.0006)	− 0.0031 *** (0.0006)	− 0.0015 *** (0.0002)	− 0.0017 *** (0.0003)
Gov	− 0.0140 *** (0.0040)	− 0.0132 *** (0.0040)	− 0.0084 *** (0.0017)	− 0.0060 *** (0.0021)
Unemployment	0.0208 *** (0.0043)	0.0216 *** (0.0044)	0.0049 *** (0.0017)	0.0071 *** (0.0020)
Urban	0.0006 (0.0015)	0.0015 (0.0014)	− 0.0002 (0.0009)	0.0005 (0.0010)
Population	0.0258 (0.0200)	0.0189 (0.0189)	0.0493 *** (0.0094)	0.0467 *** (0.0104)
Inflation	0.0000 *** (0.0000)	0.0000 (0.0000)	0.0000 *** (0.0000)	0.0000 *** (0.0000)
Edu	− 0.0015 (0.0010)	− 0.0020 ** (0.0009)	− 0.0014 ** (0.0007)	− 0.0026 *** (0.0008)
常数项	− 16.6962 *** (2.6464)	− 16.8112 *** (2.6294)	− 6.1908 *** (1.1651)	− 5.6075 *** (1.5481)
观测值	116	116	377	288
调整的 R^2	0.5919	0.5934	0.6764	0.6563

紧接着，将金融发展指标换成股票市场的交易额占 GDP 的比重（Stvaltraded）对混合横截面分析的估计模型重新进行了估计，估计结果如表5.9所示。当估计模型中没有放入 Trade、Gov、Unemployment、Urban、Population、Inflation 以及 Edu 等控制变量时，金融发展指标（Stvaltraded）、人均实际 GDP 及其平方项的影响与前述的估计方程得到的结果是类似的。四个金融自由化的指标的影响并不是很显著，多数指标为正，只有模型3中 Kaopen 前面的系数为负值，但是也不显著。金融发展水平的提高依然显著地扩大了新兴市场经济体国家的收入不平等。因此还需要控制更多的因素来探究金融自由化和收入不平等的关系。

表 5.9　金融自由化、股票市场交易量占 GDP 的比率与收入不平等（1）

Dep. Var. GINI_Net	模型 1	模型 2	模型 3	模型 4
Off_Lib	0.0153 (0.0311)			
First_Sign		0.0273 (0.0350)		
Kaopen			-0.0077 (0.0067)	
Fin_Reform				0.0189 0.0545
Stvaltraded	0.0010*** (0.0004)	0.0010*** (0.0004)	0.0014*** (0.0002)	0.0017*** (0.0003)
Pcrgdp	2.6699*** (0.4349)	2.7414*** (0.4387)	2.9993*** (0.2457)	3.2260*** (0.3166)
Pcrgdp_Squ	-0.1594*** (0.0252)	-0.1637*** (0.0254)	-0.1798*** (0.0141)	-0.1943*** (0.0183)
常数项	-7.3306*** (1.8717)	-7.6400*** (1.8871)	-8.6502*** (1.0669)	-9.5418*** (1.3600)
观测值	161	161	483	369
调整的 R^2	0.2546	0.2559	0.4156	0.3857

在表 5.10 的四个模型中，控制了更多的因素后，此时可以发现金融自由化对收入不平等的扩大作用。在模型 1、模型 2、模型 3 和模型 4 中，四个金融自由化指标前面的系数均显著为正，Stvaltraded 指标前面的系数也为正值，而且均在 1% 的水平上显著。其他的几个变量，如 Trade、Gov 和 Edu 指标，随着这些指标取值的增加，收入不平等趋于下降。而其他变量则与收入不平等有正向关系。

表 5.10　金融自由化、股票市场交易量占 GDP 的比率与收入不平等（2）

Dep. Var. GINI_Net	模型 1	模型 2	模型 3	模型 4
Off_Lib	0.1113*** (0.0436)			
First_Sign		0.1473*** (0.0541)		

续表

Dep. Var. GINI_ Net	模型 1	模型 2	模型 3	模型 4
Kaopen			0. 0177 ** (0. 0079)	
Fin_ Reform				0. 4030 *** (0. 0576)
Stvaltraded	0. 0021 *** (0. 0008)	0. 0021 *** (0. 0008)	0. 0017 *** (0. 0003)	0. 0017 *** (0. 0004)
Pcrgdp	5. 0265 *** (0. 7412)	5. 1113 *** (0. 7495)	3. 0795 *** (0. 3282)	2. 5977 *** (0. 4128)
Pcrgdp_ Squ	− 0. 2982 *** (0. 0426)	− 0. 3048 *** (0. 0433)	− 0. 1801 *** (0. 0185)	− 0. 1555 *** (0. 0236)
Trade	− 0. 0021 *** (0. 0007)	− 0. 0019 *** (0. 0007)	− 0. 0007 *** (0. 0002)	− 0. 0009 *** (0. 00030)
Gov	− 0. 0121 *** (0. 0042)	0. 0115 *** (0. 0043)	− 0. 0079 *** (0. 0019)	− 0. 0062 *** (0. 0023)
Unemployment	0. 0192 *** 0. 0058	0. 0204 *** (0. 0055)	− 0. 0001 (0. 0021)	− 0. 0026 (0. 0023)
Urban	0. 0004 (0. 0024)	0. 0014 (0. 0022)	− 0. 0004 (0. 0010)	− 0. 0001 (0. 0011)
Population	0. 0441 * (0. 0238)	0. 0365 (0. 0264)	0. 0756 *** (0. 0126)	0. 0731 *** (0. 0130)
Inflation	0. 0000 (0. 0000)	0. 0000 (0. 0000)	0. 0000 *** (0. 0000)	0. 0000 *** (0. 0000)
Edu	− 0. 0014 (0. 0012)	− 0. 0020 * (0. 0011)	− 0. 0013 (0. 0007)	− 0. 0030 *** (0. 0009)
常数项	− 17. 2845 *** (3. 2305)	− 17. 5714 *** (3. 2620)	− 9. 1624 *** (1. 4528)	− 7. 0067 *** (1. 8072)
观测值	116	116	377	286
调整的 R²	0. 5319	0. 5375	0. 6029	0. 6243

再将目光放在最后一个金融发展指标上，也就是股票市场的交易额占股票市场的上市公司的比重（Stturnover）这个指标。与上述估计方程一样首先仅控制了金融自由化、金融发展和人均实际 GDP 及其平方项，而没有控制更多的因素之后对上述方程重新进行了估计。表5.11是基准的估计结果。金融自由化对收入不平等的影响多数是正的，但是并不显著。金融发展对收入不平等的影响也为正，在模型1和模型2、模型3和模型4中这几个指标前面的系数并不显著。库

兹涅茨效应进一步得到了证实，人均实际 GDP 及其平方项的系数分别为正值和负值，而且是很显著的。

表 5.11　　金融自由化、股票市场交易量比率与收入不平等（1）

Dep. Var. GINI_Net	模型 1	模型 2	模型 3	模型 4
Off_Lib	0.0194 (0.0314)			
First_Sign		0.0300 (0.0357)		
Kaopen			-0.0091 (0.0071)	
Fin_Reform				0.0599 (0.0569)
Stturnover	0.0005 * (0.0003)	0.0005 * (0.0003)	0.0000 (0.0001)	0.0001 (0.0001)
Pcrgdp	2.7440 *** (0.4287)	2.8187 *** (0.4350)	2.7657 *** (0.2610)	2.9925 *** (0.3285)
Pcrgdp_Squ	-0.1638 *** (0.0248)	-0.1682 *** (0.0252)	-0.1656 *** (0.0150)	-0.1804 *** (0.0189)
常数项	-7.6551 *** (1.8455)	-7.9780 *** (1.8713)	-7.6703 *** (1.1353)	-8.5677 *** (1.4157)
观测值	160	160	482	369
调整的 R^2	0.2458	0.2469	0.3723	0.3451

表 5.12 显示了控制更多的因素之后的估计结果。根据表 5.12 的四个模型，金融自由化显著地扩大了收入的不平等。只是在模型 3 中 Kaopen 前面的系数并不显著，但是它的影响仍然是正的。金融发展指标的影响是正的，也就是金融发展水平的提高扩大了收入的不平等，在模型 4 中这个指标的影响是显著的。虽然在其他的模型中金融发展的影响并不显著，但是它前面的系数仍然是正的。其他指标的影响与之前的估计方程分析类似，人均实际 GDP 与收入不平等之间仍然存在着倒 U 型曲线的关系。对外开放程度、政府支出的提高减小了收入的不平等，教育水平的提高依然减小了收入的不平等。总之，使用 Stturnover 指标后，其估计结果跟前面的实证分析并没有发生多大改变。

表5.12 金融自由化、股票市场交易量比率与收入不平等（2）

Dep. Var. GINI_Net	模型 1	模型 2	模型 3	模型 4
Off_Lib	0.1026 ** (0.0442)			
First_Sign		0.1370 ** (0.0545)		
Kaopen			0.0115 (0.0084)	
Fin_Reform				0.4111 *** (0.0599)
Stturnover	0.0003 (0.0003)	0.0002 (0.0003)	0.0001 (0.0001)	0.0003 ** (0.0001)
Pcrgdp	4.3757 *** (0.7616)	4.4461 *** (0.7652)	2.6360 *** (0.3433)	2.3942 *** (0.4168)
Pcrgdp_Squ	−0.2592 *** (0.0443)	−0.2647 *** (0.0445)	−0.1526 *** (0.0195)	−0.1421 *** (0.0238)
Trade	−0.0006 (0.0004)	−0.0005 (0.0004)	−0.0003 (0.0002)	−0.0005 * (0.0003)
Gov	0.0071 (0.0043)	0.0064 (0.0043)	−0.0111 *** (0.0021)	−0.0088 *** (0.0023)
Unemployment	0.0183 *** (0.0065)	0.0194 *** (0.0060)	0.0016 (0.0027)	−0.0009 (0.0028)
Urban	0.0008 *** (0.0028)	0.0017 (0.0026)	−0.0011 (0.0011)	−0.0007 (0.0012)
Population	0.0320 (0.0239)	0.0252 (0.0267)	0.0850 *** (0.0144)	0.0811 *** (0.0145)
Inflation	0.0000 (0.0000)	0.0000 (0.0000)	0.0000 *** (0.0000)	0.0000 *** (0.0000)
Edu	−0.0021 * (0.0012)	−0.0026 ** (0.0012)	−0.0010 (0.0008)	−0.0030 *** (0.0009)
常数项	−14.5543 *** (3.3033)	−14.7895 *** (3.3233)	−7.3538 *** (1.5218)	−6.2239 *** (1.8274)
观测值	116	116	377	287
调整的 R^2	0.5068	0.5119	0.5549	0.6000

总之，从混合横截面的分析中可以看到，使用不同的指标来衡量金融自由化和金融发展水平时，如分别使用 Off_Lib、First_Sign、Kaopen 和 Fin_reform 指标来衡量金融自由化或者说资本账户的一体化，Pcrdbgdp、Pcrdbofgdp、Stmktcap、Stvaltraded 以及 Stturnover 五个指标来衡量金融发展水平，并使用混合横截面数据分析进行估计，最

终得到的结果是类似的。即金融的自由化扩大了收入的不平等，这与 Das 和 Mohapatra（2003）、Jaumotte et al.（2008）、Larrian（2013）以及 Asteriou et al.（2013）的观点相同。制度层面以及技术密集型的技术变化、资本和技术性劳动力的互补性都是造成这种现象的原因。而前面的理论分析也得出了相同的观点。由于资本和技术的互补性，资本账户的一体化必然会使得流入的资本量增加。资本的供给增加降低了资本的价格，从而资本的成本降低。因此企业将增加资本的投入量，由于资本和技术性劳动力的互补性，资本投入的增加必然也会增加对技术性劳动力的需求，因此技术性劳动力的工资将提高，工资溢价（技术性劳动力与非技术性劳动力的工资之比）将上升，收入的不平等必然也会上升。

上述实证分析还发现金融发展水平的提高也起到了扩大收入不平等的作用。Roine et al.（2009）、Rodriguez-Pose 和 Tselios（2009）、Gimet 和 Lagoarde-Segot（2011）以及 Jauch 和 Watzka（2011）等很多学者都得到了类似的观点。很多的国内学者在使用国内的省级层面或者国家层面的数据时也得到了相同的观点。Rajan 和 Zingales（2003）、Acemoglu et al.（2005）以及 Perotti 和 Volpin（2007）从制度层面以及政治经济学的角度对金融发展的这种恶化收入不平等的作用进行了阐述。如 Rajan 和 Zingales（2003）指出富裕的群体可以阻碍贫穷的群体进入资本市场从而使得贫穷的群体不能通过融资来改善自己的福利水平，如不能融资来投资于人力资本等。这样一来贫穷的人就不能获得金融发展水平的提高所带来的收益，从而使得金融发展具有恶化收入不平等作用。在下一节还将深入分析造成这种金融发展水平扩大了收入不平等的原因。

其他的因素对收入不平等的影响跟预期的理解差不多。人均收入水平的上升一开始增加了收入的不平等，但是跨过一定的门槛之后将使得收入不平等减小，即库兹涅茨效应的确存在。对外开放程度、政府支出和教育水平的提高减小了收入的不平等。其他的一些控制变量的影响前面已经有所分析，此处不再赘述。但是与此同时也应该注意到，混合横截面分析忽略了不同个体可能存在的固定效应，这很可能使得分析的结果不一致或有偏差。如当期的收入不平等很可能会拉大或缩小下一期的收入不平等。而且金融发展这个变量很有可能是具有内生性的。因此，下一部分将通过使用动态面板数据的广义矩分析方法（GMM）来进行处理，以便得出更稳健的分析结果。

第三节　面板数据分析

一　模型设定

这部分的动态面板数据分析是将 25 个国家 1980—2011 年的数据进行了非平衡面板数据的动态面板分析，参考以往的相关文献的做法，计量模型设定为如下形式：

$$GINI_{it} = \alpha + \beta_0 GINI_{it-1} + \beta_1 Liberalization_{it} + \beta_2 FD_{it} + \beta_3 Pcrgdp_{it} + \beta_4 Pcrgdp\_Squ_{it} + \gamma' X_{it} + \mu_t + \varepsilon_i + \nu_{it}$$

其中，i 表示的是个体国家，t 表示的是时间。Liberalization 变量即为前面提到过的四个金融自由化指标来衡量。FD 变量为金融发展变量，用之前提到过的私人信贷占 GDP 的比重等一共五个指标来表示。Pcrgdp 和 Pcrgdp_Squ 表示的是人均实际 GDP 及其平方项。控制变量 X 里边包含了包括对外开放程度（Trade）、政府规模（Gov）、失业率（Unemployment）、城市化率（Urban）、人口增长率（population）、通货膨胀率（Inflation）和教育水平（Edu）等变量。μ 是年度固定效应，ε 是不随时间而改变的国家固定效应，ν 是方程的随机扰动项。在进行分析时，为了检验误差项的一阶、二阶序列相关性还进行了 AR 检验。同时为了检验所选取的工具变量在过度识别情况下的有效性，也进行了 Sargan 检验。

二　动态面板估计方法介绍

在进行估计之前，首先对动态面板的估计方法进行了简单的介绍。近年来，用广义矩估计方法（GMM, General Methods of Mo-

ments）对动态面板数据进行估计已经越来越流行（Arellano 和 Bond，
1991；Arellano 和 Bover，1995；Blundell 和 Bond，1998）。动态面板
数据的优点是不仅可以考虑时间固定效应和地区固定效应（与静态面
板的固定效应类似），还可以考虑到个体行为的滞后效应。具体到本
书中，也就是收入的不平等很可能具有持续性，从而即期的收入不平
等会对下一期的收入不平等造成影响。动态面板模型的另一个优点便
是可以在模型估计的时候考虑到一些自变量可能的内生性问题，可以
使用自变量的合理滞后项作为自变量的工具变量，从而更加一致并且
有效地进行模型的估计。考虑如下的动态面板模型：

$$y_{it} = \alpha + \rho y_{it-1} + x'_{it}\beta + \mu_i + v_{it}$$

其中 x 包含了控制变量，μ 为个体的固定效应。我们首先对上述
方程进行一阶差分，以消掉个体的固定效应 μ。那么上式就变为如下
形式：

$$y_{it} - y_{it-1} = \rho(y_{it-1} - y_{it-2}) + (x'_{it} - x'_{it-1})\beta + v_{it} - v_{it-1}$$

也就是：

$$\triangle y_{it} = \rho \triangle y_{it-1} + \triangle x'_{it}\beta + \triangle v_{it}$$

显然 $\triangle y_{it}$ 与 $\triangle v_{it}$ 是相关的，这时就需要选取合适的工具变量来
对上式进行一致的估计。差分 GMM 估计量有两个前提：一是误差项
v_{it} 不存在自相关，二是 x 里边变量保护的控制变量是弱外生的。An-
derson 和 Hsiao（1981）使用 y_{it-2} 作为 $\triangle y_{it}$ 的工具变量，被称为 An-
derson-Hsiao 估计量。显然 y_{it-2} 与 $\triangle y_{it}$ 不相关，而且由于我们已经假
定误差项 v_{it} 不存在序列相关，所以 y_{it-2} 是一个有效的工具变量。Arel-
lano 和 Bond（1991）又提出可以使用尽可能多的滞后性作为 $\triangle y_{it}$ 的
工具变量，并且由于工具变量的数目多于内生变量的数目，可以使用
广义矩估计方法（GMM）估计。也就是说对如下的矩条件进行估计：

$$E[y_{it-s}(v_{it} - v_{it-1})] = 0, s \geq 2; t = 3, 4, \cdots T$$
$$E[x_{it-s}(v_{it} - v_{it-1})] = 0, s \geq 2; t = 3, 4, \cdots T$$

估计出来的值便是 Arellano-Bond 估计量，有时也被称为差分
GMM 估计量。在模型中，使用了基尼系数的二次以及更多的滞后项

以及其他的一些弱外生的控制变量如对外开放程度、失业率、通货膨胀率等作为进行了差分 GMM 的估计。

对于控制变量 X 中有的可能存在内生性问题，则可以使用 x_{it} 的滞后项作为其工具变量进行估计。较多的工具变量很有可能产生弱工具变量问题，因此在使用差分 GMM 时还应控制选取的滞后项的阶数，一般来说选取有限的滞后期作为其工具变量。但是差分 GMM 估计仍然存在着一些问题。也就是如果 y_{it-2} 与 $\triangle y_{it}$ 的相关性很弱，那么这个弱工具变量问题就很可能导致严重的有限样本偏差，从而使得估计的系数的方差就变得非常大（Alonso-Borrego 和 Arellano，1996；Blundell 和 Bond，1998）。Arellano 和 Bover（1995）又提出在原水平方程（Level Equation）中增加外的工具变量来进行估计，也就使用 $\{\triangle y_{it-1},\triangle y_{it-2},\cdots\}$ 作为 y_{it-1} 的工具变量。其中使用到的一个重要的假定便是 $\{\triangle y_{it-1},\triangle y_{it-2},\cdots\}$ 与个体效应 μ_i 是相关的。因此对水平方差来说应该满足以下的矩条件：

$$E[(y_{it-s} - y_{it-s-1})(\mu_i - v_{it})] = 0, s = 1; t = 3,4,\cdots T$$
$$E[(x_{it-s} - x_{it-s-1})(\mu_i - v_{it})] = 0, s = 1; t = 3,4,\cdots T$$

这样估计出来的变量就是水平 GMM 估计量（Level GMM）。同样在水平方程中如果 x 包含了内生变量，也可以使用滞后项作为工具变量。Blundell 和 Bond（1998）则将差分 GMM 和系统 GMM 结合在一起，并将差分方差和水平方程作为一个系统进行了估计，被称为系统 GMM 估计。系统 GMM 估计方法考虑了更多的可能的工具变量，因此要比差分 GMM 更加有效。

一般来说，估计方法需要通过识别检验对其有效性进行检验。Arellano 和 Bond（1991）、Arellano 和 Bover（1995）以及 Blundell 和 Bond（1998）分别提出了两个重要的系统 GMM 的识别检验：一个便是序列相关检验。差分 GMM 的成立前提是误差项 v_{it} 不存在序列相关，因此需要对此进行检验。但是显然，误差项 v_{it} 的一阶差分存在着序列相关，因 $\text{cov}(\triangle v_{it},\triangle v_{it-1}) \neq 0$。但是其二阶差分将不存在序列相关。因此可以检验误差项的二阶是否存在序列相关。在二阶序列无关的虚拟假设性，统计量渐进服从正态分布。还有一个很重要的假定便是过度识别检验（over-identifications）。因为使用的估计变量超过了内生变量的数目，所以在估计的时候还要检验所有的工具变量是否都是有效的。在工具变量都是有效的假定下，统计量渐进服从卡方分布。卡方分布的自由度等于工具变量的数目减去待估计参数的数目。总之，为了得到一致并且有效的估计量，本部分将采用系统 GMM 对上述动态面板方程进行估计。同时还分别进行了 Sargan 检验和 Arellano—Bond 的一阶、二阶序列相关检验，以检验估计参数的有效性。

三　估计结果及其分析

表 5.13 是第一个动态面板分析结果，估计方程中使用的金融发展指标为 Pcrdbgdp。跟前面的混合横截面分析一样，在估计方程中一开始并没有控制对外开放程度，政府支出、人口增长率以及教育水平等因素。模型 1 中基尼系数的滞后项的系数显著为正值，在其他的三个模型中这一项的系数也都是显著为正值的，这也说明了收入的不平等具有连续性，上一期的收入的不平等很可能会延续到下一期，进一步扩大当期的收入不平等。官方的自由化指标和事实的自由化指标前面的系数均为正值，而且都是很显著的。因此，金融的自由化扩大了收入的不平等。但是在模型 3 和模型 4 中，Kaopen 和 Fin_reform 指标前面的系数为负值，不过它们并不显著。金融发展指标前面的系数在模型 2、模型 3 和模型 4 中为正值，但是只有在模型 3 和模型 4 中它才是非常显著的。但总体来看金融发展水平的提高还是恶化了居民收入的不平等。人均实际 GDP 及其平方项前面的系数分别为正值和负值，在四个模型中均是如此。不同的是两个系数只有在模型 4 中才是显著的。AR（2）检验不能拒绝二阶序列无关的假定，而 Sargan 检验也不能拒绝所有的工具变量都是有效的假定。因此，估计结果是有效的。

表5.13　金融自由化、私人信贷（银行体系）与收入不平等（3）

Dep. Var. GINI_Net	模型1	模型2	模型3	模型4
L. GINI_Net	0.9215** (0.3611)	0.8523*** (0.1066)	0.8982*** (0.0251)	0.8613*** (0.0418)
Off_Lib	0.0364*** (0.0056)			
First_Sign		0.0431*** (0.0152)		
Kaopen			−0.0006 (0.0041)	
Fin_Reform				−0.0098 (0.0464)
Pcrdbgdp	−0.0001 (0.0006)	0.0001 (0.0002)	0.0005*** (0.0001)	0.0006** (0.0003)
Pcrgdp	0.0892 (0.2896)	0.1569 (0.1016)	0.1024 (0.1733)	0.1277*** (0.0435)
Pcrgdp_Squ	−0.0066 (0.0152)	−0.0115 (0.0077)	−0.0072 (0.0100)	−0.0082*** (0.0037)
观测值	293	294	622	512
AR (1) Test	0.0236	0.0175	0.0121	0.0046
AR (2) Test	0.1808	0.1948	0.0276	0.1330
Sargan Test	1.0000	1.0000	1.0000	1.0000

注：括号里的值为稳健的标准误。其中，***、**和*分别表示在1%、5%和10%的显著性水平上显著，以下类似。

在控制了更多的因素之后，对上述方程用系统GMM估计方法重新进行了估计，如表5.14所示。基尼系数的滞后项（L. GINI_Net）前面的系数在模型3和模型4中均为正值，而且是显著的。金融自由化的影响类似，在前两个模型中，Off_Sign和First_Sign指标前面的系数并不显著，而Kaopen和Fin_Reform前面的系数则是正值并且是显著的。因此，资本账户开放程度的提高和国内的金融改革均扩大了收入的不平等。这与前面横截面分析得到的结果是类似的。同样金融发展指标（Pcrdbgdp）在前两个模型中的系数也不显著，只是在模型3和模型4中可以看到Pcrdbgdp的提高显著地扩大了收入的不平等。如前文所述，Roine et al.（2009）、Rodriguez-Pose和Tselios（2009）、

Gimet 和 Lagoarde-Segot（2011）以及 Jauch 和 Watzka（2011）也发表了类似的观点。Rajan 和 Zingales（2003）、Acemoglu et al.（2005）以及 Perotti 和 Volpin（2007）指出在一个较弱的政治制度环境下，名义上的政治代表性被事实的政治影响所占优，因此既得利益者就会影响其他群体进入金融市场。因此，金融发展就会损害到那些依靠非正式金融的贫困群体。Rajan 和 Zingales（2003）也对金融发展的这种恶化收入分配作用进行过解释。他们认为首先强大的既得利益集团不仅自己本身有足够的财富用作抵押从而可以很好地进入资本市场，他们也可以阻碍贫困群体进入资本市场，并阻碍了他们从金融市场中获得收益。这样一来他们就被排除在金融体系之外从而不能花费充足的资本投资来提高自己的人力资本。Oechslin（2009）也指出在资本积累的原始阶段，资本是稀缺的，债权人的保护制度比较弱，这时只有少数的经济体中的精英群体可以进入金融市场并享受这种收益。而且他们也会阻止其他的弱势群体进入金融市场。总之，通过这些制度层面以及政治经济学方面的因素的影响使得金融发展水平的提高并没有减小收入的不平等，相反，却扩大了收入的不平等。人均实际 GDP 对收入不平等的影响和前面的实证分析类似，仍然符合库兹涅茨假设。所有的检验均符合预期的要求，因为估计结果是有效的。

表5.14　金融自由化、私人信贷（银行体系）与收入不平等（4）

Dep. Var. GINI_Net	模型 1	模型 2	模型 3	模型 4
L. GINI_Net	−0.6199 (0.9768)	0.2676 (0.7551)	0.7944 *** (0.1068)	0.7398 *** (0.0517)
Off_Lib	−0.0212 (0.0373)			
First_Sign		−0.0042 (0.0361)		
Kaopen			0.0025 * (0.0013)	
Fin_Reform				0.1437 ** (0.0603)

续表

Dep. Var. GINI_Net	模型 1	模型 2	模型 3	模型 4
Pcrdbgdp	- 0. 0002 (0. 0005)	0. 0005 (0. 0016)	0. 0007 * (0. 0004)	0. 0007 *** (0. 0002)
Pcrgdp	1. 3726 (0. 8169)	0. 6171 * (0. 6436)	0. 2404 ** (0. 1170)	0. 2974 *** (0. 0667)
Pcrgdp_Squ	- 0. 0651 (0. 0378)	- 0. 0306 * (0. 0331)	- 0. 0177 * (0. 0098)	- 0. 0222 *** (0. 0064)
观测值	183	183	446	262
AR (1) Test	0. 0104	0. 0600	0. 0253	0. 0218
AR (2) Test	0. 1010	0. 1416	0. 0379	0. 1791
Sargan Test	1. 0000	1. 0000	1. 0000	1. 0000

注：在估计方程中还控制了 Trade, Gov, Unemployment, Urban, Population, Inflation 以及 Edu 等因素的影响。由于篇幅关系没有将其列出。

表 5. 15 汇报的是将金融发展指标换成全部金融体系发放给私人部门的贷款占 GDP 的比重后的实证分析结果。四个模型中基尼系数的滞后项全部为正值而且是显著的，因此进一步地证实了收入不平等的持续性。四个金融自由化指标前面的系数也都是正值，但是只有 Off_Lib 和 First_Sign 前面的系数是显著的，这也可以说明金融的自由化提高了收入的不平等。金融发展指标在模型 1 和模型 2 中并不显著，但是在模型 3 和模型 4 中金融发展指标前面的系数显著为正值，这说明金融发展水平的提高显著地扩大了收入的不平等。同样，人均实际 GDP 与收入不平等的曲线型关系在模型 4 中得到了体现，但是在其他的三个模型中却并不是很显著。

表 5. 15　**金融自由化、私人信贷（金融体系）与收入不平等（3）**

Dep. Var. GINI_Net	模型 1	模型 2	模型 3	模型 4
L. GINI_Net	0. 9505 *** (0. 0268)	0. 8825 *** (0. 0915)	0. 8679 *** (0. 0439)	0. 8478 *** (0. 0556)

Dep. Var. GINI_Net	模型1	模型2	模型3	模型4
Off_Lib	0.0387 *** (0.0061)			
First_Sign		0.0381 *** (0.0121)		
Kaopen			0.0043 (0.0070)	
Fin_Reform				0.0354 (0.0433)
Pcrdbofgdp	− 0.0039 (0.0054)	0.0002 (0.0002)	0.0005 *** (0.0002)	0.0006 *** (0.0002)
Pcrgdp	0.0036 (0.0052)	0.1311 (0.0994)	0.2300 (0.1519)	0.1598 *** (0.0604)
Pcrgdp_Squ	− 0.0022 (0.0034)	− 0.0101 (0.0081)	− 0.0143 * (0.0086)	− 0.0117 *** (0.0045)
观测值	300	300	629	519
AR（1）Test	0.0242	0.0198	0.0106	0.0058
AR（2）Test	0.1780	0.1832	0.0261	0.1375
Sargan Test	1.0000	1.0000	1.0000	1.00

表5.16中汇报的是进一步控制了更多的因素，并于 Pcrdbofgdp 指标来表示金融发展水平之后，重新对方程进行了估计的实证结果。但是由于篇幅关系在表5.16中并没有列出其他的估计结果，但总体来看与混合横截面分析和之前的动态面板分析得出的结果是类似的。滞后一期的收入不平等仍然对当期的收入不平等有显著正向影响。再来看看金融自由化和金融发展对收入不平等的影响。四个金融自由化指标中只有第一个指标 Off_Lib 前面的系数是显著为正的，其他的并不显著。但是剩下的几个金融发展指标的系数均为正值。这说明金融自由化仍然显著地扩大了居民的收入不平等。金融发展指标前面的系数则在第四个方程中是显著为正的。因此，总体来看，金融自由化和金融发展对收入不平等的影响仍然是正的。AR 的一阶和二阶检验以及 Sargan 检验说明使用的动态面板估计方法是有效的。

表 5.16   金融自由化、私人信贷（金融体系）与收入不平等（4）

Dep. Var. GINI_ Net	模型 1	模型 2	模型 3	模型 4
L. GINI_ Net	0.8292 (1.6135)	0.5755 * (0.2279)	0.8074 *** (0.0960)	0.7681 *** (0.0635)
Off_ Lib	0.0288 * (0.01408)			
First_ Sign		0.0216 (0.0159)		
Kaopen			0.0025 (0.0051)	
Fin_ Reform				0.0362 (0.0299)
Pcrdbofgdp	0.0002 (0.0009)	− 0.0002 (0.0005)	0.0004 (0.0003)	0.0005 ** (0.0002)
Pcrgdp	0.1432 (1.2415)	0.3411 * (0.1969)	0.1554 (0.1959)	0.2649 *** (0.0703)
Pcrgdp_ Squ	− 0.0067 (0.0501)	− 0.0146 (0.0117)	− 0.0084 (0.0186)	− 0.0194 *** (0.0062)
观测值	187	187	450	366
AR（1）Test	0.0980	0.0043	0.0170	0.0121
AR（2）Test	0.1820	0.1683	0.1317	0.1710
Sargan Test	1.0000	1.0000	1.0000	1.00

注：在估计方程中还控制了 Trade, Gov, Unemployment, Urban, Population, Inflation 以及 Edu 等因素的影响。

接下来再用股票市场的发展来衡量金融发展水平并进一步对前面的动态面板模型重新进行估计分析。表 5.17 是第一个估计结果，其中，金融发展指标使用的是股票市场中上市公司的市值占 GDP 的比重（Stmkcap）来表示。收入不平等的连续性从四个模型中的基尼系数的滞后项的显著为正值即可看出。模型 1 和模型 2 中的 Off_ Lib 和 First_ Sign 前面的系数均是正值，而且非常显著。相反，Kaopen 和 Fin_ Reform 前面的系数在模型 3 和模型 4 中并不显著。总体来看股票市场的发展也是提高了收入的不平等，如模型 2 和模型 4 所示。这种影响大约为 0.01 个百分点。人均实际 GDP 及其平方项的系数在模型 3 和模型 4 中显著为正值和负值，所以库兹涅茨假设仍然是成立的。

表5.17　金融自由化、上市公司市值占 GDP 的比率与收入不平等（3）

Dep. Var. GINI_ Net	模型 1	模型 2	模型 3	模型 4
L. GINI_ Net	1. 0025 *** (0. 0328)	1. 0223 *** (0. 0211)	0. 9432 *** (0. 0131)	0. 9027 *** (0. 0562)
Off_ Lib	0. 0123 *** (0. 0043)			
First_ Sign		0. 0045 *** (0. 0016)		
Kaopen			- 0. 0002 (0. 0033)	
Fin_ Reform				- 0. 0240 (0. 0451)
Stmkcap	0. 0001 (0. 0001)	0. 0001 *** (0. 0000)	0. 0001 (0. 0001)	0. 0002 * (0. 0001)
Pcrgdp	0. 0054 (0. 0316)	- 0. 0088 (0. 0229)	0. 0954 *** (0. 0165)	0. 1269 *** (0. 0444)
Pcrgdp_ Squ	- 0. 0008 (0. 0019)	- 0. 0001 (0. 0016)	- 0. 0080 *** (0. 0014)	- 0. 0095 *** (0. 0028)
观测值	160	160	482	366
AR（1）Test	0. 0687	0. 0620	0. 0182	0. 0073
AR（2）Test	0. 1240	0. 1195	0. 0170	0. 1185
Sargan Test	1. 0000	1. 0000	1. 0000	1. 0000

　　通过控制 Trade, Gov, Unemployment, Urban, Population, Inflation 以及 Edu 等因素的影响后，对上述方程重新进行了估计，金融发展指标仍然选用的是 Stmktcap，估计的结果如表 5.18 所示。此时只有 Off_ Lib 和 Fin_ Reform 指标前面的系数是显著为正的，其他的几个金融自由化指标对收入不平等的影响并不明显。Stmktcap 的提高仍然显著地提高了收入的不平等，如模型 1、模型 3 和模型 4 所示。人均实际 GDP 及其平方项在模型 3 和模型 4 中都是显著的，分别为正值和负值，但是在模型 1 和模型 2 中则是不显著的。但是从系数上来看它们对收入不平等的影响仍然是正的影响和负的影响。

表 5.18 金融自由化、上市公司市值占 GDP 的比率与收入不平等（4）

Dep. Var. GINI_Net	模型 1	模型 2	模型 3	模型 4
L. GINI_Net	0.8186 *** (0.1821)	0.8885 *** (0.3116)	0.8469 *** (0.0526)	0.7681 *** (0.1020)
Off_Lib	0.0262 * (0.0138)			
First_Sign		0.0310 (0.1647)		
Kaopen			−0.0016 (0.0058)	
Fin_Reform				0.0362 * (0.0195)
Stmkcap	0.0002 *** (0.0000)	0.0003 (0.0004)	0.0001 *** (0.0000)	0.0005 * (0.0002)
Pcrgdp	0.1996 (0.1680)	0.1350 (0.2907)	0.1483 *** (0.0499)	0.2649 ** (0.1195)
Pcrgdp_Squ	−0.0125 (0.0083)	−0.0085 (0.0109)	−0.0090 ** (0.0045)	−0.0194 * 0.0107
观测值	116	116	377	366
AR（1）Test	0.0730	0.01836	0.0075	0.0121
AR（2）Test	0.3325	0.4328	0.1262	0.1710
Sargan Test	1.0000	1.0000	1.0000	1.0000

注：在估计方程中还控制了 Trade, Gov, Unemployment, Urban, Population, Inflation 以及 Edu 等因素的影响。

表 5.19 和表 5.20 是将金融发展指标换成 Stvaltraded 之后的估计结果，其中在表 5.20 的估计方程中还控制了 Trade, Gov, Edu 等一系列其他因素的影响。收入不平等的持续性仍然是很显著的。表 5.19 的四个模型中 L. GINI_Net 的系数在四个模型中均为正值，而且非常显著。同样，在表 5.20 中 L. GINI_Net 在前面三个模型中的影响也是很显著的，只是在表 5.20 的模型 4 中虽然 L. GINI_Net 前面的系数是不显著的，但是它前面的系数仍然是正值。表 5.19 中模型 1 以及表 5.20 中的模型 2 和模型 4 中，金融自由化指标前面的系数是显著为正的。在其他的模型中金融自由化前面的系数虽然不显著，但

是它们均对收入不平等仍然有正的影响。金融发展（Stvaltraded）对收入不平等的影响非常显著，在表 5.19 和表 5.20 的这八个模型中，多数情况下其前面的系数是正的，而且是显著的。

表 5.19   金融自由化、股票市场交易量占 GDP 的比率与收入不平等（3）

Dep. Var. GINI_Net	模型 1	模型 2	模型 3	模型 4
L. GINI_Net	1. 0050 *** (0. 0205)	0. 9987 *** (0. 0731)	0. 9485 *** (0. 0312)	0. 9101 *** (0. 0271)
Off_Lib	0. 0244 *** (0. 0054)			
First_Sign		0. 0369 (0. 0260)		
Kaopen			0. 0077 (0. 0056)	
Fin_Reform				0. 0023 (0. 0348)
Stvaltraded	0. 0003 *** (0. 0000)	0. 0003 * (0. 0002)	0. 0000 (0. 0001)	0. 0001 * (0. 0001)
Pcrgdp	0. 0055 (0. 0223)	0. 0173 (0. 0840)	0. 0857 *** (0. 0258)	0. 1073 *** (0. 0241)
Pcrgdp_Squ	− 0. 0007 (0. 0015)	− 0. 0019 (0. 0061)	− 0. 0071 *** (0. 0015)	− 0. 0077 *** (0. 0016)
观测值	161	161	482	369
AR（1）Test	0. 0682	0. 0710	0. 0171	0. 0102
AR（2）Test	0. 1392	0. 1373	0. 0173	0. 1210
Sargan Test	0. 9944	0. 9912	1. 0000	1. 0000

表 5.20   金融自由化、股票市场交易量占 GDP 的比率与收入不平等（4）

Dep. Var. GINI_Net	模型 1	模型 2	模型 3	模型 4
L. GINI_Net	1. 2197 *** (0. 1473)	1. 1828 *** (0. 1549)	0. 9023 *** (0. 0346)	0. 7659 (0. 7030)
Off_Lib	0. 0150 (0. 0301)			

续表

Dep. Var. GINI_Net	模型1	模型2	模型3	模型4
First_Sign		0.0300 * (0.0163)		
Kaopen			0.0117 (0.0090)	
Fin_Reform				0.0346 * (0.0184)
Stvaltrade	0.0004 * (0.0002)	0.0003 * (0.0002)	0.0001 * (0.0000)	−0.0001 (0.0003)
Pcrgdp	−0.2050 (0.1842)	−0.1538 (0.1933)	0.1292 *** (0.0349)	0.2268 (0.6994)
Pcrgdp_Squ	0.0142 (0.0207)	0.0080 (0.0216)	−0.0098 *** (0.0030)	−0.0120 (0.0455)
观测值	116	116	377	286
AR (1) Test	0.1384	0.1659	0.0059	0.0013
AR (2) Test	0.2090	0.2908	0.0249	0.1218
Sargan Test	1.0000	1.0000	1.0000	1.0000

注：在估计方程中还控制了 Trade，Gov，Unemployment，Urban，Population，Inflation 以及 Edu 等因素的影响。

最后，将金融发展指标换成最后一个指标（Stturnover）并对模型重新进行了估计。估计的结果如表5.21和表5.22所示。从实证结果上来看，表5.21中，Off_Lib 前面的系数显著为正值，其他的几个指标并不显著。而在表5.22中，金融自由化对收入不平等的影响只有在模型1和模型3中才是显著的。但总体来看金融自由化还是扩大了收入的不平等。金融发展对收入不平等的扩大效应在表5.22的模型3和模型4中进一步得到了体现。但是控制更多的因素后这种影响并不是很明显的。总之，将金融发展指标换成 Stturnover 后，金融自由化和金融发展对收入不平等的影响与前述得到的结果是类似的。

表5.21　　金融自由化、股票市场交易量比率与收入不平等（3）

Dep. Var. GINI_Net	模型 1	模型 2	模型 3	模型 4
L. GINI_Net	0.9514 *** (0.0460)	0.9990 *** (0.0371)	0.9138 (0.0307)	0.8539 *** (0.0481)
Off_Lib	0.0188 *** (0.0057)			
First_Sign		0.0206 (0.0149)		
Kaopen			0.0038 (0.0037)	
Fin_Reform				−0.0277 (0.0306)
Stturnover	0.0000 (0.0000)	0.0000 (0.0000)	0.0001 *** (0.0000)	0.0001 ** (0.0000)
Pcrgdp	0.0540 (0.0451)	0.0089 0.0360	0.1105 *** (0.0263)	0.1620 *** (0.0405)
Pcrgdp_Squ	−0.0037 0.0029	−0.0010 (0.0023)	−0.0082 *** (0.0016)	−0.0110 *** (0.0025)
观测值	160	160	482	369
AR（1）Test	0.0793	0.0704	0.0186	0.0131
AR（2）Test	0.1223	0.1245	0.0171	0.1181
Sargan Test	1.0000	0.9996	1.0000	1.0000

表5.22　　金融自由化、股票市场交易量比率与收入不平等（4）

Dep. Var. GINI_Net	模型 1	模型 2	模型 3	模型 4
L. GINI_Net	1.0273 *** 0.1197	1.0176 *** (0.0736)	0.9056 *** (0.0655)	0.8417 *** (0.0602)
Off_Lib	0.0546 * (0.0296)			
First_Sign		0.0769 (0.0753)		
Kaopen			0.0065 * (0.0036)	
Fin_Reform				−0.0665 (0.1320)
Stturnover	0.0001 (0.0002)	0.0002 (0.0002)	0.0000 (0.0000)	0.0000 (0.0000)

续表

Dep. Var. GINI_Net	模型 1	模型 2	模型 3	模型 4
Pcrgdp	-0.0436 (0.1506)	-0.0176 (0.0854)	0.1114^{***} (0.0660)	0.1643^{***} (0.0582)
Pcrgdp_Squ	0.0027 (0.0104)	0.0009 (0.0065)	-0.0064^{***} (0.0048)	-0.0102 (0.0064)
观测值	116	116	377	287
AR (1) Test	0.0535	0.0598	0.0097	0.0041
AR (2) Test	0.4539	0.4098	0.0365	0.1317
Sargan Test	1.0000	1.0000	1.0000	1.0000

注：在估计方程中还控制了 Trade，Gov，Unemployment，Urban，Population，Inflation 以及 Edu 等因素的影响。

总之，通过使用动态面板分析可以发现，收入的不平等具有持续性，上一期的收入不平等扩大了当期收入的不平等。金融自由化也拉大了新兴市场经济体国家的收入不平等，多数情况下 Off_Lib 指标，Fisrt_Sign 指标，Kaopen 指标以及 Fin_Reform 指标对收入不平等都有显著为正的影响。同样，金融发展的五个指标（Pcrdbgdp，Pcrdbofgdp，Stmktcap，Stvaltraded，Stturnover）在多数的动态面板估计模型中也是对收入不平等具有显著正的影响。总之，动态面板数据分析进一步揭示出了金融自由化和金融发展水平的提高拉大了新兴市场经济体国家的收入不平等。如横截面分析一样，经济发展与收入不平等的倒 U 型关系在动态面板分析中也得到了证实。

第四节 稳健性分析

为了检验前面实证结果的稳健性，接下来本章将进行稳健性分析。前已论及，基尼系数的测算有两种方法：一是净收入（net income，税后和转移支付之后）的基尼系数和毛收入（market income，税前和转移支付之前）的基尼系数。实证分析部分使用的是净收入所计算的基尼系数，那么使用毛收入来计算基尼系数，并对模型进行重新估计是否会有很大不同呢？因此，稳健性分析部分将基尼系数指标换成以毛收入（税前和转移支付前）为基础计算得出的数值（GINI_Market）来表示，并重新进行了动态面板分析，回归结果如表5.23所示。估计方程中只是用了 pcrdbofgdp 来表示金融发展水平[①]。从表5.23的四个模型中可以看到，大多数的金融自由化指标和金融发展指标前面的系数为正值，而且是显著的，这也与前面的估计分析得到的结果类似。人均 GDP 及其平方项对收入不平等的影响分别是负的和正的，因此库兹涅茨假设仍然成立。AR 检验和 Sargan 检验表明估计结果是有效的，因此这部分的实证结果是非常稳健的。

表5.23　　金融自由化、金融发展与收入不平等的稳健性检验

Dep. Var. GINI_Net	模型1	模型2	模型3	模型4
L. GINI_Net	0.7902 *** (0.1784)	0.6149 *** (0.1698)	0.8741 *** (0.0701)	0.7782 *** (0.1211)
Off_Lib	0.0096 0.0117			
First_Sign		0.0394 * (0.0157)		
Kaopen			0.0054 * (0.0028)	
Fin_Reform				0.0255 (0.0150)
pcrdbofgdp	0.0005 (0.0011)	0.0018 (0.0012)	0.0002 * (0.0001)	0.0002 * (0.0001)
Pcrgdp	0.1475 (0.1737)	0.3399 ** (0.1466)	0.0222 (0.0779)	0.2999 * (0.1577)
Pcrgdp_Squ	−0.0047 (0.0093)	−0.0157 *** (0.0063)	−0.0038 (0.0085)	−0.0212 * (0.0114)
观测值	187	187	450	366
AR (1) Test	0.0639	0.0182	0.0038	0.0340
AR (2) Test	0.2619	0.2744	0.1106	0.1325
Sargan Test	1.0000	1.0000	1.0000	1.0000

注：在估计方程中还控制了 Trade, Gov, Unemployment, Urban, Population, Inflation 以及 Edu 等因素的影响。

---

①　由于篇幅关系，省略了使用其他指标进行的估计结果。但使用其他金融发展指标所得到的结果与表5.23的估计结果是类似的。

第五节 小结

一 金融自由化扩大了收入的不平等

毫无疑问，实证分析结果发现金融自由化或者资本市场的一体化提高了收入的不平等。这个结论与前面的理论分析得出的结论相同，也与前人的多数研究类似，如 Das 和 Mohapatra（2003）、Larrain（2015）和 Asteriou et al.（2014）等学者的相关研究类似。正如前面的理论分析所得出的结果，金融自由化使得国内的资本成本降低，企业会选择使用更多的资本投入来进行生产。由于资本和技术性劳动力的互补性（Griliches，1996；Kursell et al.，2000；Acemoglu，2003），资本投入量的增加必然也会增加对技术性劳动力的需求，因此会使得技术性劳动力的工资上升，而工资的溢价也上升。最终，技术性劳动力和非技术性劳动力之间的收入差距扩大，居民的收入不平等增加。通过使用新兴市场经济 25 个国家 1980—2011 年的数据的实证分析也证实了这一点。无论是官方的自由化、事实的自由化、资本账户的开放还是金融体系的改革指标，无一例外地揭示了金融自由化扩大了收入的不平等。

二 金融发展水平的提高也恶化了新兴市场经济体国家的收入不平等

通过混合横截面分析和动态面板分析，还发现金融发展水平的提高也扩大了收入的不平等，这与 Roine et al.（2009）、Rodriguez-Pose 和 Tselios（2009）、Gimet 和 Lagoarde-Segot（2011）、Jauch 和 Watzka（2011）以及很多我国国内的很多学者的观点也是类似的。既得利益集团或者说弱的国家政治制度环境的影响都是可能造成金融发展水平的提高恶化了收入不平等的原因。

三 "库兹涅茨假设"的成立

在实证分析结果还发现了库兹涅茨假设的成立。通过拟合图示可以看到人均实际 GDP 和收入不平等之间存在着一种倒 U 型曲线的关系。通过使用混合横截面分析和动态面板分析对这种影响进行了估计，实证结果发现在多数的估计方程中这种关系依然成立而且是显著的。所以说，新兴市场经济体国家的经济增长一开始扩大了居民收入的不平等，但是跨过一定的门槛之后，随着经济的增长收入分配又逐渐趋于均等化。

四　其他因素对收入不平等的影响也很显著

各个因素对收入不平等的影响也很显著，如教育水平的作用就非常明显。无论使用横截面分析还是动态面板分析，教育水平的提高均减小了收入的不平等。因此通过增加教育投资来提高人力资本从而降低收入不平等的作用依然是很有效的。政府的支付更加倾向于帮助那些贫困的群体，并提高了他们的收入水平，最终使得收入不平等减小。失业率的影响并不统一。城市化率的影响也不明显，还有待于以后的实证分析来进行进一步的理解。人口增长率的提高显著地提高了收入不平等，这说明人口增长率的提高增加了贫困人口的比例。通货膨胀率的提高也扩大了收入的不平等。

总之，这一章的实证结果揭示了金融自由化和金融发展对新兴市场经济体国家的收入不平等的影响。但是这部分实证分析只是将这些国家放在了一起并综合分析了这种影响。后面的章节中将具体深入地探究这种金融改革政策对一个国家，如对中国的影响。目前中国的经济总量排名全球第二位，同时中国也是最大的发展中国家。因此，深入地分析中国的相关金融改革政策对其国内的收入不平等的影响具有重要的意义，同时也可以为其他的新兴市场经济体和发展中国家提供有益的借鉴意义。进一步地，考虑到居民消费和经济增长对居民的收入分配有重要影响，因此，在分析金融发展对中国收入不平等的影响之前，本书先检验了金融发展对居民消费和经济增长的影响，以期能够更好地把握金融发展的收入分配效应。

第六章

金融发展、居民消费与经济增长

居民消费和经济增长与居民的收入分配有重要联系。因此，这一章将采用中国的数据来实证检验金融发展对中国居民消费和经济增长的影响，从而更好地把握金融发展影响一国收入分配的渠道和机制。

第一节　金融发展与居民消费

金融发展与消费之间的关系是一个典型的实证问题。这部分将运用中国 249 个城市 2001—2010 年的面板数据，对金融发展与消费增长率之间的关系进行实证检验。实证结果发现，总体来看，金融发展对居民消费增长率起到了反向影响；而城市化水平则显著促进了居民消费增长率；政府支出对消费增长率则有一定正向影响。在控制其他变量的情况下，并未发现人均 GDP、对外开放度、教育水平及物价对样本期间的消费增长率产生显著影响。以上结果在一定程度上说明，对于中国来说，利用金融手段刺激居民消费的政策尚需进一步完善与调整。

一　引言

金融发展与经济增长及其波动性之间的关系非常重要但也十分复杂。虽然有关这方面的文献已经十分丰富（如 Bacchetta 和 Caminal，2000；Blanchard 和 Simon，2001；Levchenko，2005；Ang，2011 等），但是迄今为止，宏观经济的增长及其波动性和金融部门之间仍未建立较为系统的理论联系（Levchenko，2005；Kose et al.，2006）。与之类似，金融发展与消费及其波动性的研究文献虽逐年增多，但从各国的实证证据来看，两者之间的关系并不十分稳健。一些研究表明，在一定的条件下，金融体系的发展会刺激消费总量增长（樊刚和王小鲁，2004；叶耀明和王胜，2007；毛中根和洪涛，2010；Cecchetti et al.，2006 等），降低消费的波动性（贺秋硕，2006；Bekaert et al.，2006；Cecchetti et al.，2006；Herrera 和 Vincent，2008；Ahmed 和 Suardi，2009；Ang，2011）。如有关中国的实证研究表明，1990—2008 年中国金融发展指数与社会商品零售总额之间的相关系数为 0.87，即金融发展促进了居民消费的增长。反过来，欠发达的金融体系由于存在流动性约束而阻碍消费总量的增长（Jappelli 和 Pagano，1989；Zeldes，1989；万广华等，2001）。

但也有相当一部分文献得出了相反的结论，认为金融发展并没有平滑消费（Kose et al.，2003；Acemoglu et al.，2003）[①]。也有部分学者认为，金融发展与消费增长之间仅存在较弱的正相关（如中国农村地区）（张凯和李磊宁，2006）。吴信如（2006）指出，从理论上讲，两者之间的关系是不确定的，即金融发展的净效应在不同国家、不同地区是不相同的。

随着更多的微观证据的涌现，学者们发现金融发展与消费及其波动性之间的关系背后隐藏着更多的复杂规律：在不同的经济发展水平或阶段，金融发展对消费的影响会呈现出不同的结果（Easterly et al.，2001；赵国庆和张中元，2010）。而且对于不同的收入群体，金融发展对消费需求的短期波动性的影响也是不同的（贺秋硕，2006）。以消费信贷扩张为例，不同收入群体对信贷条件变化的敏感程度是明显不同的（臧旭恒和李燕桥，2012）。一国的不同区域，如

---

① 这里的平滑消费指的是降低消费的波动性，Kose et al.（2003）用每十年消费的增长率的标准差表示。

农村或城市，两者之间的关系也存在较大差异。胡帮勇和张兵（2012）专门针对中国农村区域进行了实证分析，发现金融发展的某些指标对消费支出具有一定影响但影响力依次减弱，且主要表现为短期影响。以上不同的研究结果充分表明，金融发展与居民消费的增长及其波动之间的关系属于典型的实证问题。不同地区、不同的时间段甚至不同群体，这两者之间的关系是不确定的。

改革开放以来，中国的金融体系经历了飞速的发展和急剧的变动。中国金融体系的迅猛发展不仅是国内经济改革的亮点和热点，也成为世界瞩目的独特案例。中国的金融改革与发展是否有效刺激了消费增长？在不同的地区以及不同的群体，金融发展的消费效应存在怎样的差异？国外的实证发现可以为本章的假说推演提供一定的证据支撑，但本章更为关心的是国内的证据。因此，此处专门对国内文献做一下简要的回顾。

国内许多学者已经运用省级层面的数据探讨了二者之间的关系，但结论并不十分一致。一些文献认为两者之间是正向促进的关系。如毛中根和洪涛（2010）运用1997—2007年中国省际面板数据研究了金融发展对居民消费的影响，结果显示：总体来看，金融发展对居民消费具有正向促进作用；但两者之间的关系在地区结构上表现出明显的非均衡性。叶耀明和王胜（2007）指出，中国在1979—2004年，金融市场化通过各种渠道降低了消费者面临的流动性，从而释放了消费需求。樊纲和王小鲁（2004）认为消费者信用手段的发展对人均消费水平的提升有正的影响。万广华等（2001）则通过中国1961—1998年的数据分析，认为欠发达的金融是导致居民消费水平和消费增长率同时下降的原因。

但也有学者证明，金融发展和消费之间的关系并不一定是正向的。张凯和李磊宁（2006）以农村金融发展和农村居民消费（1981—2004）为研究对象，认为无论从长期还是短期来看，农村金融发展与农民消费支出均呈较弱的正相关性，金融发展对消费拉动的作用并不明显。吴信如（2006）、贺秋硕（2006）以及赵国庆和张中元（2010）则认为两者的关系较为复杂和不确定。如金融发展通过不同的途径对"跨期福利"（如消费）会产生或正或负的影响（吴信如，2006）；尽管有相同的收入分配，但由于不同的金融发展水平，却会对消费产生不同的影响（贺秋硕，2006）；在不同的时间，金融发展对消费风险的分担程度是不一样的（赵国庆和张中元，2010）。

　　以上研究结果为本章选取不同年份、不同区域的样本进一步研究提供了充分的事实依据。本章所关心的问题是：中国地级城市层面的金融发展和居民消费的关系是怎样的？如果存在着正向的或者负向的关系，那么导致这一结果的原因何在？这一结果有何政策意义？中国城市数据的可得性为本章从更加微观的视角研究金融发展和居民消费之间的关系提供了新的论据。为此本章选取了中国249个地级城市作为研究对象，同时鉴于入世后中国逐步推进金融体系的改革，金融主体范围扩大，金融服务更加完善，本章将时间范围定为2001—2010年。总之通过使用249个城市10年的面板数据，本章对中国中等城市的金融发展和居民消费增长之间的关系进行了实证分析。

二　中国的金融发展与居民消费现状

（一）中国的金融发展在改革中平稳上升

　　2001年12月，中国正式加入世贸组织，在此背景下，中国金融改革的步伐开始加快，金融对外开放度逐步扩大。自2002年始，中央政府相继颁布了各类旨在推进金融市场规范发展的政策文件，有力促进了金融总量的扩大和结构的调整。纵观2001—2010年期间的金融发展，可以肯定的是，无论从金融发展的总量还是结构来看，中国的金融发展水平均呈现出稳步上升的趋势。2003年，在"提高金融服务水平，优化金融资源配置""坚持扩大内需的方针，继续实行稳健的货币政策"的导向下，全国信贷开始快速上升，银行惜贷现象明显好转，贷款增幅逐步上升。2004年，存贷款增幅虽有不同程度回落，但贷款增长基本能满足经济发展需要。值得指出的是，该阶段民间融资趋于活跃，较好弥补了正式金融的不足。《中国区域金融运行报告》的数据显示，自 2005—2010 年，除 2006 年为了整合金融资源、合理布局而减少机构和从业人员，居民储蓄和贷款增速放缓外，其他年份的存款、贷款和储蓄均稳步或快速上升。2007—2010 年 4 年间，金融机构个数和从业人员均有所增加，农村新型金融机构快速增加，外资银行稳步发展，直接融资总量连年增加。据相关统计，金融机构人民币各项存款和贷款余额占 GDP 的比重已经从 1978 年的 31.69% 和 51.85% 增长到了 2010 年的 179.02% 和 119.44%，而全国城乡人民币储蓄存款余额占 GDP 的比重也从 1978 年的 5.78% 增长到了 2009 年的 76.5%。

在金融总量得到发展的同时，金融结构也有所变化。以存贷款结构为例，2007 年存款在平稳增长的同时，存款的活期化趋势明显，且企业存款增幅快于储蓄存款；而到 2008 年，存款则显示出定期化态势。2009 年，中长期贷款增加较多，积极支持了基础设施建设和重点项目建设，个人消费贷款大幅增长。为进一步优化信贷结构，中央政府也适时出台了相应的货币政策引导资金流向。

(二) 不容乐观的中国居民消费

中国的消费需求始终是经济增长的短板。长期以来，经济增长的主要动力来源于投资和净出口，扩大内需特别是扩大消费需求一直是决策层力图解决的又一"中国之谜"。早在 20 世纪 90 年代后期，中国政府就提出了扩大国内需求的方针，并逐步明确为我国经济发展的基本立足点和长期战略目标，但效果却并不十分明显。据统计，2001—2010 年，消费需求对 GDP 的贡献率由 50.2% 下降至 36.8%，对 GDP 的拉动从 4.2 个百分点下降到了 3.8 个百分点。居民最终消费率也从 1990 年的 62.5% 下降为 2010 年的 47.6%，其中居民消费占 GDP 的比重从 1990 年的 48.8% 下降到 2010 年的 33.8%（汪伟等，2013）。中国已经成为世界上消费率最低的国家之一。如图 6.1 所示，2001 年以来，中国的消费率（最终消费支出占支出法 GDP 的比重）呈现逐年下降的趋势。

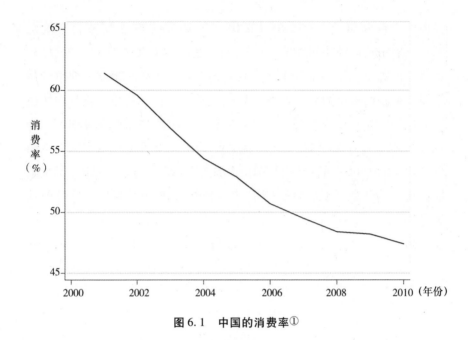

图 6.1　中国的消费率①

如何刺激消费？除了通过提高收入、调整收入分配制度外，优化与改革信贷制度、提升金融发展水平也是各国普遍采用的间接手段之一。如中国 2008 年采取了"取消对商业银行的信贷规模限制，合理扩大信贷规模"来扩大内需。这一政策是否有效？如何通过金融发展来刺激消费？这些是本章的实证分析所要关注的问题。

三　变量与数据来源

（一）变量的选择与处理

本部分的目的是探求金融发展与居民消费增长之间的关系，下面对相关变量分别进行界定与说明。

关于居民消费，采用的是居民消费增长率（consgrowth）这个指标来表示，也就是用去除物价因素影响后的城镇居民人均实际消费的年均增长率表示，即

---

① 资料来源于 2002—2011 年历年的《中国统计年鉴》，由作者计算得出。

$$consgrowth = ln(consumption_t) - ln(consumption_{t-1})$$

金融发展。衡量金融发展（Financial Development，FD）的指标有很多，在实证研究中，学者们大多根据数据的可得性和研究的具体问题等来选取不同的衡量方法，如私人信贷占 GDP 的比重，银行存款占 GDP 的比重等。张军、金煜（2005）还提出用银行对非国有部门的贷款占 GDP 的比重来衡量金融中介发展水平。本书考虑到中国地级市金融发展表现的实际和数据的可得性，借鉴 Zhang et al.（2012）的做法，分别用金融机构的存款、贷款和居民储蓄存款来表示各地区的金融发展水平。具体而言，本节中用到的衡量金融发展的指标主要是指：（a）deposit，金融体系（包括银行机构和非银行机构）中的存款占 GDP 的比重，该指标表示金融中介规模的整体大小；（b）credit，金融体系中的贷款占 GDP 的比重，该指标表示金融中介化的深度；（c）savings，居民储蓄存款占 GDP 的比重，该指标表示居民储蓄存款的流通能力。在估计方程中，均对以上三个指标取了对数形式。显然，这些指标的数值越大，则表示地区金融发展的水平就越高。

控制变量。金融发展并不是影响消费的唯一变量，为了控制其他因素的影响，参考以往相关文献，选取了以下控制变量：（a）人均实际 GDP（pcrgdp），以 2001 年的 GDP 折算指数为基期而换算的历年人均 GDP 来表示，并取对数形式；（b）城市化率（urban），指的是非农人口占总人口的比重；（c）对外开放程度（fdi），用实际利用外资总额占 GDP 的比重表示，其中实际利用外资是按照当年的平均汇率换算成人民币计算出来的；（d）政府规模（govspen），即政府财政支出占 GDP 的比重；（e）通货膨胀率（inf），以 2001 年的 GDP 折算指数为基期计算得出。之所以采用 GDP 折算指数来计算通货膨胀率，原因是地级市级别的 CPI 我们无法获取，所以就以这个指数来代替；（f）教育程度（edu），用普通中等学校在校生人数占总人口的比重计算得出。各变量及其释义见表 6.1。

表 6.1   各变量释义

因变量	释义	计算方法或标准
居民消费增长率（consgrowth）	居民人均消费的年均增长率	去除物价影响后计算得出
自变量		
存款（deposit）	金融体系的存款	金融体系存款/GDP
贷款（credit）	金融体系的贷款	金融体系贷款/GDP
储蓄（savings）	居民储蓄存款	居民储蓄存款/GDP
其他控制变量		
人均 GDP（pcrgdp）	人均实际 GDP	以 2001 年为基期
城市化率（urban）	非农人口占总人口的比重	非农人口/总人口
对外开放程度（fdi）	资本市场的对外开放度	实际利用外资/GDP
政府支出（govspen）	财政支出的相对规模	财政支出/GDP
通货膨胀率（inf）	物价平均水平的上升速度	以 2001 年为基期
教育程度（edu）	中等及以上教育的相对人数	中等学校在校生数/总人口

（二）数据来源及说明

本部分选取了中国 249 个城市 2001—2010 年的面板数据。中国的城市分类有三种：直辖市、地级市和县级市。根据本节的研究目的和数据可得性，收集了 245 个地级市的数据。此外，北京、上海、天津和重庆 4 个直辖市虽然都被作为省级单位，但是仍然将其纳入样本进行分析。本节中所用的居民消费数据主要来自 CEIC 数据库；金融发展指标和其他的一些变量的数据主要来自中国数据在线（chinadataonline）。

（三）主要变量的描述性统计

表 6.2 是主要变量的描述性统计，可以看到不同城市的居民消费增长率、金融发展水平和其他的控制变量在样本中的变化都非常大。

表 6.2   主要变量的描述性统计

Variable	Obs	Mean	Std. Dev.	Min	Max
consgrowth	2490	0.0727	0.0759	− 0.3734	0.5819
deposit	2490	0.0510	0.3667	− 1.4059	1.4964
credit	2490	− 0.3687	0.4500	− 1.8291	1.1782

续表

Variable	Obs	Mean	Std. Dev.	Min	Max
savings	2490	- 0.4387	0.3151	- 2.6978	0.6693
pcrgdp	2490	8.9796	0.5675	7.3502	10.6575
urban	2490	0.3383	0.1782	0.0727	1.0000
fdi	2490	0.0228	0.0266	0.0000	0.2033
govspen	2490	0.1190	0.0568	0.0005	0.5815
edu	2490	0.0611	0.0177	0.0035	0.1420
inf	2490	0.1012	0.0909	- 0.0180	0.3997

四　实证分析

（一）混合横截面分析

为了检验金融发展对居民消费增长率的影响，本节首先进行了简单的混合横截面数据分析，计量模型设定如下：

$$\text{consgrowth}_i = \alpha + \beta_1 \text{FD}_i + \lambda' X_i + \varepsilon_i$$

其中，下标 i 表示城市；consgrowth 表示居民消费的增长率。FD 为金融发展，分别用前文提及的 deposit，credit 和 savings 三个指标来表示；X 为控制变量，包括人均实际 GDP、教育水平、政府支出、对外开放程度、城市化率以及通货膨胀率等，ε 是方程的随机扰动项。总之，本部分首先将 2001—2010 年所有城市的观测值混合放在一起进行了简单的 OLS 回归分析。根据纳入模型的不同的金融发展变量及对时间虚拟变量（year dummy）的不同处理，共 6 个模型，如表 6.3 所示。

表6.3　　　　　　　　　　混合横截面分析

Dep. Var. Consgrowth	模型 1	模型 2	模型 3	模型 4	模型 5	模型 6
deposit	- 0.0130 *** (0.0052)			- 0.0137 *** (0.0053)		
credit		- 0.0066 * (0.0041)			- 0.0051 (0.0041)	

Dep. Var. Consgrowth	模型 1	模型 2	模型 3	模型 4	模型 5	模型 6
savings			− 0. 0125 ** (0. 0061)			− 0. 0120 ** (0. 0062)
pcrgdp	− 0. 0002 (0. 0053)	− 0. 0010 (0. 0053)	− 0. 0039 (0. 0052)	− 0. 0007 (0. 0054)	− 0. 0017 (0. 0054)	− 0. 0043 (0. 0053)
urban	0. 0285 ** (0. 0139)	0. 0246 * (0. 0134)	0. 0282 ** (0. 0140)	0. 0274 ** (0. 0137)	0. 0222 * (0. 0132)	0. 0262 ** (0. 0138)
fdi	0. 0275 (0. 0707)	0. 0212 (0. 0707)	0. 0199 (0. 0708)	0. 0389 (0. 0701)	0. 0306 (0. 0701)	0. 0304 (0. 0703)
govspen	0. 0528 * (0. 0338)	0. 0336 (0. 0326)	0. 0390 (0. 0330)	0. 0358 (0. 0338)	0. 0120 (0. 0325)	0. 0202 (0. 0329)
edu	0. 0282 (0. 0970)	− 0. 0024 (0. 0983)	0. 0333 (0. 0980)	0. 0464 (0. 0992)	0. 0129 (0. 1005)	0. 0473 (0. 1001)
inf	0. 0050 (0. 0202)	0. 0003 (0. 0213)	0. 0041 (0. 0205)	0. 0197 (0. 0565)	0. 0396 (0. 0566)	0. 0242 (0. 0569)
year dummy	No	No	No	Yes	Yes	Yes
常数项	0. 0569 (0. 0460)	0. 0667 * (0. 0464)	0. 0849 *** (0. 0443)	0. 0493 (0. 0501)	0. 0424 (0. 0502)	0. 1003 *** (0. 0465)
观测值	2490	2490	2490	2490	2490	2490
R^2	0. 0049	0. 0032	0. 0041	0. 0551	0. 0527	0. 0539

注：括号里的数值均为稳健标准误。其中，***、** 和 * 分别表示在 1%、5% 和 10% 的显著性水平上显著。在模型 4、模型 5 和模型 6 中还控制了年度固定效应。

通过使用 OLS 估计方法对上述方程进行了估计，估计结果如表 6.3 所示。通过表 6.3 看到，存款规模（deposit）、贷款规模（credit）和储蓄存款规模（savings）三个金融发展指标对居民消费增长率有显著的负面影响。无论是否控制时间变量，回归结果仍一致。这与张凯和李磊宁（2006）的观点类似。此外，城市化水平越高，居民消费增长率越快。樊纲和王小鲁（2004）也曾指出城市化水平是在收入水平以外对人均消费影响最大的变量。估计方程中其他控制因素的影响并不显著。总之，通过进行混合横截面分析，实证结果发现金融发展水平的提高显著地降低了居民消费的增长率，无论使用哪一个金融发展指标，以及是否控制年度固定效应，这个结论依然成立。另外，城市化水平的提高对居民消费增长率的正向作用非常明显。但同时也应该注意到，混合横截面分析忽略了不同个体可能存在的固定效应，这很可能使得这部分的估计的结果不一致或有偏差。而且上一期的居民消费增长率很可能在拉大或者缩小当期的居民消费增长率，因此，下一部分将使用面板数据的估计方法来进一步分析。

（二）动态面板分析

混合横截面数据分析忽略了可能存在的个体效应以及经济体自身的连续性。因此，在这一部分本章将考虑使用动态面板进行分析。估计的方程为：

$$\text{consgrowth}_{it} = \alpha + \beta_0 \text{consgrowth}_{it-1} + \beta_1 \text{FD}_{it} + \lambda' X_{it} + \delta_i + \nu_t + \varepsilon_{it}$$

其中下标 i 代表的是个体即城市，t 代表年份。其他的解释变量与之前在混合横截面分析中用到的变量相同。不同的是，δ_i 为地区固定效应，ν_t 为时间固定效应，ε_{it} 为随机扰动项。考虑到因变量的滞后项很可能也会对即期的因变量造成影响，在回归方程中还加入了居民消费增长率的滞后项作为自变量。本书主要使用了一步和两步系统广义矩估计法（GMM）来进行估计，从而使得估计的结果更具稳健性。同时为了验证过度识别情况下工具变量的有效性，在使用动态面板进行回归分析时，还进行了 Sargan 和 Hansen 检验，以检验在过度识别的情况下所有的工具变量是否是有效的。此外，还利用 Arellano-Bond test 来检验残差项是否存在一阶和二阶序列自相关。估计的结果如表6.4 所示。

表6.4　　　　　　　　　动态面板分析

Dep. Var. consgrowth	模型1	模型2	模型3	模型4	模型5	模型6
deposit	-0.0183 * (0.0099)			-0.0198 * (0.0106)		
credit		-0.0086 * (0.0047)			-0.0099 ** 0.0048	
savings			-0.0189 * (0.0111)			-0.0211 * (0.0114)

续表

Dep. Var. consgrowth	模型 1	模型 2	模型 3	模型 4	模型 5	模型 6
pcrgdp	0.0029 (0.0062)	0.0021 (0.0063)	−0.0024 (0.0059)	0.0054 (0.0059)	0.0046 (0.0060)	−0.0005 (0.0056)
urban	0.0293* (0.0179)	0.0238 (0.0167)	0.0293* (0.0176)	0.0277* (0.0179)	0.0220 (0.0164)	0.0284* (0.0177)
fdi	0.0283 (0.0756)	0.0216 (0.0767)	0.0245 (0.0765)	−0.0090 (0.0731)	−0.0141 (0.0741)	−0.0119 (0.0740)
govspen	0.0898* (0.0616)	0.0642 (0.0522)	0.0740 (0.0561)	0.0965* (0.0604)	0.0712 (0.0513)	0.0803* (0.0547)
edu	0.0196 (0.0973)	−0.0289 (0.0907)	0.0246 (0.0997)	0.0263 (0.0954)	−0.0234 (0.0903)	0.0358 (0.0981)
inf	−0.0359 (0.0691)	−0.0143 (0.0723)	−0.0367 (0.0691)	−0.0302 (0.0692)	−0.0058 (0.0727)	−0.0306 (0.0691)
year dummy	Yes	Yes	Yes	Yes	Yes	Yes
常数项	0.0510 (0.0610)	0.0506 (0.0603)	0.0788* (0.0555)	0.0272 (0.0588)	0.0332 (0.0585)	0.0661 (0.0548)
观测值	2241	2241	2241	2241	2241	2241
工具变量数目	24	24	24	24	24	24
AR (1) Test	0.0180	0.0210	0.0200	0.0490	0.0560	0.0530
AR (2) Test	0.7070	0.6750	0.6840	0.7000	0.6480	0.6780
Sargan Test	0.1640	0.1640	0.1650	0.1640	0.1640	0.1650
Hansen Test	0.2710	0.2810	0.2790	0.2710	0.2810	0.2790

注：括号里的数值均为稳健标准误。表中省略了居民消费增长率的滞后项。模型1、模型2和模型3中使用的是一步系统 GMM 估计方法，而模型4、模型5和模型6中我们使用的是两步系统 GMM 估计方法。***、**和*分别表示在1%、5%和10%的显著性水平上显著。在所有的动态面板估计方程中均控制了年度固定效应。AR 检验不能拒绝二阶序列无关的假定，同时 Sargan 和 Hansen 检验也不能拒绝工具变量都是有效的假定，因为估计的结果是一致且有效的。

如上表所示，动态面板分析的估计结果与混合横截面分析得到的结果几乎一致。将滞后一期的居民消费增长率纳入估计方程后，deposit、credit 和 savings 对居民消费增长率的影响仍是负向的且均通过了显著性检验。该结果的统计学意义是：我国金融市场的发展并没有显著促进居民消费增长率的提高，而是起到了相反的作用。出现这一结果的原因有很多：一方面很可能是因为该期间的信贷资源主要集中在高度垄断的国有银行手中，这些信贷资金流向居民消费领域的数量仍十分有限，因此也就出现了如模型结果所示的金融发展水平逐步提高，但居民消费增长率却下降的独特现象。另一方面可能与居民收入分配不公有关。很多的实证证据表明中国的金融发展扩大了居民之间的收入差距①，而收入差距的扩大限制了中等收入者的支付能力，从而总体来看使得居民的消费减少②。此外，回归结果显示，政府支出的影响再一次得到强化（见模型1、模型4及模型6），再次呼应了樊纲和王小鲁（2004）的研究结论。总之，通过进行动态面板分析发现，金融发展水平的提高显著地降低了居民消费的增长率，同时，城市化水平和政府支出的促进作用依然显著。其他变量在该模型中仍不显著。

五 稳健性分析

为了检验前面的实证结果的稳健性，在这一部分本书进行了稳健性分析。参照 Zhang et al.（2012）的做法，本部分在前面的回归方程中加入了经济特区城市和省会城市等多个城市的虚拟变量③。Zhang et al.（2012）指出之所以选择这些城市，首先，因为经济特区城市最早向外资开放，享受一些政策上的优惠，如财政、税收等。其次，省会城市在每个省的经济发展过程中占据了主导的地位。因此，把这些城市的虚拟变量包含进前述的估计方程中，检验其是否会影响到本节的估计结果有很重要的意义。总之，加入虚拟变量后的稳健性分析的估计方程为：

$$consgrowth_{it} = \alpha + \beta_0 consgrowth_{it-1} + \beta_1 FD_{it} + \beta_2 dummy_{it} + \lambda' X_{it} + \delta_i + \nu_t + \varepsilon_{it}$$

---

① 如温涛等（2005），楼裕胜（2008），叶志强等（2011），余玲铮和魏下海（2012）以及孙永强（2012）等。

② 如李实和赵人伟（1999），余永定和李军（2000），袁志刚和朱国林（2002），臧旭恒和孙文祥（2003），王青（2005）以及段先盛（2009）等。

③ 具体来说，这些城市主要包括北京、上海、天津、重庆，各省省会城市，以及深圳、珠海、汕头、厦门、海南5个经济特区城市和11个沿海城市（大连、秦皇岛、天津、烟台、青岛、连云港、南通、宁波、温州、湛江、北海）等。

在估计方程中 dummy 变量即是城市虚拟变量，其他变量的定义与动态面板分析中类似。回归方程的估计结果如表6.5所示。

表6.5 稳健性分析

Dep. Var. consgrowth	模型1	模型2	模型3	模型4	模型5	模型6
L. consgrowth	-0.2332 * (0.1634)	-0.2428 * (0.1657)	-0.2373 (0.1641)	-0.2486 (0.1970)	-0.2633 (0.1973)	-0.2536 (0.1976)
deposit	-0.0155 (0.0105)			-0.0183 * (0.0111)		
credit		-0.0016 (0.0056)			-0.0034 (0.0056)	
savings			-0.0158 (0.0112)			-0.0182 * (0.0115)
dummy	-0.0081 (0.0066)	-0.0154 *** (0.0065)	-0.0133 *** (0.0050)	-0.0064 (0.0066)	-0.0140 *** (0.0066)	-0.0126 *** (0.0052)
pcrgdp	0.0038 (0.0061)	0.0032 (0.0062)	0.0001 (0.0059)	0.0063 (0.0057)	0.0057 (0.0059)	0.0021 (0.0056)
urban	0.0317 ** (0.0174)	0.0266 * (0.0163)	0.0341 * (0.0178)	0.0296 * (0.0174)	0.0242 (0.0161)	0.0324 * (0.0179)
fdi	0.0395 (0.0760)	0.0399 (0.0773)	0.0447 (0.0765)	-0.0012 (0.0733)	0.0007 (0.0744)	0.0043 (0.0737)
govspen	0.0858 (0.0612)	0.0541 (0.0527)	0.0737 (0.0553)	0.0955 * (0.0599)	0.0627 (0.0517)	0.0811 (0.0539)
edu	0.0058 (0.0999)	-0.0395 (0.0928)	0.0051 (0.0999)	0.0162 (0.0985)	-0.0335 (0.0921)	0.0153 (0.0982)
inf	-0.0293 (0.0697)	0.0029 (0.0727)	-0.0293 (0.0679)	-0.0262 (0.0695)	0.0100 (0.0734)	-0.0237 (0.0681)
year dummy	Yes	Yes	Yes	Yes	Yes	Yes
常数项	0.0452 (0.0593)	0.0455 (0.0600)	0.0595 (0.0546)	0.0203 (0.0567)	0.0277 (0.0573)	0.0457 (0.0534)
观测值	2241	2241	2241	2241	2241	2241
工具变量数目	25	25	25	25	25	25
AR (1) Test	0.0190	0.0230	0.0200	0.0500	0.0560	0.0530
AR (2) Test	0.7010	0.6580	0.6840	0.6970	0.6380	0.6800
Sargan Test	0.1630	0.1630	0.1640	0.1630	0.1630	0.1640
Hansen Test	0.2700	0.2820	0.2760	0.2700	0.2820	0.2760

注：括号里的数值均为稳健标准误。模型1、模型2和模型3估计方程使用的是一步系统GMM估计方法，模型4、模型5和模型6估计方程使用的是两步系统GMM估计方法。其中，***、**和*分别表示在1%、5%和10%的显著性水平上显著。在所有的动态面板估计方程中均控制了年度固定效应。AR检验、Sargan检验和Hansen检验显示估计结果是有效的。

通过稳健性分析可以看到，一步系统 GMM 的估计结果并不显著，但是金融发展变量前面的系数均为负值。同时，两步系统 GMM 的估计结果除了 credit 的系数不显著外，其他的金融发展指标前面的系数均为负值，并且通过了显著检验。城市化水平的提高和政府支出的增加依然显著地促进了居民消费增长率的提高。总之，稳健性分析结果与前面的混合横截面分析和动态面板分析结果一致，这说明前面的估计结果是稳健的。

六 小结

本节运用中国 2001—2010 年 249 个城市的面板数据，检验了金融发展与消费增长率之间的关系，为后续理论和实证研究提供了新的证据。研究发现：2001—2010 年，以存款、储蓄和贷款为衡量标准，金融发展对居民消费增长率起到了反向影响作用；而城市化水平则显著促进了居民消费增长率；政府支出对消费增长率则有一定正向影响。在控制其他变量的情况下，并未发现人均 GDP、对外开放度、教育水平及物价对样本期间的消费增长率产生显著影响。可能的原因是：金融体系的不完善、效率低下，以及信贷资源的不合理投放等很多因素，以及金融发展水平的提高导致的收入分配不公，都可能会使得我国金融发展水平的提高并没有促进居民消费增长率的增加。因此，相应的政策意义是显而易见的：首先，政府应进一步完善金融市场体系改革，放松金融行业管制和行政管制，从而吸引更多的资金流入，扩大金融中介的规模，提高金融市场的效率。其次，向中等收入阶层和低收入阶层提高金融政策支持与优惠，从而更好地为居民消费提供高效的信贷服务，如汽车贷款、住房贷款等，提高居民消费的增长率。最后，加快城市化的进程。从多方面的实证证据来看，城市化进程促进了居民消费的增长。因此政府应坚定不移地加快推进我国的城市化进程，改变目前我国的城乡二元消费结构，既有利于实现我国目前保增长、稳就业的目标，又可以进一步地促进居民消费的增长。

同时也应该注意到，本节的研究结果与国内部分文献结论有一定差异，究其原因，除与选取的年份、样本区域有关外，值得指出的有以下几点：第一，本节的实证分析只考虑了国内正式直接金融的发展水平。由于数据可得性的原因，外资银行、民间金融没有纳入考察范围，间接金融的发展亦没有考虑在内。因此，文中所采用的金融发展指标，有着特定的含义。同时，本节也没有考虑金融发展的结构。第二，金融发展所产生的消费效应可能转移到了其他消费。本书所指的居民消费指日常生活产品和服务支出，不包括生产投入和投资建房等方面的支出。众所周知，在当前的社会保障制度下，居民需要为养老、医疗、子女教育和购房积累资金，不敢过快增加消费开支，在很大程度上抑制了居民消费原本可以增长更快的潜力，这可能是影响消费增长率上升的又一原因。

第二节 金融发展、国际 R&D 溢出与经济增长

本节主要分析了开放条件下金融发展对经济增长的影响机制，在此基础上构建不同指标全面衡量了金融发展水平，并运用中国省域样本数据进行实证分析。实证研究的结果表明，金融发展通过加大国内研发投入和扩大了国际技术溢出效应两种机制，显著地促进了中国经济的增长。其中通过进出口贸易获得的技术外溢效应较大，而通过FDI 和 OFDI 获得的技术外溢效应还未完全显现。因此，在减少政府干预，完善国内各项制度，进行金融市场改革和加大国内自主研发力度的同时，还应坚持进口和出口、吸引 FDI 和对外 FDI 并举的措施，调整现行的进出口贸易结构，合理引导 FDI 和 OFDI 的流向。[①]

一 引言

改革开放 40 年以来，中国的经济发展取得了辉煌的成就，年均增长率超过了 9%。但是也伴随着消费需求不足、收入分配失衡、就

[①] 本节内容经作者与张源媛整理，已经发表在了 2014 年第 2 期《制度经济学研究》上。

业压力增大等结构性问题。新一轮席卷全球的金融危机对各经济实体造成了不同程度的冲击，并引发全球性的经济衰退。因此，如何在促进金融自由化、保持金融发展的同时，实现经济的可持续发展成为各国重点关注的议题。

金融发展是否是经济增长的重要因素，一直以来存在着较大争议。支持者认为金融发展促进了资本积累，把资本流向效率最高的经济区域、行业或企业等部门，实现了资本的最优配置，成为经济增长的重要条件（Goldsmith，1969）。Levine（1997）认为信息成本和交易成本存在促使金融机构和金融中介出现，通过降低流动风险、对企业管理者进行监管、进行储蓄和资本的流动、为合同执行者提供融资使贸易和服务便利化，金融体系功能和经济发展实现了紧密相连。反对者Lucas（1988）则认为过分强调金融发展对经济增长的作用，中立者Patrick（1966）则认为金融发展和经济增长是一种"双向"关系，二者的关系取决于经济发展的阶段，经济发展早期通过扩展金融机构提供资金来促进经济增长，金融发展处于"供给主导"地位，经济发展后起经济的增长诱发金融中介和金融服务发展，此时金融发展是一种"需求遵从"。Christopoulos和Tsionas（2004）从实证角度分析，发现短期内金融发展与经济增长没有因果关系，长期内则存在一种单向的因果关系。从国内来看，金融发展也是研究的热点，谈儒勇（1999）、赵志君（2000）等实证结果表明金融发展与国家的经济发达程度呈正相关关系，冉光和（2006）对中国金融发展与经济增长的长期和短期关系进行研究，发现不同的区域条件约束下，金融发展与经济增长之间可能并无稳定一致的关系。赵勇和雷达（2010）则认为金融发展与经济增长方式的转变之间存在门槛效应。

内生增长理论认为一国经济的发展主要依赖于技术进步而不是要素的投入，技术进步是经济持续发展的源泉（Romer，1990；Grossman和Helpman，1991），技术进步提高了生产要素的使用率，使产出增加。现代经济中的技术进步主要来自各国的研发（Research and Development，R&D）活动。发达国家是全球R&D活动的主体，由于其处于技术前沿，其研发主要以自主创新为主，但企业在进行自主创新时一方面会面临技术选择及投资收益的风险，另一方面还要面临融资约束、信息不完善和交易成本等生产性风险，金融发展与深化促进了企业对 R&D 的投入与效率，对经济增长产生了积极的影响。

发展中国家与发达国家存在较大的技术差距，在开放条件下 Howitt（2000）实证研究表明发展中国家可以利用发达国家技术溢出提高自主创新水平。但对于通过何种渠道获得技术溢出，学者们观点不一。Feder（1983）研究发现，一方面非出口部门通过模仿出口部门的生产技术和管理技术获得了出口的外部效应，另一方面出口还实现了资源的优化配置，通过这个渠道影响了经济增长。Coe 和 Helpman（1995）实证分析表明中间产品的进口贸易是国际技术溢出的主要渠道，国内 R&D 对技术进步的弹性只有 8%，而国外 R&D 对技术进步的弹性却达到了 12%。Globerman（1979）认为外商直接投资加速了东道国采用先进技术的速度，通过技术溢出影响了其知识积累和技术的进步。Kogut 和 Chang（1991）则最早研究了技术寻求型的 OFDI，实证结果显示日本 R&D 的投入与美国 R&D 密度相关，当日本企业技术处于劣势时，会直接投资于研发密集型产业并以合资形式进入美国市场，当企业拥有技术比较优势后则会在美国建立分公司。伴随中国对外开放的扩大，利用贸易和投资获得国际 R&D 技术外溢成为中国技术进步的重要途径之一，众多国内学者对此进行了大量研究。赖明勇等（2002）、许和连等（2005）从出口贸易的角度分析，发现出口通过示范效应、竞争效应、产业关联效应及干中学效应带来了正向的技术溢出；谢建国等（2009）从国家和产业层面分析发现进口贸易从总量、进口模式和进口竞争三方面对技术进步的作用明显。沈坤荣等（2001）认为外商直接投资带来了正向的技术溢出，潘文卿（2003）认为 FDI 溢出效应具有门槛值，只有超出一定的门槛值，才会得到正向效应。赵伟等（2006）认为对 R&D 要素丰裕国家和地区的投资具有较为明显的逆向技术溢出效应，李梅（2012）用省级数据实证发现对外直接投资的逆向技术溢出存在明显的地区差异。

现有的文献多从单一框架下来分析金融发展、研发创新和经济发展三方面的关系，或从融资的角度分析金融发展对自主研发的信贷支持和技术进步作用，或从单一渠道分析金融发展对技术溢出的作用，黄先海等（2005）认为从单一因素研究容易放大甚至扭曲技术外溢的效应。苏基溶（2009）虽然分析了金融发展对自主创新和国外技术溢出这两方面的影响，但技术外溢仅局限于进口和外商投资这两个渠道，忽略了出口和对外直接投资的技术溢出；其贸易与投资国家也仅局限于 G－7 国。张志强（2012）虽考察了金融发展、技术进步和经济增长的长期关系，但是其研究是从一国的区域研发创新角度分析技术溢出，未考虑开放条件下的技术溢出效应。本节力图从以下几方面对现有文献进行扩展：首先，除了国内的自主研发（R&D）外，考虑通过出口贸易、进口贸易、外商直接投资和对外直接投资渠道带来的国际 R&D 溢出，并对不同渠道的技术溢出进行比较分析。其次，为使实证分析更加可靠稳健，根据近年中国对外贸易和投资发展的现状，将 G7 国扩展为 23 个国家①，并从经济发展动态角度进行分析。总体来看，本节主要包括以下内容：第二部分分析构建计量模型，并对数据来源和变量的选取进行说明；第三部分运用省级数据进行实证检验；最后得出主要结论及启示。

二　计量模型、数据说明及变量选择

前一部分文献分析表明，金融发展通过向本国研发部门提供融资，优化资源配置，直接促进了技术的提升；另一方面，通过结合当地的吸收能力，金融发展促使技术外溢效应扩大，影响了本国的研发水平。通过这两种机制金融发展对经济增长产生的影响。下面将运用

---

① 根据我国进出口贸易和外商直接投资及对外投资的重要来源国，结合数据的可得性，本文选取了澳大利亚、奥地利、比利时、加拿大、丹麦、芬兰、法国、德国、匈牙利、爱尔兰、意大利、日本、韩国、荷兰、挪威、波兰、葡萄牙、西班牙、瑞典、墨西哥、英国、美国、新加坡共计 23 个国家。

中国省域从实证角度对此进行分析。

（一）模型设定

按照 Zhang et al.（2012）的做法，构建如下的动态面板计量模型来考察金融发展对经济增长的影响。

$$TFP_{it} = \alpha + \beta_0 TFP_{it-1} + \beta_1 * FD_{it} + \gamma X + \mu_t + \varepsilon_t + u_{it}$$

同时，为了考察金融发展通过支持研发投入和促进技术外溢效应扩大，参照 Coe & Helpman（1995）的模型，加入技术变量，构建如下扩展的动态面板模型：

$$TFP_{it} = \alpha + \beta_0 TFP_{it-1} + \beta_1 FD_{it} * TechSpillover_{it} + \gamma X + \mu_t + \varepsilon_t + u_{it}$$
$$TFP_{it} = \alpha + \beta_0 TFP_{it-1} + \beta_1 FD_{it} * Techspillover_{it} + \gamma X + \mu_i + \varepsilon_t + u_{it}$$

其中 i 为地区，t 为年份，TFP 为各省的全要素劳动生产率，FD 表示金融发展水平，TechSpillover $Techspillover_{it}$ 分别表示国内 R&D 技术投入和通过出口、进口、FDI 以及 OFDI 获得的技术溢出，X 表示除了金融发展水平和技术溢出之外其他可能影响经济增长的因素。μ_i 为地区固定效应，ε_t 为时间固定效应，u_{it} 为误差项。

（二）数据来源和处理

由于 OFDI 的数据始于 2003 年，本节考察了 2003—2010 年中国各省份金融发展水平、技术溢出和经济增长的关系。样本包括全国 30 个省、自治区和直辖市，西藏的数据由于太少予以剔除。文中用到数据来自中国各省各年度的统计年鉴和《中国统计年鉴》。其中，金融发展的数据取自《中国金融年鉴》，各省国内研发投入取自《中国科技统计年鉴》，23 个国家的 R&D 支出数据来源于 OECD 的官方网站，中国对外投资的数据取自《中国对外投资统计公报》。

1. 金融发展指标（FD）

国内的学者大多采用金融机构的存贷款总额来衡量金融发展水平。本书则借鉴了 Zhang et al.（2012）的做法，采用以下四个指标全面衡量各省的金融发展水平。第一个指标是 deposit，用来衡量金融中介规模的整体大小，以金融体系（包括银行机构和非银行机构）的存款占 GDP 的比重来代表。第二个指标是 credit，表示金融中介化的深度，用金融体系中贷款占 GDP 的比重来代表。第三个指标是 sav-ings，表示居民储蓄存款的流通能力，用居民储蓄存款占 GDP 的比重来代表。第四个指标是 corporate，衡量了向公司提供金融服务的能力，用金融体系中公司存款占总存款的比重来代表。显然这些指标的数值越大，地区金融发展的水平就越高。

2. 全要素劳动生产率（TFP）

经济增长率用各省的全要素劳动生产率 TFP_{it} 来衡量，本书采用传统的索洛剩余法来计算，即 $TFP_{it} = \dfrac{Y_t}{K_t^\alpha L_t^\beta}$，其中 Y_t、K_t 和 L_t 分别为各省 t 的产出、资本和劳动力投入。α 和 β 分别为劳动与资本的产出弹性，且 $\alpha + \beta = 1$。关于资本和劳动的产出弹性，中国国内的学者进行了许多估算，普遍认为 $\alpha = 0.4$ 和 $\beta = 0.6$ 符合中国的实际（余长林，2010）。

其中 Y_t 用各省 t 年国内生产总值来代表，并用 GDP 平减指数进行平减。为了减少测量误差，本书以 1995 作为基期测算实际的 GDP。资本存量 K_t 采用戈德史密斯（Goldsmith，1951）的永续盘存法来估算，即 $K_t = \dfrac{I_t}{P_t} + (1 - \theta)K_{t-1}$，$I_t$ 为 t 年的固定资产投资，P_t 为固定资产投资价格指数，θ 为折旧率，本书定为 10%，K_t 和 K_{t-1} 分别表示本年和上一年度的资本存量，基期资本存量参照张军等（2004）的做法，用基期的固定资本形成总额除以 10% 作为初始资本存量。劳动力投入 L_t 表示各省年末就业人数。

3. 国内各省 R&D 资本存量

各省的研发资本存量也采用永续盘存法 $s_t^d = (1 - \varepsilon)s_{t-1}^d + RD_t$，其中 s_t^d 为 t 年的资本存量。为了减少误差，以 1995 年作为基期来计算各省的 R&D 存量。基期的研发资本存量按照 Coe 和 Helpman（1995）提出的方法计算，$s_{1995}^d = \dfrac{R_{1995}^d}{g + \delta}$，其中 R_{1995}^d 为 1995 年的研发支出，g 为 1995—2010 年研发支出的平均增长率，ε 为折旧率，一般

设定为 5% （赵伟，2006）。

（三）各省获得的国外 R&D 溢出存量

由于技术溢出主要来自出口（export）、进口（import）、外商直接投资（FDI）以及我国的对外直接投资（OFDI）。本书参照 L - P (1998) 方法，以各省出口贸易、进口贸易、外商直接投资和对外投资总额在全国所占比重作为权重来衡量四种途径的技术外溢，具体计算如下：

1. 我国 i 省 t 年通过出口获得的国外技术溢出为：

$$s_{jt}^{f1} = \frac{XP_{it}}{\sum_i XP_{it}} * \sum_{i \neq j}^{N} \frac{XP_{jt}}{Y_{jt}} * s_{jt}$$

XP_{it} 为各省 t 年的出口额，$\sum_i XP_{it}$ 全国 t 年的出口总额，XP_{jt} 为我国 t 年对 j 国的出口总额，Y_{jt} 和 s_{jt} 分别为 t 年 j 国的 GDP 总额和研发投入存量。

2. 我国 i 省 t 年通过进口获得的国外技术溢出为：

$$s_{jt}^{f2} = \frac{IP_{it}}{\sum_i IP_{it}} * \sum_{i \neq j}^{N} \frac{IP_{jt}}{Y_{jt}} * s_{jt}$$

IP_{it} 为各省 t 年的进口额，$\sum_i IP_{it}$ 为全国 t 年的进口总额，IP_{jt} 为我国 t 年从 j 国的进口总额，Y_{jt} 和 s_{jt} 分别为 t 年 j 国的 GDP 总额和研发投入存量。

3. 我国 i 省 t 年通过 FDI 获得的国外技术溢出为：

$$s_{jt}^{f3} = \frac{FDI_{it}}{\sum_i FDI_{it}} * \sum_{i \neq j}^{N} \frac{FDI_{jt}}{Y_{jt}} * s_{jt}$$

FDI_{it} 为各省 t 年获得的外商投资总额，$\sum_i FDI_{it}$ 为全国 t 年的外商投资总额，FDI_{jt} 为我国 t 年从 j 国的获得的外商投资总额，Y_{jt} 和 s_{jt} 分别为 t 年 j 国的 GDP 总额和研发投入存量。

4. 我国 i 省 t 年通过 OFDI 获得的国外技术溢出为：

$$s_{jt}^{f3} = \frac{OFDI_{it}}{\sum_i OFDI_{it}} * \sum_{i \neq j}^{N} \frac{OFDI_{jt}}{Y_{jt}} * s_{jt}$$

$OFDI_{it}$ 为各省 t 年对外投资总额，$\sum\limits_{i} OFDI_{it}$ 为全国 t 年的对外投资总额，$OFDI_{jt}$ 为我国 t 年对 j 国的对外投资总额，Y_{jt} 和 s_{jt} 分别为 t 年 j 国的 GDP 总额和研发投入存量。

为了控制除金融发展水平和研发活动之外其他可能影响到经济增长的因素，实证分析时还选取了一些传统文献在处理这些关系时常用的变量。这些控制变量主要包括：人均 GDP（pcrgdp）表示各省初始的经济发展水平；人力资本（edu），以高等教育在校生数占总人口数的比率来衡量；非国有化进程（nonsoe），用 1 减去国有企业员工占从业人员的比值表示；城市化率（urban），用非农人口占总人口的比重来衡量；基础设施（infrastructure），用每一百万平方公里人均拥有的公路里程总数表示；政府干预程度（gov），用财政支出占 GDP 的比重表示。

三 计量结果分析

由于本节主要使用了四个指标来衡量地区金融发展水平，因此分别做了四次回归进行实证检验。在动态面板的回归中，系统广义矩估计方法（SYS - GMM）不仅以解释变量的水平滞后项作为差分工具变量，还以差分变量的滞后项作为水平方程相应变量的工具变量，极大地提高了工具变量的有效性。因此，在回归方程中主要使用了两步 SYS - GMM 方法进行估计。

用存款占 GDP 的比重来衡量金融发展水平，从回归（见表 6.6）中得出如下分析：

首先，在其他变量保持不变的情况下，银行和除银行外的其他金融机构储蓄率每提高 10% 个单位，经济增长率将提高 0.35%，这说明金融中介规模的扩大，使经济社会储蓄额增加，金融发展使储蓄更容易转换为投资，资本的流动性效果增强，配置率提高，为国内研发提供了更多丰裕的资金，显著地促进了国内的技术进步，由此带动了经济持续增长。初始的经济发展水平回归系数在 0 点左右波动，表明经济增长具有一定收敛性。

其次，金融发展与四种途径获得技术外溢的交叉项在回归中均显著为正，表明在对外开放条件下获取国际 R&D 溢出已成为中国技术进步的主要因素，而通过出口获得的技术溢出效应最大，通过 OFDI 获得的技术外溢效应最小，主要原因是我国多年以来实行"出口导向型"的发展战略，出口结构以工业制成品为主，生产这些产品的国内技术比较稳定，出口带来的干中学效应、技术传染效应和产业关联效应显著地促进了国内技术进步；与之相比，进口贸易主要集中在中间产品和机械运输设备，加之国内吸收能力有限，进口的技术外溢效应低于出口的技术溢出效应。而中国目前 FDI 主要投向劳动密集型产业，国外技术垄断不断加强，我国通过 FDI 获得技术外溢效应刚跨过门槛值，正效应还未完全显现出来。OFDI 虽然带来了正向的技术溢出，但是溢出效应较小。可能的原因，一是由于中国 OFDI 的数据始于 2003 年，本书以各年末中国 OFDI 存量为依据，可能带来 OFDI 的低估；二是中国进行对外直接投资规模相对较小，对外投资市场多为一些发展中国家和地区，这些国家研发资本存量有限，国内自主创新能力不高；对外投资也多以劳动密集型产业为主，技术含量不高。

再次，国内吸收能力的提高有助于经济增长，但其效应却不显著。一是由于以高校人数占总人口的比重为人力资本替代指标，低估了中国人力资本水平。二是由于发达国家的技术溢出具有一定的技术含量，国内的人力资本水平不高，还未能将其消化吸收。

最后，非国有化率对经济增长的效应显著，这是由于随着非国有化进程加快，政府退出了经济活动，企业真正成为市场的主体，促进了经济的持续增长，这与陈钊等（2004）的结论一致。改革开放以来，中国城市化进程不断推进，2010 年的城市化率已达到 49.9%，城市化率的提高通过溢出效应、产业聚集效应等拉动了中国经济的增长，在其他条件不变的情况下，城市化率提高 1%，经济将增长 0.012%。交通基础设施改善并不一定能带来经济增长。这说明交通还不是经济发展的真正制约和瓶颈，所以额外的交通投资或者交通基础设施建设未带来额外的经济增长；现有以经济发展为导向的公路发展政策，必须满足一定的基本条件，才能达到促进地区经济增长的期望。而在财政分权背景下，地方政府为促进地方经济的增长有干预银行信贷的强烈动机。虽然政府干预在一些情况下是完全必要的，但是从资源配置效率看，政府的这种干预的负面作用非常明显。

表6.6　　　　以存款占 GDP 比重衡量金融发展的回归结果

因变量 TFP	模型1	模型2	模型3	模型4	模型5	模型6
L1. TFP	0.8148 *** (0.0694)	0.8805 *** (0.0504)	0.8692 *** (0.0344)	0.8871 *** (0.0327)	0.8370 *** (0.0776)	0.9443 *** (0.0335)
deposit	0.0349 *** (0.0099)					
deposit * RD		0.0619 *** (0.0212)				
deposit * export			0.0101 ** (0.0047)			
deposit * import				0.00798 *** (0.0030)		
deposit * FDI					0.000325 * (0.000194)	
deposit * OFDI						0.0000368 *** (0.000012)
pcrgdp	0.0103 (0.0254)	− 0.0015 (0.0188)	− 0.0005 (0.0142)	0.0137 (0.0137)	0.00230 (0.0311)	− 0.0229 * (0.0129)
edu	0.0400 (0.2010)	0.0161 (0.2555)	0.2172 (0.2477)	0.0708 (0.2041)	0.1684 (0.3406)	− 0.0137 (0.1981)
nsoe	− 0.1268 *** (0.0509)	− 0.0684 (0.0504)	− 0.1092 ** (0.0564)	− 0.0725 (0.0466)	− 0.1315 (0.0956)	− 0.0512 (0.0413)
urban	0.0112 ** (0.0514)	0.0531 (0.0525)	0.0568 * (0.0348)	0.0371 (0.0313)	0.0734 (0.0623)	0.0086 (0.0270)
infrasture	− 0.0085 * (0.0057)	− 0.0114 * (0.0061)	− 0.0126 ** (0.0058)	− 0.0118 ** (0.0052)	− 0.0115 * (0.0054)	− 0.0096 (0.0053)
gov	− 0.2216 *** (0.0752)	− 0.0861 * (0.0596)	− 0.0559 (0.0488)	− 0.0833 * (0.0483)	− 0.0566 (0.0654)	− 0.0291 0.0424
year dummies	控制	控制	控制	控制	控制	控制
常数项	0.1404 (0.1612)	0.2009 (0.1135)	0.2291 ** (0.1072)	0.2356 ** (0.0986)	0.2137 (0.2495)	0.3207 *** (0.1031)

续表

因变量 TFP	模型 1	模型 2	模型 3	模型 4	模型 5	模型 6
观测值	210	210	210	210	210	210
AR（1）Test	0.0160	0.0100	0.0100	0.0080	0.0060	0.0080
AR（2）Test	0.9270	0.9500	0.9950	0.8670	0.8530	0.8750
Hansen Test	0.1328	0.2510	0.1256	0.1870	0.2134	0.1659

注：括号中的值是稳健标准误。其中，*** 、** 和 * 分别表示在 1%、5%、10% 的显著性水平上显著。

将金融发展指标换成贷款占 GDP 比重进行回归，结果（见表 6.7）表明，金融发展对经济增长的影响系数为 0.0243，比前一模型的系数略有下降，且影响不显著，这主要是由于中国金融体系中的贷款存在一定的政策导向，以此来衡量的金融发展往往高估，也弱化了金融发展和经济增长的关系。贷款占比对 FDI 的外溢效应变得不显著，一方面由于中国金融市场不完善，吸引外商投资有限，未将潜在的溢出效应转化为现实的生产力；另一方面金融市场发展对我国 FDI 的技术外溢的影响存在着明显的阶段性特征，绝大多数省份低于金融发展的临界值点。

表 6.7　　　　　以贷款占 GDP 比重衡量金融发展的回归结果

因变量 TFP	模型 1	模型 2	模型 3	模型 4	模型 5	模型 6
L1. TFP	0.8400 *** (0.0629)	0.8704 *** (0.0481)	0.8701 *** (0.03392)	0.8873 *** (0.0283)	0.8369 *** (0.0762)	
credit	0.0243 0.0262					
credit * RD		0.0948 * (0.0495)				
credit * export			0.0154 ** (0.00613)			
credit * import				0.0140 ** (0.00599)		
credit * FDI					0.000394 (0.000338)	

续表

因变量 TFP	模型 1	模型 2	模型 3	模型 4	模型 5	模型 6
credit * OFDI						0.0000565 ***
						(0.0000179)
pcrgdp	0.0175	0.00304	− 0.0019	− 0.0060	0.00728	− 0.0226 *
	(0.0342)	(0.0222)	(0.0144)	0.0137	(0.0362)	(0.0136)
edu	0.0543	0.0396	0.2219	0.0673	0.1626	− 0.0086
	(0.3353)	(0.2696)	(0.2382)	(0.1875)	(0.3660)	(0.1888)
nsoe	− 0.0815	− 0.0755 *	− 0.1152 **	− 0.0766 *	− 0.1215	− 0.0546
	(0.0581)	(0.0493)	(0.0575)	(0.0441)	(0.1038)	(0.0415)
urban	0.0964	0.0620	0.0620 *	0.0368	0.0817	0.0124
	(0.0733)	(0.0592)	(0.0358)	(0.0331)	(0.0717)	(0.0257)
infrasture	− 0.0101	− 0.0114 *	− 0.0117 **	− 0.0112 **	− 0.0106 *	− 0.0094 *
	(0.0071)	(0.0063)	(0.0053)	(0.0049)	(0.0073)	(0.0052)
gov	− 0.1480 *	− 0.0866	− 0.0451	− 0.0762 *	− 0.0530	− 0.0208
	(0.0854)	(0.0629)	(0.0488)	(0.0475)	(0.0705)	(0.0424)
year dummies	控制	控制	控制	控制	控制	控制
常数项	0.0249	0.1449	0.2417 ***	0.2183	0.1845	0.2936 ***
	(0.2683)	(0.1686)	(0.1159)	(0.1143)	(0.3166)	(0.0982)
观测值	210	210	210	210	210	210
AR（1）Test	0.0120	0.0080	0.0090	0.0070	0.0050	0.0080
AR（2）Test	0.9030	0.976	0.9900	0.8210	0.8340	0.9090
Hansen Test	0.1563	0.1725	0.1549	0.1732	0.1362	0.1330

注：括号中的值是稳健标准误。其中，***、** 和 * 分别表示在 1%、5%、10% 的显著性水平上显著。

金融发展换成以居民储蓄占 GDP 比重，从表 6.8 回归结果不难看出，个人储蓄率的提高有效地促进了经济的增长，这是由于金融部门的发展降低了交易成本和信息成本，个人储蓄增加，合理的金融安排机制还能够将储蓄有效地转化为现实的投资，实现了经济增长的水平效应。但个人储蓄占比由于低于金融机构储蓄的占比，所以其促进经济增长的效应并不十分显著。金融发展对 FDI 溢出效应也不显著，这是因为 FDI 流入所引致的技术扩散只有在东道国国内金融体系发展到一个最低水平之后才会变得显著，这与 Choong et al.（2004）的结论基本一致。

表 6.8　　　　以居民储蓄占 GDP 比重衡量金融发展的回归结果

因变量 TFP	模型 1	模型 2	模型 3	模型 4	模型 5	模型 6
L1. TFP	0.8301 *** (0.0695)	0.8833 *** (0.0471)	0.8509 *** (0.0478)	0.8715 *** (0.0388)	0.8290 *** (0.0849)	0.9130 *** (0.0347)
savings	0.0243 (0.0213)					
savings * RD		0.0244 *** (0.0887)				
savings * export			0.0202 * (0.0114)			
savings * import				0.0229 ** (0.0105)		
savings * FDI					0.000514 (0.000441)	
savings * OFDI						0.0000856 ** (0.0000404)
pcrgdp	0.0268 (0.0315)	− 0.00453 (0.0175)	0.0088 (0.0205)	0.0015 (0.0161)	0.0149 (0.0361)	− 0.0098 (0.0164)
edu	0.2014 (0.3563)	− 0.0130 (0.2489)	0.2847 (0.3112)	0.1406 (0.2571)	0.2049 (0.4319)	0.1117 (0.2165)
nsoe	− 0.0741 (0.0571)	− 0.0738 (0.0508)	− 0.1091 * (0.0653)	− 0.0808 * (0.0427)	− 0.1127 (0.0967)	− 0.0631 (0.0457)
urban	0.1053 (0.0786)	0.0459 (0.0519)	0.0716 (0.0509)	0.0435 (0.0410)	0.0808 (0.0822)	0.0337 (0.0306)
infrasture	− 0.0133 ** (0.0075)	− 0.0122 ** (0.0063)	− 0.0146 ** (0.0067)	− 0.0136 ** (0.0062)	− 0.0124 (0.0093)	− 0.0128 ** (0.0053)
gov	− 0.1184 * (0.0589)	− 0.0702 (0.0576)	− 0.0686 (0.0597)	− 0.0819 * (0.0426)	− 0.0708 (0.0811)	− 0.0430 (0.0474)
year dummies	控制	控制	控制	控制	控制	控制
常数项	− 0.0316 (0.2273)	0.2291 *** (0.1135)	0.1598 (0.1494)	0.1943 ** (0.1133)	0.0915 (0.2852)	0.2383 ** (0.1168)
观测值	210	210	210	210	210	210
AR (1) Test	0.0140	0.0080	0.0110	0.0090	0.0150	0.0090
AR (2) Test	0.9980	0.9560	0.9750	0.8320	0.8540	0.9100
Hansen Test	0.1590	0.2351	0.3521	01593	0.2365	0.1632

注：括号中的值是稳健标准误。其中，*** 、** 和 * 分别表示在1%、5%、10%的显著性水平上显著。

　　以金融机构的公司存款占总存款比重作为金融发展指标回归，结果（见表6.9）表明，金融发展一方面降低了投资的风险和交易成本，为企业提供更多的信贷，缓解了企业的融资约束；另一方面降低市场中的信息不对称问题，使企业能够把握投资机会，加大投资力度，提高资金分配的效率，从而推动经济增长。这一金融发展指标对经济增长的影响相对较大，这也说明金融发展通过作用于微观经济的主体——企业，最终推动了经济的增长。

表6.9　以金融机构的公司存款占总存款比重衡量金融发展的回归结果

因变量 TFP	模型 1	模型 2	模型 3	模型 4	模型 5	模型 6
L1. TFP	0.8608 *** (0.0979)	0.9270 *** (0.0421)	0.9201 *** (0.0536)	0.8757 *** (0.0380)	0.9600 *** (0.0647)	0.9148 *** (0.0305)
corporate	0.1772 (0.1431)					
corporate * RD		0.0500 *** (0.0162)				
corporate * export			0.0298 * (0.0153)			
corporate * import				0.0652 ** (0.0303)		
corporate * FDI					0.000024 (0.000070)	
corporate * OFDI						0.0000237 *** (0.000094)
pcrgdp	0.0077 (0.0317)	−0.0167 (0.0173)	−0.0118 (0.0181)	−0.0043 (0.0150)	−0.0249 * (0.0170)	−0.0124 (0.0129)
edu	−0.3464 (0.3408)	−0.1698 (0.15790)	0.1038 (0.2307)	0.1215 (0.2091)	−0.0239 (0.2369)	0.0765 (0.2127)
nsoe	−0.0743 (0.0772)	−0.0454 (0.0474)	−0.0678 (0.0662)	−0.0976 * (0.0612)	−0.0257 (0.0854)	−0.0731 * (0.0457)
urban	0.0782 (0.0781)	0.0045 (0.0290)	0.0241 (0.0456)	0.0279 (0.0379)	0.0110 (0.0475)	0.0308 (0.0283)
infrasture	−0.0097 * (0.0054)	−0.0096 * (0.0058)	−0.0104 * (0.0063)	−0.0122 ** (0.0064)	−0.0086 (0.0066)	−0.0120 ** (0.0050)
gov	−0.1404 (0.1144)	−0.0324 (0.0453)	−0.0281 (0.0529)	−−0.0663 (0.0482)	−0.0200 (0.0499)	−0.0299 (0.0421)

续表

因变量 TFP	模型1	模型2	模型3	模型4	模型5	模型6
year dummies	控制	控制	控制	控制	控制	控制
常数项	0.0935 (0.1842)	0.2754*** (0.1147)	0.2498** (0.1103)	0.2574*** (0.1262)	0.2892*** (0.1267)	0.2677*** (0.0906)
观测值	210	210	210	210	210	210
AR (1) Test	0.0190	0.0070	0.0080	0.0070	0.0070	0.0080
AR (2) Test	0.9240	0.9030	0.9830	0.9470	0.9640	0.8080
Hansen Test	0.1276	0.1580	0.1770	0.1590	0.1230	0.1070

注：括号中的值是稳健标准误。其中，***、**和*分别表示在1%、5%、10%的显著性水平上显著。

在以上四个动态面板回归中，AR（2）检验拒绝了二阶序列相关的假设，同时Hansen检验在10%的显著性水平上也不能拒绝所有的工具变量都是有效的原假设，因此本部分的估计结果是有效的。总之，这部分的实证分析也进一步表明了金融发展显著地促进了经济增长。

四 主要结论

本节研究发现金融发展加大了国内研发投入，扩大了国际R&D溢出效应，显著地促进了中国经济增长。在此基础上利用中国2003—2010年30个省市的数据，对金融发展促进技术进步的机制进行了实证分析，并对不同途径的技术溢出效应进行了比较分析，此外，在实证分析中还考虑了一些主要制度变量对经济增长的影响。本节主要的研究结论有：首先，金融从规模、结构和服务等方面的发展与经济增长保持了一定的适度性，显著地促进了经济的增长。其次，国内自主创新能力的提高是经济稳定持续增长的关键。国内的研发是创新的源泉和经济增长的动力，完善发达的金融系统为其进一步发展提供了有力的支撑。最后，金融发展还和各种途径的国际技术外溢一起，促进了中国综合技术水平的提高和经济增长。

　　上述研究蕴含着重要的政策启示：首先，应通过减少政府干预，在开放条件下有序推进金融市场化与利率市场化进程，提高资源配置效率。其次，中国应当坚持走自主创新之路，不断加大对科技的投入和支持力度，同时还要提高国内研发和引进技术之间的适配性。再次，FDI 和 OFDI 对技术进步的外溢效应未完全显现，我们应当在政策上做相应的调整，吸引外商投资向战略性新兴产业和高技术产业转移，加大对研发资本存量较高的国家和地区对外投资的力度，同时不断调整中国现行的进出口贸易结构，有效地利用国外的技术外溢。最后，经济的发展离不开国内相关制度的完善，加大高等教育投资力度、推进非国有化进程和提高城市化率、进行基础设施的改善仍需继续进行。

　　本节对金融发展支持技术进步，促进经济长期增长做了一些有益的探讨，但是还存在以下不足：一方面，本部分的金融发展指标仍局限于国家层面的数据，未从股票市场、债券市场等方面测度金融发展。另一方面，对于技术溢出的途径仅从总额的角度进行了分析，随着中国对外开放的加大，进口贸易的发展和 OFDI 数据的完善，可以做进一步细化研究。

第三节　信贷约束与外资溢出效应

　　本节将采用来自中国工业企业数据库的 40 多万家企业 2002—2007 年的非平衡面板数据，实证检验外资的溢出效应以及信贷约束对外资溢出效应的影响。研究结果表明，在相同的行业相同的省份内，不论是来自港澳台的外资还是来自其他地区的外资，都对国内企业（包括国有企业和非国有企业）产生了显著的溢出效应。进一步的实证分析发现，信贷约束阻碍了外资的溢出效应。行业的信贷约束程度越高，则同行业同省份内外资对国内企业的溢出效应就越小，相关的稳健性检验也支持上述结论。我国应加快推进金融市场改革进程，为企业提供更好的经营环境。

一 引言

自加入世界贸易组织以来，我国吸引的外商直接投资额便屡创新高。2001 年我国吸引的外商直接投资额为 468.78 亿美元，而到了 2012 年这一数字增加了一倍多，达到 1117.16 亿美元左右。因此，我国已经名副其实地成为世界最重要的吸引 FDI 的大国之一。

外资的大量流入，对我国的经济发展产生了重要的影响。一般来说，外资可以通过垂直溢出（跨国公司与上下游厂商的溢出）和水平溢出（同行业之间的溢出）两种渠道对东道国的经济产生重要的影响。外资溢出主要包括竞争效应、示范效应、人员培训和流动效应等（许和连等，2007；陈琳和林珏，2009）。

但是，外资的溢出效应也会受到企业的吸收能力的影响（Cohen 和 Levinthal，1990），而企业的吸收能力则是由多方面因素所决定的，如企业 R&D 投入，企业的知识积累以及企业的人力资本等。应指出的是，在以往的研究中，有一个重要的因素被人们所忽略，即信贷约束问题（Ayyagari 等，2011；韩旺红和马瑞超，2013）。虽然目前不少国内学者已经分析了外资对我国的国家或省份层面、行业层面甚至企业层面的溢出效应，但是研究信贷约束对外资的溢出效应的影响的相关文献几乎没有。本节中将首次使用中国工业企业数据库的 40 多万家企业 2002—2007 年的数据（大约 100 万个观测值），实证检验了外资对我国国内企业的溢出效应，重点探讨了信贷约束对外资溢出效应的影响。相关实证结果发现，无论是来自港澳台的外资还是来自其他地区的外资，在相同的行业相同省份内，都对我国的国内企业（包括国有企业和非国有企业）产生了积极的溢出效应。进一步的实证分析还发现，信贷约束阻碍了外资的溢出效应。行业的信贷约束程度越高（如纸及其制品、化工原料以及钢铁等行业），从外资的溢出效应中获益就越小。通过进行相关的稳健性分析，本节的结论依然成立。

本节主要包括以下内容：第二部分简单回顾了相关的国内外研究文献；第三部分介绍了变量和数据的来源；第四部分介绍了实证分析结果，紧接着在第五部分又进行了稳健性分析；最后是本节的主要结论。

二 相关文献

外商直接投资的溢出效应，一直是国内外的经济学者们所关注的重点议题之一。很多的理论和实证文献都对此进行了分析，如 Grossman 和 Helpman（1991），Wang 和 Blomstrom（1992）。Findlay（1978）通过建立一个动态模型分析了拥有较高的技术、管理经验和知识的 FDI 对东道国的溢出效应，他们的分析还发现母国和东道国的技术差距越大，那么 FDI 的溢出效应就越大。实证方面的文献也有很多，如 Caves（1974）分析了澳大利亚和加拿大的外资溢出效应，Haddad 和 Harrison（1993）分析了摩洛哥的情况，Kokko（1996）对墨西哥的情况进行了分析，Liu et al.（2000）和 Haskell et al.（2007）对英国制造业的外资溢出进行了分析，Javorcik（2004）对立陶宛的外资溢出的分析，而 Liu（2008）和 Abraham et al.（2010）则对中国的外资溢出进行了分析。同样，金融发展（信贷约束）与经济增长之间的关系，也已经为人们所广为熟知（Goldsmith，1969；King 和 Levine，1993；Rajan 和 Zingales，1998；Levine et al.，2000；Beck 和 Levine，2004；Levine，2005；Aghion et al.，2005；zhang et al.，2012）。多数的理论或实证分析发现，金融发展水平的提高通过降低交易成本和信息的不对称而促进了经济的增长（Levine，2005）。

但是目前为止，分析信贷约束对外商直接投资的溢出效应的影响的相关文献并不多。Cohen 和 Levinthal（1990）认为企业对新技术和外部信息的消化以及实际应用取决于企业的吸收能力（Absorptive Capacity），而这种能力又取决于企业以往的知识的积累水平。而 Ayyagari et al.（2011）在检验 47 个新兴市场经济体国家 19000 家企业的创新活动的决定因素时，他们发现较容易进行外部融资的企业更容易进

行创新活动。Alfaro et al.（2004）利用跨国的数据进行实证分析认为
金融发展水平越高的国家，从 FDI 的溢出中获益越多。Villegas-
Sanchez（2011）利用墨西哥制造业企业的数据进行实证分析时发现
只有那些相对规模比较大、地理位置位于金融较发达地区的国内企业
可以很好地享受到 FDI 的溢出效应。Agarwal et al.（2014）则通过使
用来自 Oriana 数据库大约 2 万家中国制造业企业（12000 家国内企
业，8000 家外资企业）2001—2005 年的数据进行了实证分析。他们
的实证分析显示信贷约束对外资在我国的溢出效应有重要影响。总体
来说，已有研究分析信贷约束对外资的溢出效应的影响的相关文献尚
不多见。

　　中国是 FDI 的吸收大国，FDI 对中国经济的影响也一直是国内学
者重点研究的热点之一。如在国家或省级层面，沈坤荣（1999）、沈
坤荣和耿强（2001）利用我国国家层面或者省级层面的数据进行实
证分析时发现，我国吸收的对外直接投资的增加促进了经济的增长。
何洁（2000）使用省级数据分析时发现 FDI 的外溢效应和经济发展水
平、当地基础设施建设水平、人均收入水平以及当地人口数量之间存
在着显著的正相关关系。包群和赖明勇（2003）基于适应性预期理
论并使用中国的年度数据进行分析时发现外商直接投资通过技术外溢
效应带动了我国国内部门的产出的增长。赖明勇等（2005）在利用
我国 30 个省份的面板数据进行实证分析时认为技术吸收能力（用人
力资本和贸易开放度两个指标来表示）的提高对外资的溢出效应起到
了决定作用。而在行业层面，Zhiqiang Liu（2002）以及潘文卿
（2003）均对外资对我国行业的溢出效应进行了分析。陈涛涛和宋爽
（2005）、陈涛涛和陈娇（2006）利用行业数据分析了决定 FDI 溢出
效应的不同因素，如开放政策要素，限制独资政策要素，外资政策要
素以及行业增长因素等。喻世友等（2005）使用随机前沿分析
（SFA）分析外资对中国 37 个行业中内资企业的技术效率的溢出效应
时，他们发现外资企业对各行业内资工业部门技术效率存在着显著的
正向溢出效应。而许和连等（2007）则发现 FDI 通过示范效应和竞争

效应两种途径对行业产生了积极的溢出效应，同时 FDI 通过向上游产业的当地企业购买中间产品和相关服务产生了积极的后向链接溢出效应。

近年来，来自微观企业层面的实证证据越来越多，如姚洋和章奇（2001）、王志鹏和李子奈（2003）等。吕世生和张诚（2004）发现 FDI 对当地企业的技术溢出效应取决于当地企业的技术吸收能力，其中企业的技术吸收能力取决于企业的 R&D 投入。平新乔（2007）使用第一次全国经济普查数据进行实证分析时发现 FDI 与中国制造业的总生产率呈显著正相关。亓朋等（2009）在利用中国制造业 14291 家企业 1998—2001 年的面板数据进行实证分析时发现在不同行业间和不同的地区间，外资均产生了显著的技术外溢。陈琳和林珏（2009）使用世界银行调查的 1566 家中国制造业企业和 Levinsohn-Petrin 方法估计出了生产函数，他们还发现 FDI 通过人员流动给国有、外商所有及合资企业都带来了正向而显著的溢出，但是中国的私有和集体所有制企业却并没有从中受益。夏业良和程磊（2010）通过使用随机前沿分析方法（SFA）对 2002—2006 年大约 9700 家企业进行实证分析的结果表明，企业引进外国的资本将提高企业的技术效率，但是企业引进来自港澳台的资本却并不具备这种作用。韩旺红和马瑞超（2013）使用我国上市公司的数据进行实证分析时发现 FDI 能够改善行业的融资约束问题，但是这种作用并不具有企业间的溢出效应。

总之，从以往的研究文献中我们可以看到，多数的研究分析了外资的溢出效应以及一些因素（如行业增长，R&D 投入等）对外资的溢出效应的影响，但并没有深入详细地分析信贷约束对外资的溢出效应的影响。Agarwal et al.（2014）的研究虽然已经涉及了信贷约束，但是他们没有分析信贷约束对来自港澳台外资溢出效应的影响，也未分析信贷约束对外资（港澳台外资和来自其他地区的外资）对国内非国有企业的溢出效应的影响。与上述文献不同的是，本节使用了中国工业企业数据库的 40 多万家企业数据（大约 100 万个观测值），更加详细地检验了信贷约束对外资溢出效应的影响。应该说本研究的数据更具有代表性，研究结果也更具普遍意义。此外，本节还实证检验了信贷约束对来自港澳台外资的溢出效应的影响，以及信贷约束对外资（包括港澳台外资和来自其他地区的外资）对国内的国有企业和非国有企业的溢出效应的影响。最后，在控制变量的选取方面，与Agarwal et al.（2014）的研究不同的是，我们在所有的估计模型中还控制了企业出口行为、行业固定效应等因素的影响，这种估计结果相对更加准确。总之，本节使用广泛的微观企业调查数据，通过面板数据的固定效应估计方法，较全面地实证检验了外资对我国国内企业的溢出效应以及信贷约束对外资溢出效应的影响。

三　变量和数据来源

（一）主要变量

总体来看，本节主要使用了四个层面的变量。

首先，企业层面的变量，即企业的工业增加值（ValueAdded），企业的固定资产净值年平均余额（K）和企业的全部就业人员总数（L）。在进行估计时均使用了上述指标的对数值。实证分析中还用到了企业的出口行为（export）这个虚拟变量。如果企业在特定年份存在着出口行为，那么 export 就等于 1，反之则等于 0。

其次，行业——省份层面的变量。行业——省份层面的变量主要是用来衡量外资企业的生产经营活动，指的是特定年份下在同一行业且同一省份下所有外资企业的工业增加值（VA_Foreign）。进一步地，为了考察不同类型的外资对国内企业的溢出效应是否有所不同，本节又将这个指标分为了两类：一类是同一行业且同一省份下由来自香港、澳门和台湾的外资企业创造的总的工业增加值，用 VA_HMT 来表示；而另一类则是同一行业且同一省份下由除了香港、澳门和台湾以外的其他地区的外资企业所创造的总的工业增加值，用 VA_Other来表示。对于外资企业的划分，参照 Agarwal et al.（2014）的做法，如果外商资本金或者港澳台资本金占实收资本的比率超过了 25%，那么就可以认定该企业为外资企业或者港澳台资企业①。

再次，行业层面的变量。文中所用到的信贷约束指标都是基于行业层面的变量。为了衡量行业的信贷约束程度，这部分主要使用了外部融资依赖程度（EFD）这个指标。Rajan 和 Zingales（1998）最早在分析金融发展和行业的增长的时候提出了这个指标。如今这个指标已经被广泛应用于实证研究中以衡量行业的信贷约束程度，如 Manova（2013）等。

最后，省级层面的变量。在实证分析中，本节使用了企业工业增加值和固定资产净值年平均余额的实际值。为了剔除物价因素的影响，又用到了中国各省份的 GDP 和固定资产投资的平减指数，这些指数均来自 2003—2008 年的《中国统计年鉴》。

（二）数据来源

本节使用的数据，主要来自国家统计局的中国工业企业数据库中 2002—2007 年的数据，其中 2004 年的数据由于缺少对企业工业增加值的调查，所以被排除在外。该数据库包括全部国有工业企业及规模以上非国有工业企业的大量基本信息和财务信息②，如企业类型，工业增加值，全部职工数，企业所属行业，企业出口额，流动资产，实收资本，港澳台投资资本，以及其他外商投资资本等信息。鉴于衡量行业的信贷约束指标多数为制造业方面的数据，所以我们在使用时仅保留了数据库中与制造业有关的企业数据，根据聂辉华等（2012）的描述，制造业企业占了中国工业企业数据库的 90% 以上，所以本书的样本选择是可靠的。

行业的信贷约束指标本节主要采用了 Braun（2002）关于 22 个制

---

① 国家统计局也认定，除了中外合资或者合作企业以及港、澳、台商独资经营企业以外，港、澳、台商投资股份有限公司是指根据国家有关规定，其中港、澳、台商的股本占公司注册资本的比例达 25% 以上的股份有限公司。而外商投资有限公司指的是外资的股本占公司注册资本的比例达 25% 以上的股份有限公司。凡其中港、澳、台商的股本或外资股本占公司注册资本的比例小于 25% 的，属于内资企业中的股份有限公司。

② 规模以上的非国有工业企业主要指的是企业的主营业务收入在 500 万元及其以上的非国有工业企业，2011 年该标准改为 2000 万元及以上的企业（聂辉华等，2012）。

造业行业（ISIC-3）的外部融资依赖程度指标①，这个指标是通过使用来自 Compustat 的年份工业文件中统计的所有美国在 1986—1995 年的上市公司的数据进行计算得出的。借鉴 Rajan 和 Zingales（1998）的做法，每一个行业或部门的外部融资依赖程度，就等于在这个行业中处于中位数的上市公司的资本支出减去由企业的内部运行所获得的现金流之后占资本支出的比重来表示，即企业的资本支出中由外部融资得来的资本占总的资本支出的比重。显然这个指标越大，企业或行业的外部融资比例就越高，信贷约束的程度也就越强②。同时本节还使用了借鉴 Rajan 和 Zingales（1998）的计算方法，但是参照美国 20 世纪 70 年代的上市公司计算得出的这个指标（EFD_1970）以及使用加拿大 20 世纪 80 年代的企业数据计算出的这个指标（EFD_Ca）进行了稳健分析。这两个指标的取值均可以在 Braun 和 Larrain（2005）的文献中得到。在稳健性分析部分还使用了其他的与企业的信贷约束程度相关的指标，如资本的有形性指标（Tangibility）；行业生产的产品的持久性（Durability）；相对于消费品，行业所生产的产品是否更具有投资性（Investment），以及产品是否更适合进行贸易（Tradability）等几个指标。这些指标均来自 Braun 和 Larrain（2005）的统计。资产的有形性即企业的净资产、厂房和设备占企业总的账面价值的比重。一般来说，企业资产的有形性越高，那么企业用于做抵押品的资本就越多，从而也就相对更容易获得信贷，企业的信贷约束程度相应地也就较低。同样，行业产品的高持久性、投资性和贸易性，这个行业的信贷约束程度相应地也就越低。最后，本节之所以采用美国的数据计算得出的这几个指标来衡量行业的信贷约束程度，是因为正如 Manova（2008）所指出的，美国是世界上最发达和金融体系最复杂

----

① 具体来说，这些行业主要包括饮料制造业、金属制品、食品制造、家具、化工原料、钢铁、皮革制品、机械、电气、机械（除了电气）、混杂、石油和煤炭产品、有色金属、其他化工品、其他非金属矿物品、纸及其制品、陶瓷、印刷出版、专业和科学设备、橡胶制品、纺织品、运输设备、衣服、木材等。

② 按照 EFD 指标来划分，信贷约束程度比较高的行业有塑料制品、科学设备、机械、运输设备以及能源等行业。而服装、皮革、烟草行业等信贷约束程度较低。

的经济体之一，所以说利用美国的企业数据计算得出的这些指标，可以更好地反映出企业的外部融资需求和资本的有形性。

在进行实证分析的时候，按照传统文献（Chen 和 Guariglia，2013）的做法，需要对数据进行一些处理，将一些企业从选择的样本中予以删除。这些企业主要包括：主营业务收入、总资产减去固定资产、总资产减去流动资产以及累计折旧减去当期折旧等为负值的企业，一些主要的变量信息（如工业增加值，固定资产净值年平均余额，全部就业人员，企业所属行业与省份等）缺失的企业。此外，为了消除异常值的影响，实证分析时还删除了各个主要变量的 99 分位数以上的观测值。最终的非平衡面板数据集包含了 40 多万家企业，1053478 个观测值。其中国内的企业大约为 332206 家，而外资企业（包括港澳台资企业）大约为 76362 家。表 6.10 是对主要变量及其来源的一个简单总结。

表 6.10 各个变量的定义和来源

各个变量	含义	来源
因变量		
ValueAdded	企业的工业增加值	中国工业企业数据库（2002—2007）
自变量		
K	企业固定资产净值年平均余额	中国工业企业数据库（2002—2007）
L	企业的全部就业人员	中国工业企业数据库（2002—2007）
VA_Foreign	特定年份下由同行业同省份下所有外资企业所创造的工业增加值	中国工业企业数据库（2002—2007）
VA_HMT	特定年份下由同行业同省份下所有来自港澳台地区的外资企业所创造的工业增加值	中国工业企业数据库（2002—2007）
VA_Other	特定年份下由同行业同省份下所有来自除港澳台以外的外资企业所创造的工业增加值	中国工业企业数据库（2002—2007）
EFD	以美国 20 世纪 80 年代的上市公司数据计算得出的行业外部融资依赖程度	Braun, 2002
EFD_1970	以美国 20 世纪 70 年代的上市公司数据计算得出的行业外部融资依赖程度	Braun 和 Larrain, 2005

续表

各个变量	含义	来源
EFD_Ca	以加拿大 20 世纪 80 年代的上市公司数据计算得出的行业外部融资依赖程度	Braun 和 Larrain，2005
Tangibility	产品的有形性	Braun，2002
Investment	产品的可投资性	Braun 和 Larrain，2005
Tradability	产品的可交易性	Braun 和 Larrain，2005
其他的控制变量		
export	企业出口行为	中国工业企业数据库（2002—2007）

（三）主要变量的描述性统计

表 6.11 是主要变量的描述性统计。从表中可以清楚地看到，各个变量在样本中的变化很大，所以可以很好地进行本节的实证分析。

表 6.11　　　　　　　　　　主要变量的描述性统计

Variable	Obs	Mean	Std. Dev.	Min	Max
ValueAdded	852376	11749.9800	21134.2200	1.0000	272667
K	852376	8799.8840	16918.9500	1.0000	1010008
L	852376	154.7970	198.8693	1.0000	1800
VA_foreign	2273	5648373	9126209	1816	76100000
VA_HMT	2273	2526469	5020869	144	45200000
VA_Other	2273	3121904	4664286	98	30900000
EFD	22	0.2715	0.2219	−0.1459	0.9610
EFD_1970	22	0.0927	0.1262	−0.4500	0.4000
EFD_Ca	22	0.2717	0.2219	−0.1460	0.9610
Tangibility	22	0.3066	0.1120	0.0745	0.5579
Durability	22	0.5192	0.4548	0.0000	1.0000
Investment	22	0.2712	0.3276	0.0000	0.9080
Tradability	22	0.5442	0.2066	0.1580	0.9580

注：表 6.11 中的工业增加值和固定资产净值年平均余额以及全部就业人数等变量为原始值，未取对数形式。另外，表中统计的数据均为国内企业的数据，并未包含外资企业的数据。

四 实证分析

（一）模型设定

为了检验外资对国内企业的溢出效应，将计量模型设定为以下形式：$ValueAdded_{ijpt} = \alpha + \beta_1 K_{ijpt} + \beta_2 L_{ijpt} + \beta_3 VA\_Foreign_{jpt} + \beta_4 export_{ijpt} + \nu_j + \mu_t + \varepsilon_{ijpt}$

其中，i 表示的是个体企业，j 表示的是行业，p 为省份，t 为时间。$ValueAdded$、K、L、$VA\_Foreign$ 以及 $export$ 分别为前面提到过的变量，其中的 $ValueAdded$、K 和 L 变量取了对数形式。ν 为行业固定效应，μ 为时间固定效应，ε 为估计方程的随机误差项。由于存在着多重共线性问题，所以在方程中并没有控制地区（省份）的固定效应。

进一步地，为了检验信贷约束对外资溢出效应的影响，本节又对下面的方程进行了估计：

$$ValueAdded_{ijpt} = \alpha + \beta_1 K_{ijpt} + \beta_2 L_{ijpt} + \beta_3 VA\_Foreign_{jpt} + \beta_4 VA\_Foreign_{jpt} \times EFD_j + \beta_5 export_{ijpt} + \nu_j + \mu_t + \varepsilon_{ijpt}$$

其中的交互项 $Foreign_{jpt} \times EFD_j$ 即显示了信贷约束是否会对外资溢出效应产生影响。显然如果其前面的系数为负值，则说明信贷约束阻碍了外资的溢出效应。在具体的实证分析中，还将外资分为了港澳台外资和来自其他地区的外资，以及将国内企业分为国有企业和非国有企业等多种形式并重新进行了估计，以检验不同来源的外资对不同类型的国内企业的影响是否是不同的。

（二）外资的溢出效应

首先使用固定效应估计方法检验了所有的外资，包括来自港澳台的外资和来自其他地区的外资对国内企业的溢出效应，基本的估计结果如表6.12所示。显然，资本和劳动对企业的工业增加值具有正的影响，并且这种影响在1%的显著性水平上显著。而且估计的系数也跟 Feenstra et al.（2011）的结论是类似的。再来看外资的溢出效应。VA_Foreign 指标前面的系数为正，而且在1%的水平上显著，因此外资企业的生产经营活动对同行业同省份下的国内企业产生了显著的正的溢出效应，如模型1所示。紧接着又把外资企业又分成了两类，分别为来自港澳台的外资和来自其他地区的外资，并重新进行了估计。估计结果如表6.12中的模型2和模型3所示。显然VA_Other和VA_HMT两个指标前面的系数也都为正值。这说明来自其他地区的外资和来自港澳台地区的外资均对我国的同行业同省份内的国内企业产生了正的溢出效应。这与Agarwal et al.（2014）得到的结果有所不同。他们使用的是Oriana数据库的21000家企业进行的实证分析，而本节的样本里面则包含了中国工业企业数据库的40多万家企业。因此，样本选择的不同很可能会导致最终估计结果不一样。另外，平新乔（2007）也发现港澳台资企业与内资企业的总生产率呈显著正相关，而且港澳台资进入将会显著地缩小内资企业与港澳台资企业在技术水平上的差距。VA_Other前面的系数要比VA_HMT前面的系数要大一点，这说明来自其他地区的外资对国内企业的溢出效应要大于来自港澳台的外资的溢出效应。总之，表2的模型1、模型2和模型3告诉我们，外资（来自港澳台和其他地区的外资）对我国国内的企业产生了显著的正向溢出效应。

表6.12　　　　　　　　　　外资对国内企业的溢出效应

Dep. Var. ValueAdded	模型1	模型2	模型3
K	0.1328 *** (0.0019)	0.1330 *** (0.0019)	0.1330 *** (0.0019)
L	0.4268 *** (0.0037)	0.4269 *** (0.0037)	0.4270 *** (0.0037)
VA_Foreign	0.0547 *** (0.0036)		
VA_Other		0.0317 *** (0.0024)	
VA_HMT			0.0196 *** (0.0021)
export	0.0833 *** (0.0044)	0.0823 *** (0.0044)	0.0820 *** (0.0044)
常数项	5.0784 *** (0.0821)	5.4238 *** (0.0724)	5.6150 *** (0.0697)

续表

Dep. Var. ValueAdded	模型 1	模型 2	模型 3
观测值	852376	852376	852376
企业数目	332206	332206	332206
R^2	0.3764	0.3797	0.3787

注：表格对各个模型所使用的是面板数据的固定效应进行了估计，方程中还控制了行业和时间固定效应，括号内为聚类（企业层面）稳健的标准误。***、** 和 * 分别表示在 1%、5% 和 10% 的显著性水平上显著，下表同。

国内外不少文献指出，外资对我国国内的国有企业和非国有企业的影响是不同的。因此，本节的实证分析也对此进行了检验，如表 6.13 所示。关于国有企业的划分，参照 Dollar 和 Wei（2007）的做法，如果企业的国有资本金占实收资本金的比重严格大于 0，那么这个企业就是国有企业。以此推算，样本中大约有 28649 家国有企业，303557 家非国有企业。从表 6.13 的模型 1、模型 2 和模型 3 中可以看到外资对国内的国有企业也产生了显著的正向溢出效应。但在 Agarwal et al.（2014）的研究中，他们的结论并不支持外资（主要是指来自其他地区的外资）对国有企业存在着溢出效应。正如前文所述，样本选择的不同很可能会导致估计的结果不一致。此外，样本的选择时间段不同也可能会导致估计结果的不同。Agarwal et al.（2014）的文章选取的是 2001—2005 年的数据，而本节的样本则是关注于入世后 2002 年到 2007 年的企业数据。众所周知，自 20 世纪 90 年代末期实行"国退民进""抓大放小"的国企改革战略开始，我国的国有企业的经济效益整体较好，改制后国有企业的资产使用效率、利润率和劳动生产率均显著上升（白重恩等，2006）。而且入世后的股份制改革进一步推动了国有企业的经营绩效。所以，也就不难理解国有企业也受到了外资积极的溢出效应。这个结论与陈琳和林珏（2009）的研究结果也是类似的，他们在利用世界银行调查的中国 1566 家制造业企业的数据进行实证分析时，其结果也显示外资通过

人员流动给我国的国有企业带来了正向且显著的溢出效应。进一步
地，外资对非国有企业的溢出效应也是显著的，如模型 4、模型 5 和
模型 6 中所示，Va_Foreign 前面的系数均为正值而且在 1% 的水平上
显著。总之，这部分实证分析显示外资对我国的国有企业和非国有企
业均产生了积极的溢出效应。

表 6.13　　　　　　外资对国有企业与非国有企业的溢出效应

Dep. Var. ValueAdded	国有企业			非国有企业		
	模型 1	模型 2	模型 3	模型 4	模型 5	模型 6
K	0.0819 *** (0.0106)	0.0821 *** (0.0106)	0.0819 *** (0.0106)	0.1345 *** (0.0020)	0.1345 *** (0.0020)	0.1346 *** (0.0020)
L	0.3820 *** (0.0211)	0.3817 *** (0.0211)	0.3820 *** (0.0211)	0.4222 *** (0.0037)	0.4222 *** (0.0037)	0.4223 *** (0.0037)
VA_Foreign	0.0554 *** (0.0123)			0.0505 *** (0.0038)		
VA_Other		0.0286 *** (0.0074)			0.0304 *** (0.0026)	
VA_HMT			0.0176 *** (0.0072)			0.0176 *** (0.0023)
export	0.1504 *** (0.0306)	0.1476 *** (0.0306)	0.1489 *** (0.0307)	0.0790 *** (0.0044)	0.0782 *** (0.0044)	0.0778 *** (0.0044)
常数项	4.8815 *** (0.6065)	5.2200 *** (0.5911)	5.3537 *** (0.5885)	5.1702 *** (0.0879)	5.4761 *** (0.0778)	5.6741 *** (0.0750)
观测值	56933	56933	56933	795443	795443	795443
企业数目	28649	28649	28649	303557	303557	303557
R^2	0.4815	0.4788	0.4776	0.3643	0.3686	0.3685

注：表中各个模型使用的是面板数据的固定效应对表中的模型进行了估计，方程中还
控制了行业和时间固定效应，括号内为聚类（企业层面）稳健的标准误。

在估计外资的溢出效应的时候，潜在的内生性是一个很大的问题
（Hale and Long, 2011）。本节也考虑到了这一点，所以又使用资本
K、全部就业人员 L 以及外资的溢出效应 VA_Foreign 的滞后期重新进

行了估计，估计的结果如表 6.14 所示。从模型 1—3 中的估计来看，外资企业对国内企业的影响依然是正向而且非常显著的，来自港澳台的外资企业和来自其他地区的外资企业均对国内企业产生了积极的正向溢出效应，因此这与前面得到的结果是稳健的。还有一点需要注意的是，Agarwal et al.（2013）也发现了外资对我国的国内企业产生了溢出效应，但是他们的实证结论并不支持来自港澳台的外资也对国内的企业产生了溢出效应，以及外资对国内的国有企业也产生了溢出效应。究其原因，正如前面所述，他们的样本中仅包含了大约 2000 家企业，其样本选择并不具备代表性。而且小样本的数据很可能会导致选择项偏差，其得到的结果也不具有普遍性。

表 6.14　　　　　　滞后期的外资企业活动对国内企业的溢出效应

Dep. Var. ValueAdded	模型 1	模型 2	模型 3
L. K	0.0813 *** （0.0028）	0.0813 *** （0.0028）	0.0813 *** （0.0028）
L. L	0.2392 *** （0.0053）	0.2393 *** （0.0053）	0.2392 *** （0.0053）
L. VA_ Foreign	0.0295 *** （0.0052）		
L. VA_ Other		0.0173 *** （0.0036）	
L. VA_ HMT			0.0149 *** （0.0033）
export	0.0613 *** （0.0060）	0.0705 *** （0.0068）	0.0705 *** 0.0068）
常数项	6. 8445 0.1198	7. 0277 0.1066	7. 0708 0.1038
观测值	423475	423475	423475
企业数目	230094	230094	230094
R^2	0.3063	0.3102	0.3086

注：使用面板数据的固定效应对表中的模型进行了估计，方程中还控制了行业和时间固定效应，括号内为聚类（企业层面）稳健的标准误。

（三）信贷约束与外资的溢出效应

前面的实证分析显示出外资企业对我国国内的企业产生了正的溢出效应，无论是来自港澳台的外资企业还是来自其他国家的外资企业，都对我国国内的企业（包括国有企业和非国有企业）均具有正向显著的溢出效应。那么信贷约束对外资企业的溢出效应又有什么影响呢？接下来将通过实证分析对这个问题进行解答。

表 6.15 显示了加入行业的信贷约束程度指标与外资的溢出效应的交互项（VA_Foreign * EFD）之后的初步估计结果。其中资本 K、劳动 L 以及外资的溢出效应 VA_Foreign 对国内企业的影响仍然是正向而且显著的，这与前面的结论一致。模型 1 中使用的是美国在1986—1995 年的上市公司的数据进行计算得出的衡量信贷约束程度的指标 EFD，并将所有的国内企业放在一起进行了面板数据的固定效应分析。交互项 VA_Foreign * EFD 前面的系数为负值，并且在 1% 的水平显著。我们又将信贷约束指标换成了前面介绍过的 EFD_1970 和EFD_Ca 这两个指标，我们发现交互项 VA_Foreign * EFD_Ca 前面的系数依然显著为负值。虽然交互项 VA_Foreign * EFD_1970 前面的系数为正值，但是却并不显著。所以总体来看在同行业同省份内，信贷约束阻碍了外资对国内企业的正向溢出效应。相对于处于信贷约束程度较低的行业内的企业来说，外资企业对它们的溢出效应要大于那些处于信贷约束程度较高的行业内的企业。这与 Alfaro 等（2004）以及Agarwal 等（2014）得到的结论是类似的。Villegas-Sanchez（2009）也发现位于金融较发达地区的国内企业可以从 FDI 的溢出效应中获益更大。一般来说，若企业可以更好地进入资本市场进行融资，就会有效地支持企业的创新活动（Ayyagari et al.，2011），那么企业则可更好地从外资的溢出中获益。反之，若国内企业不能够很好地进入资本市场，那么外资对国内企业的溢出效应就会受到抑制。所以说，信贷约束阻碍了外资对国内企业的溢出效应。

表6.15　　　　　　　　　　　信贷约束与外资溢出效应

Dep. Var. ValueAdded	模型 1	模型 2	模型 3
K	0.1330 *** (0.0019)	0.1328 *** (0.0019)	0.1330 *** (0.0019)
L	0.4269 *** (0.0037)	0.4267 *** (0.0037)	0.4269 *** (0.0037)
VA_ Foreign	0.0806 *** (0.0044)	0.0528 *** (0.0039)	0.0807 *** (0.0044)
VA_ Foreign * EFD	-0.0763 *** (0.0076)		
VA_ Foreign * EFD_ 1970		0.0161 (0.0133)	
VA_ Foreign * EFD_ Ca			-0.0764 *** (0.0076)
export	0.0834 *** (0.0044)	0.0832 *** (0.0044)	0.0834 *** (0.0044)
常数项	5.8076 *** (0.0894)	5.0830 (0.0795)	5.8078 (0.0893)
观测值	852376	852376	852376
企业数目	332206	332206	332206
R^2	0.3757	0.3766	0.3757

注：使用面板数据的固定效应对表中的模型进行了估计，方程中还控制了行业和时间固定效应，括号内为聚类（企业层面）稳健的标准误。

若企业类型不同，信贷约束对外资溢出的阻碍作用是否会有所不同呢？为了回答这个问题，这部分又把国内企业分为国有企业和非国有企业并重新进行了估计，基本的估计结果如表5所示。除了模型2中相应的交互项不显著以外，其他的模型1—6中交互项前面的系数均显著为负值，也就是说不论是国有企业还是非国有企业，信贷约束的存在均阻碍了外资对它们的溢出效应。

表 6.16 信贷约束对外资对国有企业和非国有企业的溢出效应的影响

Dep. Var. ValueAdded	国有企业			非国有企业		
	模型 1	模型 2	模型 3	模型 4	模型 5	模型 6
K	0.0817 *** (0.0106)	0.0818 ** (0.0106)	0.0817 *** (0.0106)	0.1346 *** (0.0020)	0.1344 *** (0.0020)	0.1346 *** (0.0020)
L	0.3815 *** (0.0211)	0.3819 *** (0.0211)	0.3815 *** (0.0211)	0.4224 *** (0.0037)	0.4221 *** (0.0037)	0.4224 *** (0.0037)
VA_ Foreign	0.0780 *** (0.0157)	0.0614 *** (0.0134)	0.0780 *** (0.0157)	0.0772 *** (0.0046)	0.0467 *** (0.0041)	0.0772 *** (0.0046)
VA_ Foreign * EFD	− 0.0672 *** (0.0286)			− 0.0788 *** (0.0080)		
VA_ Foreign * EFD_ 1970		− 0.0528 (0.0486)			− 0.0311 ** (0.0140)	
VA_ Foreign * EFD_ Ca			− 0.0673 ** (0.0286)			− 0.0788 *** (0.0080)
export	0.1496 *** (0.0306)	0.1503 *** (0.0306)	0.1496 *** (0.0306)	0.0791 *** (0.0044)	0.0789 *** (0.0044)	0.0791 *** (0.0044)
常数项	4.2148 *** (0.5311)	4.6906 *** (0.6214)	4.2142 *** (0.5311)	5.9307 *** (0.0945)	5.1200 *** (00835)	4.5880 *** (0.0891)
观测值	56933	56933	56933	795443	795443	795443
企业数目	28649	28649	28649	303557	303557	303557
R^2	0.4809	0.4814	0.4809	0.3634	0.3646	0.3634

注：使用面板数据的固定效应对表中的模型进行了估计，方程中还控制了行业和时间固定效应，括号内为聚类（企业层面）稳健的标准误。

在本节研究的 22 个行业中，按照 Agarwal et al.（2014）的做法，又将其分为两类，即行业的信贷约束程度居于所有行业的信贷约束程度的中位数以上为一类行业，其他的则为另一类行业。因此，又分别得到了 3 个衡量行业的信贷约束程度的虚拟变量，分别为 EFD_ Median，EFD_1970_ Median 和 EFD_ Ca_ Median[①]。通过建立这些虚拟变

————————

① 如 EFD_Median 表示如果企业所处的行业在所有行业的信贷约束程度的中位数以上，取值为 1，反之为 0。其他两个指标的取值类似。

量之后重新进行了估计,如表 6.17 所示①。交互项 VA_ Foreign *
EFD_1970_ Median 仍然是不显著的,但是其他的两个交互项,VA_
Foreign * EFD_ Median 和 VA_ Foreign * EFD_ Ca_ Median 是显著为负
的,因此这也再次说明了行业的信贷约束程度越大,那么同行业同省
份内外资对国内企业的溢出效应就越小。

表 6.17　信贷约束对外资企业对非国有企业的溢出效应的影响

Dep. Var. ValueAdded	模型 1	模型 2	模型 3
K	0.1348 *** (0.0020)	0.1344 *** (0.0020)	0.1348 *** (0.0020)
L	0.4226 *** (0.0037)	0.4221 *** (0.0037)	0.4226 *** (0.0037)
VA_ Foreign	0.0807 *** (0.0045)	0.0499 *** (0.0045)	0.0807 *** (0.0045)
VA_ Foreign * EFD_ Median	−0.0497 *** (0.0040)		
VA_ Foreign * EFD_1970_ Median		0.0010 (0.0040)	
VA_ Foreign * EFD_ Ca_ Median			−0.0497 *** (0.0040)
export	0.0788 *** (0.0044)	0.0790 *** (0.0044)	0.0788 *** (0.0044)
常数项	4.7526 *** (0.0948)	5.2107 *** (0.0692)	4.7526 *** (0.0948)
观测值	795443	795443	795443
企业数目	303557	303557	303557
R^2	0.3639	0.3643	0.3639

注:使用面板数据的固定效应对表中的模型进行了估计,方程中还控制了行业和时间
固定效应,括号内为聚类(企业层面)稳健的标准误。

同样,考虑到潜在的内生性问题,使用滞后期的资本 K,就业人
员 L,外资溢出效应 VA_Foreign 以及相应的外资溢出和信贷约束的交
互项(如 VA_ Foreign * EFD_ Median 等)对上述方程重新进行了估

① 篇幅有限,只汇报了使用非国有企业进行估计所得出的结果。

计。估计的结果如表 6. 18 所示，模型 2 中 VA_ Foreign * EFD_ 1970_ Median 在我们的估计中仍然是不显著的，但是其他的两个交互项在估计方程中是显著为负值。因此，前面得到的结果是稳健的。

表 6. 18　　　　　滞后期的外资企业活动与信贷
约束的交互项对国内非国有企业的溢出效应

Dep. Var. ValueAdded	模型 1	模型 2	模型 3
L. K	0.0813 *** (0.0028)	0.0738 *** (0.0027)	0.0739 *** (0.0027)
L. L	0.2293 *** (0.0052)	0.4113 *** (0.0056)	0.4114 *** (0.0056)
L. VA_ Foreign	0.0299 *** 0.0057	0.0550 *** (0.0062)	0.0567 *** (0.0062)
L. VA_ Foreign * EFD_ Median	- 0.0061 *** (0.0011)		
L. VA_ Foreign * EFD_ 1970_ Median		- 0.0007 (0.0011)	
L. VA_ Foreign * EFD_ Ca_ Median			- 0.0052 *** 0.0010
export	0.0666 *** (0.0069)	0.0526 *** (0.0067)	0.0525 *** (0.0067)
常数项	6.9520 *** (0.1285)	5.8204 *** (0.1305)	5.8115 *** (0.1305)
观测值	399129	399129	399129
企业数目	217904	217904	217904
R^2	0.2932	0.3334	0.3368

注：使用面板数据的固定效应对表中的模型进行了估计，方程中还控制了行业和时间固定效应，括号内为聚类（企业层面）稳健的标准误。

五　稳健性分析

前已论及，企业资本的有形性指标（Tangibility）越高，行业生产的产品的持久性（Durability）越大，相对于消费品行业所生产的产品更具有投资性（Investment），以及产品更适合进行贸易（Tradability）四个指标与企业信贷约束程度密切相关。因此，如果忽略这四个指标的话，很可能会因遗漏变量而导致我们前面的估计是有偏的。所以这部分分别加入了这四个指标并对前面的方程重新进行了估计以检验前面的结论是否是稳健的。预期这四个指标越大，那么企业从外资的溢出效应中所获得的收益也就越大，估计的结果如表 6.19 所示。可以看到，当控制了 Tangibility、Durability、Investment 以及 Tradability 与 VA_Foreign 的交互项之后，外资企业的生产经营活动仍与国内企业的工业增加值呈正相关，所以外资对国内企业仍然具有积极的正向溢出效应（VA_Foreign 前面的系数显著大于 0）。而交互项 VA_Foreign * EFD 的系数在模型 1、模型 2、模型 3 和模型 4 中均显著为负值，这也说明了信贷约束阻碍了外资的溢出效应。Tangibility、Durability、Investment 以及 Tradability 与 VA_Foreign 的交互项前面的系数显著为正值，这说明这些指标越大，外资的溢出效应也就越大，这也验证了前面的分析。总之，通过加入这四个指标的交互项并重新进行估计之后，前面的实证结论依然成立，所以说本节的结论是稳健的。

表6.19　　　　　　　　　　　　　稳健性分析

Dep. Var. ValueAdded	模型 1	模型 2	模型 3	模型 4
K	0.1333 *** (0.0019)	0.1331 *** (0.0019)	0.1329 *** (0.0019)	0.1330 *** (0.0019)
L	0.4272 *** (0.0037)	0.4272 *** (0.0037)	0.4269 *** (0.0037)	0.4270 *** (0.0037)
VA_Foreign	0.0227 *** (0.0074)	0.0930 *** (0.0050)	0.0788 *** (0.0045)	0.0668 *** (0.0080)
VA_Foreign * EFD	− 0.0513 *** (0.0079)	− 0.0571 *** (0.0083)	− 0.0875 *** (0.0090)	− 0.0718 *** (0.0079)
VA_Foreign * Tangibility	0.1670 *** (0.0177)			
VA_Foreign * Durability		0.0270 *** (0.0049)		
VA_Foreign * Investment			0.0155 ** (0.0066)	

续表

Dep. Var. ValueAdded	模型 1	模型 2	模型 3	模型 4
VA_Foregin * Tradability				0. 0214 ** （0. 0103）
export	0. 0836 *** （0. 0044）	0. 0836 *** （0. 0044）	0. 0833 *** （0. 0044）	0. 0833 *** （0. 0044）
常数项	4. 3313 *** （0. 0886）	5. 7523 *** （0. 0898）	4. 9793 *** （0. 0736）	5. 8215 *** （0. 0895）
观测值	852376	852376	852376	852376
企业数目	332206	332206	332206	332206
R^2	0. 3765	0. 3758	0. 3757	0. 3757

注：使用面板数据的固定效应对表中的模型进行了估计，方程中还控制了行业和时间固定效应，括号内为聚类（企业层面）稳健的标准误。

六　小结

通过使用来自中国制造业的广泛的微观企业数据，本节详细地分析了外资对我国企业的溢出效应以及信贷约束对外资溢出效应的影响。实证分析发现，在同行业同省份内来自港澳台的外资企业以及其他地区的外资企业均对国内的企业产生了正向的溢出效应。而且，将国内的企业分为国有企业和非国有企业并重新进行估计时，估计结果发现外资企业对这两类企业的正向溢出效应依然是显著的。紧接着，本节发现信贷约束影响了外资企业的溢出效应。企业所处的行业的信贷约束程度越高，那么行业内的企业从外资的溢出效应中所得到的收益就越小。通过将 22 个行业按照信贷约束程度进行了划分，分为信贷约束程度高于中位数的行业以及低于中位数的行业。结果是显而易见的，处于信贷约束高于中位数的行业内的企业从外资的溢出中获益较小。实证分析还发现外资企业对国有企业和非国有企业的溢出效应均受到了信贷约束的影响。最后，通过进行稳健性分析，上述结论依然成立。

本文的实证结论对我国的相关外商投资和金融改革具有重要意义。借助于刚刚建立的上海自由贸易区这个平台，我国可以更好地引入外资，促进我国经济的发展。但是，信贷约束仍然抑制着外资对我国相关的行业或者企业的溢出效应。虽然在加入 WTO 以后，我国加速了金融改革的进程，而且经过这几年的发展，我国的金融发展水平有了很大提高。但是总体来看我国的金融体系仍不完善，很多方面距离发达经济体的金融市场还有很大差距。因此，我国应进一步地完善相关的金融服务体系，尤其是信贷体系，加快投融资体制的改革。只有这样才能克服信贷约束对外资溢出效应的抑制，为企业提供更好的金融环境，以促进我国经济的发展。

第七章

中国城市的金融发展
与城乡收入差距

前几章通过使用新兴市场经济体 25 个国家 1980—2011 年跨国的非平衡面板数据实证分析了金融自由化和金融发展对居民收入不平等的影响。实证结论一致地认为一国实施的金融自由化政策或者说资本账户一体化政策显著地扩大了该国的收入不平等，这与之前前面的理论分析以及多数实证研究所得出的结论是一致的。此外，实证结论还发现随着一国金融发展水平的提高，收入的不平等也在逐渐扩大。通过采用中国省级、城市层面以及微观企业层面的数据，本书还发现金融发展对居民消费率起到了反向影响，金融发展水平的提高则促进了中国经济的增长。进一步地，实证结果还发现信贷约束阻碍了外资对中国企业的溢出效应。

2010 年，中国经济一跃超过日本，成为全球经济总量排名第二的经济体和最大的发展中国家，那么金融发展对其国内的收入不平等的影响又是怎样的呢？通过分析中国的金融发展和收入不平等的关系，不仅可以探讨相关的理论在中国的适用性，而且也可以为其他发展中国家正在推进的相关金融改革提供有益的参考和建议。因此，实证分析中国的金融发展和收入不平等之间的关系具有重要的意义。

接下来，本章将使用详细的城市数据实证考察一下金融发展对中国的城乡收入差距的影响。随着中国国民经济的高速增长和金融中介的迅猛发展，中国的收入不平等也在被逐渐地拉大。来自国家统计局的统计数据显示，中国的基尼系数多年前早已突破所谓 0.40 的"国际警戒线"，2003 年是 0.479，2004 年是 0.473，2005 年是 0.485，2006 年是 0.487，2007 年是 0.484，2008 年是 0.491。然后逐步回落，2009 年是 0.490，2010 年是 0.481，2011 年是 0.477，2012 年是 0.474。2013 年到 2015 年，中国居民收入的基尼系数分别是 0.473、0.469、0.462。2016 年是 0.465，比 2015 年提高了 0.003，因此总体来看中国的基尼系数仍然呈现上升的趋势。关于城乡收入差距，根据国家统计局的数据显示，中国城乡居民收入的相对差距逐渐缩小，从 2015 年的城乡收入倍差 2.73 下降到 2016 年的 2.72。所以说，收入的不平等已经成为目前中国所面临的一个亟须解决的大问题。

目前研究中国的金融发展和城乡收入差距的文献已经很多，得到的结果也不尽相同。如章奇等（2004）、温涛等（2005）、孙永强和万玉琳（2011）、叶志强等（2011）以及孙永强（2012）等学者均认为金融发展扩大了城乡的收入差距。汪建新和黄鹏（2009）、苏基溶和廖进中（2009）等学者认为金融发展减小了城乡的收入差距。余玲铮和魏下海（2012）还研究了中国的金融发展对城乡收入差距的门槛效应。与现存的研究两者之间的关系的这些文献相比，本章研究的主要贡献则在于：首先，现存的关于中国金融发展和城乡的收入差距的实证研究大多是基于国家或省级层次的数据所做的实证分析。而与以往的这些研究不同，本章首次使用了 265 个中国城市的面板数据，从更加细致的角度考察了金融发展与城乡收入差距之间的关系。首先，通过使用城市层面的数据，本章提供了一个更为全面的金融发展和收入差距之间的关系的研究。其次，本章实证研究选取的数据区间集中于 2001—2010 年。众所周知，自 2001 年加入世贸组织以后，我国便加速了金融部门的改革。经过近十年的改革，中国的金融体系逐步趋于完善，取得了很大的成果。因此，分析加入世贸组织后的金融发展与收入差距的关系更具有意义。

总之，通过使用265个城市10年的观测值，分别用金融机构存款、贷款和居民储蓄存款总额与GDP的比率来衡量地区金融发展的水平，使用混合横截面估计（Pooled OLS），固定效应估计（FE）和动态面板广义矩估计（差分GMM与系统GMM），本章实证分析了金融发展对中国城市的城乡收入差距的影响。即金融发展水平的提高是否增加或减少了城乡的收入差距。实证研究发现，不同的金融发展指标对城乡收入差距的影响是不同的。以金融体系的存款占GDP的比重所表示的金融发展水平与收入差距呈现一种倒U型的曲线关系。相反，以金融体系的贷款或者居民储蓄存款占GDP的比重所表示的金融发展水平却与收入差距呈现一种U型的曲线关系。同时，本章还进行了相关的稳健性检验，结果发现上述结论依然成立。

第一节　相关的变量和数据来源

一　主要的变量

接下来本章就将用中国30个省、市和自治区（香港、澳门、台湾以及西藏自治区因数据缺失，所以排除在外）下属的265个城市10年的面板数据进行实证分析，以检验中国的金融发展水平与城乡收入差距之间的关系。对于城乡收入差距（GINI，为了与前面的实证分析相统一，本节使用基尼系数的表达式来衡量城乡的收入差距）这个指标，由于数据的可得性，很难根据常用的基尼系数的算法得出。所以本章采用了国内常用的关于衡量城乡收入差距的指标来度量，即使用经过各地区的消费价格指数（CPI）进行处理后的城市居民人均可支配收入和农民的人均纯收入之比来表示。显然这个变量的数值越大，那么城市的城乡收入差距就越大。在进行实证分析的时候还对其采取了对数形式。

衡量金融发展（Financial Development，FD）的指标已经有很多，比如说私人信贷占GDP的比重，银行存款占GDP的比重等。国内的

学者大多采用金融机构的存贷款总额占 GDP 的比重或者 M2 占 GDP
的比重来衡量金融发展水平。张军和金煜（2005）还提出用银行对
非国有部门的贷款占 GDP 的比重来衡量金融中介发展水平。由于这
一类数据无法直接获得，他们构建了相关的回归方程并通过计算最终
得到了这一数值。与之前的实证分析一样，本章主要借鉴了 Zhang et
al.（2012）的做法，他们在分析中国城市的金融发展和经济增长时，
分别用金融机构的存款、贷款和居民储蓄存款占 GDP 的比重来表示
地区的金融发展水平。具体来说，本章中用到的衡量金融发展的指标
主要是指：Deposit，金融体系（包括银行机构和非银行机构）中的存
款占 GDP 的比重。Credit，金融体系中的贷款占 GDP 的比重。Sav-
ings，金融体系中的居民储蓄存款占 GDP 的比重。按照 Zhang et al.
（2012）的说法，第一个指标表示了金融中介规模的整体大小，第二
个指标表示了金融中介化的深度，而第三个指标则表示了居民储蓄存
款的流通能力。显然这些指标的数值越大，那么地区金融发展的水平
也就越高①。

其他的一些因素也会对城乡的收入差距造成重要的影响，如果
忽略这些因素的影响，很可能会使得本章的模型设定有误从而不能
准确地估计出金融发展对城乡收入差距的影响。因此本研究也选取
了一些传统的文献在处理两者之间的关系时经常用到的一些控制变
量。这些控制变量主要包括以下几个指标：人均实际 GDP（PCRG-
DP）及其平方值（PCRGDP_ Squ），人均实际 GDP 是用 2001 年的
GDP 折算指数为基期而换算出来的人均实际的 GDP，并取了对数形
式。加入人均实际 GDP 的平方值则是为了控制所谓的"库兹涅茨效
应"。库兹涅茨（1955）认为经济的增长和收入不平等呈现一种倒 U
型曲线的关系。即经济增长一开始使得收入不平等扩大，但是超过一
定的门槛之后，经济增长又将会减小收入的不平等。因此模型设定中

---

① 在他们的文章中，还采用了国内贷款融资的固定资产投资与国家预算内资金融资的
固定资产投资的比率和金融体系内企业存款占总存款的比率。由于这两个指标在各个地级
市十年的数据中难以完整获得，因此放弃了这两个指标。

加入了人均实际 GDP 的平方项正是为了控制这种效应。城市化率
（Urbanization）则指的是非农人口占总人口的比重。对外开放程度
（FDI）用实际利用外资总额占 GDP 的比重表示，其中实际利用外资
是按照当年的平均汇率换算成人民币出来的。政府规模（GovSpen）
为政府财政支出占 GDP 的比重。通货膨胀率（INF），以 2001 年的
GDP 折算指数为基期计算得出。之所以采用 GDP 折算指数来计算通
货膨胀率，就是因为地级市级别的 CPI 无法获取，所以就以这个指数
来加以代替。教育程度（EDU），用普通中等学校在校生人数占总人
口的比重计算得出。总之，在模型中控制这些因素既避免了估计方程
中可能出现的内生性问题，又可以有效地估计出金融发展对城乡收入
差距的真实影响。

二　数据来源

本章主要使用了 2001—2010 年中国 265 个地级城市的面板数据。
目前来说中国的城市分类有三个层次：直辖市、地级市和县级市。县
级市的相关数据难以获得，因此我们主要采用的是地级市的数据。此
外，直辖市主要是指北京、上海、天津和重庆四个城市。虽然在中国
这几个城市在行政级别上都被作为省级单位，但是本节仍然将这四个
城市归结为地级城市进行实证分析。Zhang et al.（2012）在分析中国
城市的金融发展和经济增长之间的关系时，也把这四个直辖市当作地
级城市进行了处理。总体来看中国目前行政体制下有 300 个左右地级
城市，但是由于数据的可得性，本章选取了其中的 265 个城市进行了
实证分析。

本章中所用的各个变量的数据主要是来自各省或者地级市的统计
年鉴、中国数据在线（chinadataonline）以及中国经济发展统计数据
库里的数据决策支持系统。其中城市居民的可支配收入以及农民人均
纯收入主要来自各省的统计年鉴里对各省下属的地级市的统计。金融
发展指标和其他的一些变量主要来自中国数据在线。最后由于有的数
据不全，又参考了数据决策支持系统里的数据作为补充，以使得本节

的数据能更加完整。表 7.1 是对实证分析中用到的各个变量的定义和
来源的一个简单总结。

表 7.1   **金融发展与城乡收入差距等各个变量的总体描述**

变量名称	描述	来源
城乡收入差距		
GINI	经过价格指数调整后的城市居民可支配收入和农民人均纯收入之比	各省或城市的统计年鉴
金融发展（FD）		
Deposit	金融体系的存款占 GDP 的比重	中国数据在线
Credit	金融体系的贷款占 GDP 的比重	中国数据在线
Savings	金融体系的居民储蓄存款占 GDP 的比重	中国数据在线
其他的控制变量		
PCRGDP	人均实际 GDP	中国数据在线
Urbanization	非农人口占总人口的比重	中国数据在线
FDI	实际利用外资占 GDP 的比重	中国数据在线
GovSpen	政府财政支出占 GDP 的比重	中国数据在线
INF	通货膨胀率	中国数据在线
EDU	中等教育的在校生人数占总人口的比重	中国数据在线

三 主要变量的描述性统计

表 7.2 是所有变量的一个描述性统计，可以看到不同城市的城乡
收入差距、金融发展水平和其他的控制变量在样本中的变化都非常
大，所以说很适合接下来的实证分析。如城乡的收入差距最大值为
2.0818，最小值则为 -0.0080。而 Deposit 的最大值为 4.4656，最小
值是 0.4836。其他的几个指标和控制变量在样本中的变化也非常大，
此处就不一一列举了。

表7.2   金融发展与城乡收入差距等各个变量的描述性统计

Variable	Obs	Mean	Std. Dev.	Min	Max
GINI	2650	1. 0082	0. 2473	− 0. 0080	2. 0818
Deposit	2650	1. 1273	0. 4836	0. 2453	4. 4656
Credit	2650	0. 7689	0. 4231	0. 1606	3. 2484
Savings	2650	0. 6784	0. 2105	0. 0673	1. 9528
Urbanization	2650	0. 3365	0. 1780	0. 0727	1. 0000
FDI	2650	0. 0227	0. 0264	0. 0000	0. 2033
GovSpen	2650	0. 1213	0. 0602	0. 0005	0. 5815
PCRGDP	2650	8. 9627	0. 5706	7. 3502	10. 9006
EDU	2650	0. 0610	0. 0178	0. 0035	0. 1420
INF	2650	0. 1007	0. 0908	− 0. 0180	0. 3997

接下来再从拟合图上看一下金融发展水平和城乡收入差距之间的关系。图7.1是金融体系的存款占 GDP 的比重这个金融发展指标和城乡收入差距的一个拟合图示。从图中可以清楚地看到，Deposit 指标和城乡的差距呈现了一种倒 U 型的曲线关系，即存款规模的增加一开始增加了城乡的收入差距，但是达到一定的峰值后，Deposit 的增加又将会使得城乡收入差距减小。金融发展与城乡收入差距的这种关系与Greenwood 和 Jovanovic（1990）的观点类似。当然，这种关系到底是不是显著的还需要后面的实证分析进行验证。

图7.2 揭示的是金融体系的贷款占 GDP 的比重和城乡收入差距之间的关系。与存款规模和城乡收入差距的关系相反，贷款占 GDP 的比重和城乡收入差距呈现了一种 U 型曲线的关系，即从长期来看贷款规模的增加扩大了中国的城乡收入差距。这与理论分析得出的结果并不一致，但是与多数的跨国实证分析和中国很多学者对中国的研究相类似，后边的实证分析将会做出进一步的解释。

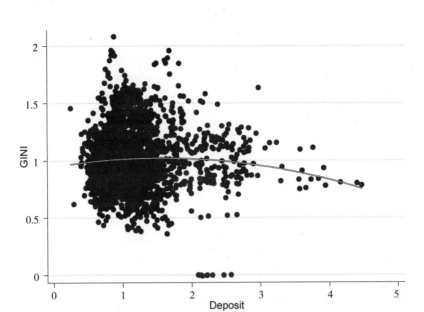

图 7.1 金融体系的存款/GDP 和城乡收入差距

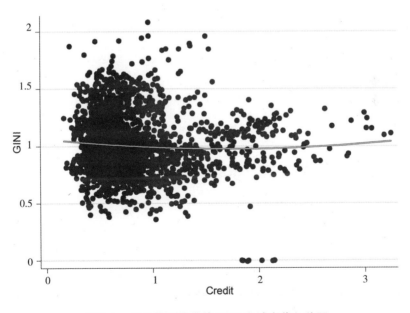

图 7.2 金融体系的贷款/GDP 和城乡收入差距

　　图 7.3 则是居民储蓄存款占 GDP 的比重和城乡收入差距之间的关系。可以看到居民储蓄存款规模和城乡收入差距的关系与贷款规模和城乡收入差距的关系类似，都是先下降后上升，即也存在着一种 U 型曲线的关系。实证分析部分对此将会更详细地进行说明。

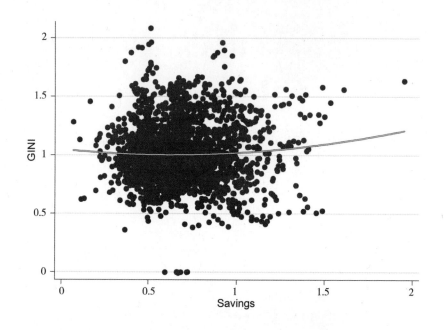

图 7.3　居民储蓄存款/GDP 和城乡收入差距

第二节　实证结果及其分析

一　混合横截面分析

　　为了检验金融发展对城乡收入差距的影响，按照以往文献的做法，本节将混合横截面数据分析的计量模型设定如下：

$$GINI_i = \alpha + \beta_1 FD_i + \beta_2 FD_i^2 + \beta_3 PCRGDP_i + \beta_4 PCRGDP_i^2 + \lambda' X_i + \varepsilon_i$$

　　其中，下标 i 表示城市。GINI 表示城乡的收入差距。FD 为金融发展，分别用之前提到的三个指标（Deposit，Credit，Savings）来表示。为了检验金融发展是否与城乡的收入差距存在倒 U 型曲线的关系，实证分析时还在模型中加入了金融发展的平方项（FD²）。同时为了控制所谓的库兹涅茨效应，还加入了人均实际 GDP（PCRGDP）及其平方项（PCRGDP²）。控制变量 X 里则包含了之前提到的教育水平，政府支出，对外开放程度，城市化率以及通货膨胀率等，ε 是方程的随机扰动项。总之，本节将 2001—2010 年所有城市的观测值混合放在一起用 OLS 方法进行了回归分析。

表 7.3 的模型 1—6 汇报了用 OLS 方法估计的混合横截面数据分析的结果。从表 7.3 中可以清楚地看到，仅控制了 Deposit 及其平方项、人均实际 GDP 及其平方项之后，在模型 1 中，以金融机构存款总额占 GDP 的比重（Deposit）所表示的金融发展水平与城乡收入差距呈现显著的倒 U 型曲线型关系，即金融发展水平的提高一开始增加了收入的差距，但是超过一定的门槛值后，金融发展水平的增加又会使得城乡的收入差距减小。这与 Greenwood 和 Jovanovic（1990）的观点类似。紧接着，分别换成金融体系的贷款总额（Credit）或居民储蓄存款总额（Savings）占 GDP 比重来表示金融发展水平后，其影响与 Deposit 和城乡收入差距之间的关系正好相反。如模型 2 和模型 3 所示，此时金融发展水平的提高一开始减小了城乡收入差距，但跨越一定的门槛后最终又会使得这种差距扩大。而且这三个指标对城乡收入差距的不同影响在统计上是非常显著的。这种实证结果与之前的理论和实证分析有很大差距。最后，在模型4、模型 5 和模型 6 中增加更多的控制变量后，如引入城市化率，对外开放程度，政府支出，教育水平，通货膨胀率等因素时，这两种不同的影响并没有多大改变。只是在模型 5 中金融发展水平的平方项的系数并不显著，但其系数仍为正值。总而言之，混合横截面的实证分析显示不同的金融发展指标对城乡的收入差距的影响是不一样的。

对于控制变量来说，所有的控制变量前面的系数在各个方程中的符号均相同。比如说，在模型 4、模型 5 和模型 6 中，人均实际

GDP 与收入差距呈现负相关的关系，而且在 1% 的显著性水平上显著，即人均实际 GDP 的增加显著地减少了城乡的收入差距。但是其平方项前面的系数在多数的模型中是不显著的。这说明库兹涅茨假设在我国并不成立。关于城市化率与收入差距，本部分的混合横截面分析结果与陈钊和陆铭（2004）的结论相同，均显示出了城市化显著地降低了城乡的收入差距。这也说明了城市化进程增加了城市劳动力市场的竞争从而使得城市居民的工资下降，同时城市化也使得农村的劳动力供给下降而增加了他们的收入水平。总之，城市化进程可以通过这两方面的作用减小城乡的收入差距。目前我国正在大力推进城市化的进程，党的十八届三中全会也提出要对户籍制度、土地制度进行改革，因此为加速城镇化的进程提供了很好的制度保障。另外，对外开放程度的提高显著地降低了城乡的收入差距。但政府支出和通货膨胀率的提高却显著地增加了城乡的收入差距。最后，在模型 5 和模型 6 中，教育水平前面的系数为负值，而且是显著的，总体来看教育水平的增加具有均等化收入分配的作用。这与之前在使用跨国数据进行分析时所得到的结论是一样的。

总之，从混合横截面的分析中可以看到，当使用不同的指标来衡量金融发展水平时，它们对城乡的收入差距的影响也不尽不同。存款/GDP比率的增加使得城乡的收入差距先增加后减小，但是贷款/GDP 和储蓄存款/GDP 比率的增加却使得收入的差距先减小后增大。同时也要注意到，混合横截面分析忽略了不同个体可能存在的固定效应，而忽略这种个体固定效应很可能使得我们的估计的结果不一致或有偏。同样横截面分析也没有考虑收入差距的持续性，因此，在下一部分，将考虑使用面板数据的估计方法来进行处理，以便得出更稳健有效的估计结果。

表7.3　　　　　　　金融发展与城乡收入差距的混合横截面分析

Dep Var GINI	模型 1	模型 2	模型 3	模型 4	模型 5	模型 6
Deposit	0.0845 *** (0.0279)			0.1037 *** (0.0285)		
Deposit_Squ	−0.0102 * (0.0070)			−0.0106 * (0.0075)		
Credit		−0.0680 *** (0.0335)			−0.0471 * (0.0336)	
Credit_Squ		0.0402 *** (0.0118)			0.0092 (0.0115)	
Savings			−0.4047 *** (0.0876)			−0.4280 *** (0.1004)
Savings_Squ			0.2151 *** (0.0589)			0.2572 *** (0.0656)
PCRGDP	−1.5564 *** (0.1947)	−1.7106 *** (0.1857)	−1.7238 *** (0.1825)	−1.3973 *** (0.1950)	−1.4343 *** (0.1937)	−1.4386 *** (0.1926)
PCRGDP_Squ	0.0742 (0.0608)	0.0830 (0.0902)	0.0837 (0.1000)	0.0722 * (0.0305)	0.0745 (0.0604)	0.0750 (0.0903)
Urbanization				−0.3617 *** (0.0356)	−0.3455 *** (0.0347)	−0.2829 *** (0.0360)
FDI				−1.5358 *** (0.1821)	−1.5104 *** (0.1798)	−1.4732 *** (0.1804)
GovSpen				0.5670 *** (0.1421)	0.6703 *** (0.1455)	0.8394 *** (0.1424)
EDU				−0.02209 (0.2531)	−0.2395 * (0.1468)	−0.3059 * (0.1521)
INF				0.3516 *** (0.0640)	0.3844 *** (0.0688)	0.2937 *** (0.0641)
常数项	8.8953 *** (0.8837)	9.6661 *** (0.8446)	9.8764 *** (0.8311)	7.6593 *** (0.9115)	7.8300 *** (0.9060)	7.9903 *** (0.9006)
观测值	2650	2650	2650	2650	2650	2650
R^2	0.2460	0.2414	0.2454	0.3498	0.3479	0.3438

注：括号里的数值为标准误，使用的是稳健标准误。其中，*** 、** 和 * 分别表示在1%、5%和10%的显著性水平上显著，以下类似。

二　面板数据分析

横截面数据分析忽略了可能存在的个体固定效应，以及经济体自身的连续性。因此，在这一部分将考虑使用面板数据模型来进行分析。考虑到结论的稳健性，实证分析时分别使用了静态面板（固定效应）和动态面板（差分 GMM 与系统 GMM 估计方法）来进行估计分析，从而使得本节的结论更具稳健性。同时为了验证工具变量的有效性，在使用动态面板进行分析的同时，还进行了 Sargan 和 Hansen 检验，以检验在过度识别的情况下所有的工具变量是否是有效的。此外，还利用 Arellano-Bond test 来检验残差项是否存在一阶和二阶序列自相关。总之，动态面板估计方程为：

$$GINI_{it} = \alpha + \beta_0 GINI_{it-1} + \beta_1 FD_{it} + \beta_2 FD_{it}^2 + \beta_3 PCRGDP_{it} +$$
$$\beta_4 PCRGDP_{it}^2 + \lambda' X_{it} + \delta_i + \nu_t + \varepsilon_{it}$$

其中，下标 i 代表的是个体即城市，t 代表的是时间。其他的解释变量与混合横截面分析中用到的变量相同。不同的是，δ_i 为不随时间改变的地区固定效应，ν_t 为时间固定效应，ε_{it} 为方程的随机扰动项。

（一）面板数据的固定效应分析

固定效应的分析结果与前面的混合横截面分析所得出的结果类似，如表 7.4 所示。在模型 1、模型 2 和模型 3 中，Deposit 的增加一开始提高了收入的差距，但是最终会使得城乡收入差距减小。Credit 和 Savings 这两个指标的增加一开始却使得城乡的收入差距减小，但是达到一定的峰值之后最终使得城乡收入差距增大。这一结果与前面的混合横截面分析得出的结果相同。紧接着又控制了更多的影响因素，如模型 4、模型 5 和模型 6，但并没有改变之前的实证结果。

人均实际 GDP 的增加依然显著地减小了城乡的收入差距，但是其平方项并不显著。这说明随着我国经济的发展，城乡差距也在逐渐减小。所以说经济的增长有效地均等化了收入的分配。其他的一些控制变量，如城市化率的提高依然减小了城乡收入差距，虽然只有在模型 5 中这个指标前面的系数是显著的。教育水平（EDU）和对外开放程度（FDI）的增加也减小了城乡收入差距。而政府支出（GovSpen）和通货膨胀率（INF）的增加却扩大了城乡的收入差距，这与前面使用横截面进行分析所得到的结果也是一样的。

总之，面板数据固定效应分析结论与混合横截面数据分析得到的结论大体相同。在本节中，Deposit 衡量了地区金融中介的整体大小，Credit 衡量了地区金融中介化的深度，而 Savings 则衡量了居民储蓄存款的流通能力。虽然这些指标的数值的提高均表示了地区金融发展水平的上升，但它们与收入差距的关系是不一样的。Deposit 和收入差距的关系与 Greenwood 和 Jovanovic（1990）的观点类似，即呈现一种倒 U 型的曲线关系。反之，Credit 和 Savings 的增加则首先减小了收入的差距，但是最终却又会使得收入差距减小。正如前文所述，不同的金融发展指标的这两种不同的影响将会对相应的政策启示有重要的影响。

表7.4　　　金融发展与城乡收入差距的固定效应估计分析

Dep Var GINI	模型 1	模型 2	模型 3	模型 4	模型 5	模型 6
Deposit	0.0917 *** (0.0465)			0.0595 * (0.0249)		
Deposit_Squ	-0.0173 ** (0.0107)			-0.0157 * (0.0100)		
Credit		-0.1891 *** (0.0489)			-0.0735 ** (0.0455)	
Credit_Squ		0.0528 *** (0.0142)			0.0215 * (0.0135)	
Savings			-0.1449 ** (0.0804)			-0.1770 *** (0.0709)
Savings_Squ			0.1027 ** (0.0533)			0.1327 *** (0.0475)
PCRGDP	-0.8338 ** (0.4698)	-0.4573 * (0.2294)	-0.9814 *** (0.4482)	-0.0239 (0.3640)	-0.0979 (0.3718)	-0.1441 * (0.0731)
PCRGDP_Squ	-0.0404 (0.0461)	-0.02190 (0.0235)	-0.0488 (0.0549)	-0.0016 (0.0196)	0.0044 (0.0198)	-0.0085 (0.0202)
Urbanization				-0.0322 (0.0548)	-0.0447 * (0.0233)	-0.0356 (0.0537)
FDI				-0.2725 ** (0.1582)	-0.2679 ** (0.1584)	-0.3070 ** (0.1702)
GovSpen				0.2223 *** (0.1057)	0.1783 ** (0.1019)	0.1407 (0.1004)
EDU				-0.9345 *** (0.3530)	-0.8773 *** (0.3386)	-0.9042 *** (0.3482)

续表

Dep Var GINI	模型 1	模型 2	模型 3	模型 4	模型 5	模型 6
INF				0. 5980 *** (0. 2191)	0. 6001 *** (0. 2185)	0. 6480 *** (0. 2255)
常数项	− 3. 2807 * (2. 1012)	− 1. 2192 (1. 9678)	− 3. 8030 ** (2. 0139)	1. 1181 (1. 6927)	1. 7957 (1. 7491)	0. 6900 (1. 7216)
观测值	2650	2650	2650	2650	2650	2650
Overall　R^2	0. 1948	0. 1296	0. 2258	0. 0001	0. 0094	0. 0025

注：括号里的数值为标准误，使用的是聚类（城市）稳健标准误。所有的回归方程中均控制了地区固定效应，其中，在模型3、模型4和模型5的回归方程中，还控制了年度固定效应。

（二）动态面板数据分析

因变量的滞后项很可能也会对即期的因变量造成影响，而静态面板无法处理这一点。因此，在这部分将会进一步用动态面板数据分析城乡收入差距和金融发展之间的关系。为了增加结果的稳健性，本节同时使用了差分 GMM 和系统 GMM 两种估计方法来估计动态面板模型。

表7.5 显示了两步差分 GMM 和两步系统 GMM 的分析结果。总体来看，收入差距的滞后项对当期的收入差距有显著的正向作用，即滞后期收入差距的扩大显著地增加了当期的收入差距，从而收入的差距具有持续性[①]。而且不论使用差分 GMM 或者系统 GMM 估计方法，还是使用不同的金融发展指标，这种正向的影响作用依然没有改变。再来看金融发展的影响。当使用差分 GMM 估计方法时，Deposit 与收入差距呈现统计上显著的正比关系。其平方项的系数为负，而且也是显著的。而当用系统 GMM 时，Deposit 及其平方项前的系数与差分 GMM 估计的结果相同，而且均是显著的。Credit 及其平方项前面的系数在差分 GMM 和系统 GMM 回归方程中的系数的符号相同，也都是显著

① 叶志强等（2011）。

的。最后，Savings 这个指标前面的系数也非常显著。无论使用差分
GMM 还是系统 GMM 回归方法，其估计结果均与前面的混合横截面估
计和固定效应估计均相同，而且都非常显著。因此，贷款规模和居民
储蓄水平的提高一开始减小了城乡的收入差距，但是最终将会使得这
种差距扩大。模型 1、模型 2、模型 3 和模型 6 中，人均实际 GDP 的
增加减小了城乡收入差距。其平方项却并不显著，再一次验证了库兹
涅茨假设并不成立。温涛等（2005）也指出经济货币化程度（M_2/
GDP）与农民收入存在正向作用关系。这说明金融体系存款规模的增
加，有效地促进了农民收入的增长。前文已经指出，改革开放以来，
中国的金融中介规模取得了快速的发展。金融体系整体规模的扩大，
更多的人可以获得金融资源，从而提高了城市和农村居民的收入水
平，而且最终也使得城乡的收入差距有所减小。这与 Greenwood 和 Jo-
vanovic（1990）的观点类似。但是可以发现信贷规模（Credit）的扩
大最终扩大了城乡收入差距。很可能是因为金融体系中的信贷资源主
要集中在高度垄断的国有银行手中并多数投向了城市，而农村所获得
的少有的金融资源也大都投向了低收益率甚至为负的项目，从而提高
了城市居民的人均可支配收入，减少了农村居民的人均纯收入，扩大
了城乡的收入差距[①]。关于居民存款规模（Savings），温涛等（2005）
进一步指出，农村居民储蓄存款比率是城市居民收入增长的格兰杰原
因。也就是说，居民储蓄存款的大部分资金都流向了城市，提高了城
市居民的收入水平，从长期来看扩大了城乡的收入差距。

最后，所有的回归方程的 AR（2）检验均不能拒绝二阶序列无自
相关的假设。Sargan 检验和 Hansen 检验也不能拒绝工具变量都是有
效的假定。因此估计方程中所使用的工具变量是有效的。总之，动态
面板估计的结果与前面的估计结果类似，不同的金融发展指标对收入
差距的影响是不同的。

---

① 如张立军等（2006）、叶志强等（2011）、孙永强等（2011）以及余玲铮（2012）等。

表7.5 金融发展与城乡收入差距的动态面板分析

Dep Var GINI	模型1	模型2	模型3	模型4	模型5	模型6
L. GINI	0.8609 *** (0.1196)	0.8446 (0.1195)	0.8736 *** (0.1240)	0.9442 *** (0.0535)	0.9444 *** (0.0545)	0.9350 *** (0.0577)
Deposit	0.0785 *** (0.0329)			0.0206 * (0.0142)		
Deposit_ Squ	− 0.0058 * (0.0024)			− 0.0006 (0.0034)		
Credit		− 0.0443 ** (0.0155)			− 0.0333 *** (0.0149)	
Credit_ Squ		0.0101 * (0.0051)			0.0003 * (0.0002)	
Savings			− 0.1020 *** (0.0653)			− 0.0784 * (0.0587)
Savings_ Squ			0.1386 ** (0.0519)			0.0646 * (0.0418)
PCRGDP	− 0.4879 * (0.2827)	− 0.4345 * (0.2671)	− 0.6165 * (0.3915)	− 0.0523 (0.1037)	− 0.0527 (0.1047)	− 0.0606 * (0.0349)
PCRGDP_ Squ	− 0.0257 (0.0207)	− 0.0231 (0.0197)	− 0.0328 * (0.0213)	− 0.0027 (0.0054)	− 0.0027 (0.0054)	− 0.0031 (0.0060)
常数项		0.0294 (0.0612)		− 0.2028 (0.5328)	− 0.1822 (0.5435)	− 0.1586 (0.5958)
观测值	2120	2120	2120	2385	2385	2385
工具变量数目	24	24	24	26	26	26
AR (1) Test	0.0000	0.0000	0.0000	0.0000	0.0000	0.0000
AR (2) Test	0.8970	0.9120	0.9510	0.9310	0.9350	0.9550
Sargan Test	0.1630	0.1660	0.1690	0.1500	0.1510	0.1560
Hansen Test	0.1240	0.1280	0.1240	0.1250	0.1270	0.1270

注：括号里的数值为标准误。其中，在模型1、模型2和模型3的回归方程中，使用的是两次差分 GMM 回归方法；模型4、模型5和模型6的回归方程中，使用的是两步系统 GMM 回归方法。在所有的回归方程中，均控住了城市化率、对外开放程度、教育水平、通货膨胀率、政府支出以及年度虚拟变量。

第三节 稳健性分析

为了检验前面实证结果的稳健性，在这一部分进行了一系列的敏感性分析。参照 Zhang, et al.（2012）的做法，在前面的回归方程中加入了经济特区城市和省会城市等多个城市的虚拟变量进行了敏感性分析[①]。Zhanget al.（2012）指出，之所以选择这些城市，首先因为经济特区城市最早向外资开放，享受一些政策上的优惠，如财政、税收等。其次，省会城市在每个省的经济发展过程中占据了主导的地位。因此，把这些城市的虚拟变量包含进回归方程中，检验其是否会影响之前的估计结果有很重要的意义。

稳健性分析中分别用固定效应和动态面板分析方法对加入了城市虚拟变量（方程中为 Dummy 变量）的方程进行了回归。回归结果如表 7.6 所示。在固定效应的回归中，Deposit 的增加先提高了收入的差距，随后使得收入差距减小。而 Credit 和 Savings 的影响正好与 Deposit 的影响相反。这与前面得出的实证结论是一致的。同样，加入了虚拟变量后的动态面板回归得出的结论也与前面的动态面板分析的实证结论是一致的。因此，本节的实证结论是稳健的。

表7.6 　　　　金融发展与城乡收入差距的稳健性分析

Dep Var GINI	模型 1	模型 2	模型 3	模型 4	模型 5	模型 6
Deposit	0.0594 * (0.0449)			0.0054 * (0.0033)		
Deposit_Squ	− 0.0157 * (0.0100)			− 0.0008 ** (0.0004)		
Credit		− 0.0735 ** (0.0455)			− 0.0011 (0.0145)	
Credit_Squ		0.0214 * (0.0135)			0.0002 (0.0045)	
Savings			− 0.1776 *** (0.0709)			− 0.0717 * (0.0600)
Savings_Squ			0.1332 *** (0.0474)			0.06215 * (0.04211)

———————

[①] 具体来说，这些城市主要包括北京、上海、天津、重庆，各省省会城市，以及深圳、珠海、汕头、厦门、海南 5 个经济特区城市和 11 个海边城市（大连、秦皇岛、天津、烟台、青岛、连云港、南通、宁波、温州、湛江、北海）。

续表

Dep Var GINI	模型1	模型2	模型3	模型4	模型5	模型6
PCRGDP	−0.0282 (0.3644)	−0.0935 (0.3722)	−0.1496 * (0.7738)	−0.0547 (0.1036)	−0.0523 ** (0.0238)	−0.0616 *** (0.0080)
PCRGDP_Squ	0.0019 (0.0196)	0.0041 (0.0198)	−0.0088 (0.0203)	0.0028 (0.0054)	−0.0026 (0.0054)	−0.0031 (0.0056)
Dummy	−0.0601 *** (0.0201)	−0.0606 *** (0.0190)	−0.0686 *** (0.0201)	−0.0088 (0.0083)	−0.0079 (0.0078)	−0.0080 (0.0089)
常数项	1.1083 (1.6938)	1.7854 (1.7502)	0.67559 (1.7238)	−0.2211 (0.5341)	−0.1841 (0.5399)	−0.2028 (0.5670)
观测值	2650	2650	2650	2385	2385	2385
Overall R²	0.0033	0.0164	0.0132			

注：模型1、模型2和模型3中，使用的是固定效应估计方法，括号里的数值为标准误，使用的是聚类（城市）稳健的标准误。模型4、模型5和模型6中使用的是动态面板回归方法，并且省去了收入不平等的滞后项。AR（2）检验不能拒绝二阶序列无关检验，Sargan和Hansen检验不能拒绝工具变量都是有效的假定。在所有的回归方程中，均控住了城市化率、对外开放程度、教育水平、通货膨胀率、政府支出以及年度虚拟变量。

第四节　小结

一　不同的金融发展指标对城乡收入差距具有不同的影响

利用中国30个省份下的265个城市2001—2010年近10年的面板数据，本节实证分析了金融发展和城乡收入差距之间的关系。实证结果发现，不同的金融发展指标对收入差距的影响是不同的。存款/GDP比重的增加使得收入的差距扩大，但最终又会使得收入差距减小。这说明总体来看，我国金融规模的逐渐扩大（Deposit指标变大），有效地缩小了城乡的收入差距。相反，贷款/GDP和储蓄存款/GDP的增加会使得收入差距减小，跨过一定门槛后又将会显著地增加城乡的收入差距。通过使用不同的估计方法、增减控制变量，以及进行一系列的敏感性分析，本节的实证结论依然成立。陈志刚和王皖君（2009）也发现了不同的金融发展指标，如金融规模和金融效率，对城乡的收入差距有不同的影响。总之，我国金融规模的扩大使得更多的居民到金融市场进行融资，从而提高了居民的收入水平。但是信贷的发展却仍然阻碍了收入差距的缩小。目前来看，金融服务的获取，尤其是在信贷市场的难以进入仍然是致使金融发展提高城乡收入差距的一个重要原因。余玲铮和魏下海（2012）也指出传统银行业占据了中国的金融资源的主导地位。但是这些主要的银行主要向垄断性行业、跨国公司、大型企业和政府部门下属机构发放贷款，"三农"、中小企业和低收入群体难以从银行获得融资支持。同时非国有部门所获得的信贷扶持也有限。因此，信贷/GDP 的增加对城乡收入差距的这种扩大效应也就不言而喻了。

二 经济增长减小了城乡的收入差距

与来自新兴市场经济体国家的证据不同，本节实证分析发现我国的经济增长有效地减小了城乡的收入差距。不论使用混合横截面分析，固定效应分析还是动态面板分析，经济增长对均等化收入分配的作用依然是显著的。所以库兹涅茨假设在我国并不存在，与多数的经济学者（如叶志强等，2011）得出的结论一样。这也说明，加入世贸组织以后我国经济的高速增长有效地改善了我国的城乡收入差距。

三 城市化率和教育水平的提高有效地均等化了收入分配

正如在文中所指出的，城市化进程增加了城市劳动力市场的竞争从而使得城市居民的工资下降，同时城市化也使得农村的劳动力供给下降而增加了他们的收入水平，最后使得城乡的收入差距减小。目前我国也正在大力推进城镇化的进程，因此这不仅可以增加农民的收入水平，而且也可以减小城市居民与农村居民之间的收入差距。而对于教育水平的增加，可以提高人们的人力资本水平和技能，使更多的人成为技术性劳动力，从而减小了收入的不平等。本节的实证分析也稳健地证实了教育水平的增加减小了城乡收入差距。

不同的金融发展指标对收入差距的不同影响对未来的政策含义有很大的影响。首先要继续扩大金融中介的规模。在本节实证分析中也看到了，长期来看 Deposit 的扩大减小了城乡的收入差距。为此，首先，政府应进一步完善金融市场体系改革，放松金融行业管制和行政管制，提高金融市场效率，从而吸引更多的资金流入，进一步扩大金融中介的规模。其次，储蓄存款的增加长期内不利于城乡收入差距的缩小。因此，政府应大力鼓励居民消费、投资，减少储蓄存款。最后，降低进入金融市场的门槛，尤其是针对于中小企业和中低收入阶层。大力发展完善农村金融市场，使更多的金融资源能够流向农村市场。

第八章

结论与政策启示

　　通过前面的一系列理论和实证分析，对新兴市场经济体国家的金融自由化、金融发展和收入不平等的关系有了一个比较清晰的认识，同时也对中国的金融发展与居民消费、经济增长和城乡收入差距之间的关系有了深刻的了解。接下来本书将对此做一个简单的总结，提出一些有益的政策建议，同时展望一下未来可能的研究方向。

第一节　金融自由化、金融发展
与收入不平等的关系

一　来自新兴市场经济体国家的证据

　　（一）新兴市场经济体国家金融自由化、金融发展与收入不平等的现状

　　本书首先通过对比分析了新兴市场经济体国家的金融自由化、金融发展和收入不平等的现状。通过选取中国、俄罗斯、印度、巴西、泰国、土耳其等 25 个新兴市场经济体国家，本书在第三章详细分析了目前这些国家的金融自由化、金融发展水平和水平不平等现状。总体来看，自 20 世纪 70 年代开始，以事实的金融自由化指标来看，这些国家的金融开放程度逐渐提高（Bekaret et al.，2005），尤其是进入 21 世纪后这些国家融入全球金融市场的进程逐步加快。具体来看，在本书有统计数据的 19 个新兴市场经济体国家中，它们均在二十世

纪八九十年代实行了金融自由化的政策。以金砖四国为例，巴西在
1991 年通过修改本国的外商投资法案，官方上允许了金融的自由化。
印度也在 1991 年之后逐步放宽了对外资的限制，并在 1992 年宣布外
商投资者可以直接投资于印度的证券市场。俄罗斯在 20 世纪 80 年代
末 90 年代初推进激进式的经济改革，迅速地对其国内的利率市场、
资本市场和股票市场进行了自由化的改革。而中国虽然目前仍然没有
实行金融自由化的政策，但是从 Abiad et al.（2010）统计的金融开
放程度指标来看，自 1990 年以后这个数值便迅速上升，直到 2005 年
仍然处于上升的态势。其他的一些国家在金融自由化方面也取得了很
大的进展，如阿根廷在 1998 年允许资本的自由汇入以及股票分红和
收益的自由汇出，而 Abiad et al.（2010）的金融开放程度指标也显
示阿根廷的这个指标从 1990 年的 0.3 左右迅速上升到了 1995 年的
0.8。以色列也在 1993 年宣布非本国居民可以将其在股票和房地产上
的收益存入非本国居民的银行账号，同样以 Abiad et al.（2010）所
统计的金融开放程度指标来看以色列的金融自由化在 20 世纪 90 年代
后期也急速上升。再者如约旦政府在 1995 年宣布外国投资者可以不
经过政府批准而购买本国的股票，菲律宾在 1991 年也取消了所有的
针对外商直接投资的限制，委内瑞拉在 1990 年宣布除了银行股以外
所有其他的股票均对外资开放。总之，从数量上看大多数的新兴市场
经济体国家在近几十年来均实行了金融自由化的政策，而从实际的效
果上来看，从 20 世纪 90 年代末开始各国的金融自由化程度已经有了
很大幅度的提高。

进一步地，各国的金融发展水平在这段时间内也有了很大的增
长。通过使用了 Beck et al.（2013）统计的五个指标，综合考虑了一
国的信贷市场和股票市场的发展来衡量一国的金融发展水平。最终统
计的数据显示新兴市场经济体国家的信贷市场和股票市场在这几十年
里一直都在平稳地向前发展。具体来看，信贷市场的发展要相对更平
稳一些，而股票市场的发展则波动性比较大，尤其是 stturnover 这个
指标。但是从总体的趋势上来看，各国的金融发展水平在近几十年，

尤其是1990之后取得了很大的进步。

了解了各国的金融改革情况以后，再将目光转向新兴市场经济体国家的收入分配现状。来自IMF（2007）的统计显示，除了一些低收入的国家之外，其他国家的收入不平等在1985—2005年均有一定程度的扩大。而对单个国家的相关研究也显示，多数的新兴市场经济体国家在过去的二三十年里收入不平等都有所扩大并居高不下。而且本书还发现多数的国家在实行金融自由化以后，与金融自由化之前相比收入的不平等有一定程度的增加。因此，至少从目前的这些国家的发展现状上来看，在过去的几十年里随着新兴市场经济体国家的金融自由化和金融发展程度的提高，收入不平等也在进一步扩大。

（二）金融自由化对收入不平等的影响机制

从理论上来看，金融自由化可以通过多种渠道提高一国居民收入的不平等。本书首先基于资本—技术性劳动力的互补性这个假定提出了一个基准的理论模型，分析了一国实施的金融自由化政策如何提高国家内部的收入不平等。关于资本—技术性劳动力的互补性假定，很多的理论和实证证据也都予以支持，如Griliches（1969）最早使用美国制造业的数据分析得出相对于资本和非技术性劳动力，资本和技术性劳动力的互补性要更强一些。Fallon和LayardSource（1975）利用跨国的经济体的总量数据和行业数据证明了资本与受教育的劳动力要更互补一些。Duffy et al.（2004）则使用了73个发达和发展中国家25年的数据并与非线性最小二乘法（NLLS）实证分析并支持了资本—技术性劳动力的互补假定。因此，可以很好地使用这个假定。那么有了这个假定之后，对金融自由化如何影响到收入不平等的直觉上的理解便是，新兴市场经济体国家的金融开放使得流入这些国家的资本量大幅度增加，显然这会使得这些国家内部的资本的成本降低，因此企业会选择使用更多的资本去代替劳动力。假定技术性劳动力和非技术性劳动力，那么基于资本—技术性劳动力的互补假定，资本与技术性劳动力的替代弹性要小于资本与非技术劳动力的替代弹性，因此相对来说，资本的增加对技术性劳动力的相对需求便会增加。需求增加，工资也就上升，技术性劳动力和非技术性劳动力的工资差距也就进一步被拉大。因此最终国家内部的收入不平等增加。其实，基于资本—技术性劳动力的互补性假定，资本货物（Capital Goods）进口的增加也会导致收入不平等的增加，如 Parro（2010）就指出对资本货物进口的增加，提高了技术性劳动力的相对生产率，从而这种技能偏向型（Skill-Biased）的贸易最终将会使得收入的不平等增加。他还利用 30个国家 1970—2007 年的数据实证支持了这种结论。Acemoglu（2003）和 Burstein et al.（2013）也支持了类似的观点。不管怎样，基于这个假定，本书通过理论模型分析出了金融自由化如何增加收入不平等的一种影响渠道。

同时在第四章还提出了其他的金融自由化可能提高收入不平等的机制。其中最主要的便是金融自由化通过 FDI 的形式，使得更多的资金投向了东道国的技术密集和技术性劳动力密集的部门，从而与前面的分析一样，增加了技术性劳动力的需求——他们的工资也增加——收入的不平等进一步扩大。其他的渠道，如国内信贷市场的不完全以及金融自由化所引起的经济波动、金融危机等因素，也会对收入的不平等造成很大影响。

（三）金融自由化和金融发展均扩大了收入的不平等

第五章的实证分析也证实了一国实施的金融自由化政策提高了该国的收入不平等。通过使用新兴市场经济体 25 个国家 1980—2011 年的数据进行了实证分析，以检验理论模型的适用性。实证分析中选取了 Solt（2013）的 SWIID 数据库里的基尼系数指标来衡量收入的不平等，因为 Solt 统计的基尼系数指标具有很高的跨国可比性以及数据可得性，所以收入不平等的指标参考了近年来多数文献的做法而使用了最新的 SWIID 数据库。金融自由化指标则考虑了官方的自由化指标，事实的自由化指标，Chinn 与 Ito（2011）的资本账户开放指标以及 Abiad et al.（2010）的金融自由化指标四个维度一起衡量了一国的金融自由化程度。而金融发展指标则选取了金融体系的银行部门（不包括其他的金融机构）发放给私人机构的贷款占 GDP 的比重，整个金融体系发放给私人机构的贷款占 GDP 的比重，所有上市公司的市值占 GDP 的比重，股票交易总额占 GDP 的比重以及股票市场的交易量比率五个指标一起衡量了一国的金融发展水平。在控制了其他的一些因素的影响后，如人均实际 GDP 及其平方项、对外开放程度、政府财政支出、通货膨胀率、城市化率、人口增长率等因素之后，本书分别进行了混合横截面估计和动态面板估计。从混合横截面的实证分析来看，四个金融自由化的指标多数显著为正值，这也证实了金融自由化的扩大对收入不平等的作用。同时，将不同的金融发展指标放入方程中，但是实证结果没有发生多大变化。紧接着，通过使用广义矩估计方法进行了动态面板估计，除了少数的几个指标不显著外，总的来看金融自由化和收入不平等之间依然是一种显著的正向关系。通过进行敏感性分析，前面的实证结论依然成立。所以，实证部分本书用详细的数据，并采用多种估计方程以及多个指标，稳健地证明了金融自由化对收入不平等的扩大作用。

在实证分析中还发现各国的金融发展水平的提高也扩大了一国居民收入的不平等，这与 Jaumotte et al. （2008）在研究发展中国家的收入不平等的原因时得到的结果相同。他们认为金融自由化使得更多的资金流向了技术密集或者技术性劳动力密集的行业（Technology and Skill Intensive Sectors），从而增加了对技术性劳动力的需求而使得收入不平等扩大。而在他们的实证分析中的金融发展对收入不平等的扩大作用也表明了金融深化的提高更有利于那些拥有更多的保证金或者收入的富裕群体。因此，具体到本书中也认为最近这几十年新兴市场经济体国家的金融中介的快速发展所取得的成就更多地使得富裕的群体获益较多，而并没有之前多数人们所认为的削减收入的不平等作用。多数的学者使用跨国的数据进行实证分析的时候也发现了类似的现象，即金融发展水平的提高最终扩大了收入的不平等。这是由于很多的原因造成的，如一国不发达的金融制度，国内既得利益集团的影响等，这些都可能会造成金融发展水平的提高扩大了收入的不平等。新兴市场经济体国家的金融改革起步比较晚，相关的规则制度以及体系并不十分完善，所以说这些因素的综合作用很可能会产生上述的效果。

二 来自中国的证据

通过采用来自中国城市层面和省级层面的数据，本书实证检验了金融发展对居民消费和经济增长的影响。同时，通过大样本微观企业数据，实证检验了信贷约束对中国吸引 FDI 的溢出效应的影响。居民消费和经济增长对中国的收入分配具有重要的影响，所以在采用中国的数据进行实证分析时，本书首先检验了金融发展如何影响到中国的居民消费和经济增长。

进一步地，本书还分析了金融发展和中国的城乡收入差距之间的关系。之所以分析中国的金融发展与收入不平等的关系，就是因为中国目前是排名全球第二的经济体并且是最大的发展中国家，中国的金融发展与收入不平等的关系必将会对全球其他的发展中国家造成重要影响。但是中国目前仍未实行资本账户的完全开放，所以本书将目光关注于中国的金融发展对收入不平等的影响。自进入 21 世纪以来，中国居民的基尼系数就一直高于 0.4，虽然最近几年有所回落，但是仍然高于国际公认的警戒线。同时，中国的金融中介发展也取得了非凡的成就。本书用细致的来自中国 265 个地级城市的数据分析了金融发展对城乡收入差距的影响关系。时间段则选在了中国加入世贸组织后的 10 年内。正如前文提到的，之所以选择这 10 年，正是因为中国加入世贸组织之后政府对金融改革的力度逐渐加大，使得金融体系逐渐完善以尽快与国际先进的金融体系接轨。而且外资的引入也加剧了国内金融行业的竞争，使得金融服务逐渐优化。因此，分析入世后中国的金融发展与城乡收入差距的关系具有重要的意义。与传统的研究中国的金融发展和收入差距的文献不同，本书借鉴了 Zhang et al. (2012) 在研究中国城市的金融和经济增长的关系时用到的金融发展指标，分别用了 Deposit、Credit 和 Savings 三个指标来衡量地区的金融发展水平。因此，通过多维度来衡量金融发展水平，使得本书得到了较为丰富的研究结果。

（一）金融发展对居民消费增长率起到了反向影响作用

通过运用中国2001—2010年249个城市的面板数据对金融发展与消费增长率之间的关系进行检验，研究发现：2001—2010年，以存款、储蓄和贷款为衡量标准，金融发展对居民消费增长率起到了反向影响作用。可能的原因是：金融体系的不完善、效率低下，以及信贷资源的不合理投放，金融发展指标的构建并没有考虑外资银行、民间金融和金融发展的结构，金融发展所产生的消费效应可能转移到了其他类型的消费，以及金融发展水平的提高导致的收入分配不公等因素，都可能会使得我国金融发展水平的提高并没有促进居民消费增长率的增加。因此，这也对未来的政府决策提供了新的参考依据。

（二）金融发展通过加大国内研发投入和扩大国际技术溢出效应两种机制促进了中国经济的增长

利用中国2003—2010年30个省市的数据，本书对金融发展促进经济增长的机制进行了实证分析。研究发现，金融发展通过加大国内研发投入和扩大国际技术溢出效应两种机制，显著地促进了中国经济的增长。其中通过进出口贸易获得的技术外溢效应较大，而通过FDI和OFDI获得的技术外溢效应还未完全显现。

（三）信贷约束阻碍了外资对中国制造业企业的溢出效应

通过采用来自中国工业企业数据库的40多万家企业2002—2007年的非平衡面板数据，本书实证检验了外资的溢出效应以及信贷约束对外资溢出效应的影响。研究结果表明：在同行业同省份内来自港澳台的外资以及其他地区的外资均对国内的企业产生了正向的溢出效应。而且，外资的溢出效应对国有企业和非国有企业的正向溢出效应都很明显。同时，研究还发现信贷约束阻碍了外资对国内企业的溢出效应。企业所处的行业的信贷约束程度越高，那么行业内的企业从外资的溢出效应中所得到的收益就越小。

（四）不同的金融发展指标对城乡收入差距有不同的影响

首先，从这些指标与城乡收入差距的拟合图上就可以看出这三个指标对城乡收入差距的影响是不同的。Deposit 与城乡收入差距的拟合图显示它们之间存在着倒 U 型曲线的关系。这与 Greenwood 和 Jovanovic（1990）的观点是类似的。但是从拟合图上看，后两个指标（Credit 和 Savings 指标）则与城乡收入差距呈现 U 型曲线的关系。这与传统的理论分析是不符的，但是也与一些相关的实证研究得出的观点类似。造成这种现象的原因很多，中国二元经济结构导致的二元金融结构（农村和城市两种类似的金融结构），信贷服务的高居不下的门槛等因素的影响，都是造成这种现象的一些重要原因。

（五）其他因素对中国城市城乡收入差距的影响也很显著

城市化率、教育水平以及对外开放程度的提高均显著地减小了城乡收入差距。混合横截面分析、固定效应分析和动态面板分析均显示了这些因素的均等化对城乡收入差距的作用，很多的国内学者也得到了类似的结论。因此，未来的相关政府决策，应大力推进我国的城镇化进程，加大对教育领域的投资，从而提高人民的生活水平。

总而言之，本书通过理论和实证研究分析了近几十年来新兴市场经济体国家的金融自由化、金融发展和收入不平等的关系，并进一步实证研究了中国的金融发展对居民消费、经济增长和城乡收入差距的影响。本书的研究不仅检验了相关理论的适用性，也为将来的理论发展奠定了基础。同时本书的相关研究对政府的相关政策部门的决策也有重要的启示。

第二节　政策启示

目前多数的新兴市场经济体国家正在大力推进相关金融体制的改革，无论是在国内的金融市场还是金融自由化方面都取得了一定的成就，但是鉴于前面的理论和实证分析所得出的结果，新兴市场经济体国家的金融体系改革还需要在以下几个方面有所完善。

一　各国应遵循循序渐进的道路去推进金融自由化的改革进程

本书的理论和实证分析发现，新兴市场经济体国家在实行的金融自由化政策扩大了居民的收入不平等。鉴于金融的自由化是一个复杂的过程，因此就必须完善好相关的制度体系，尽量避免金融自由化所带来的负面效应。有很多的实证证据表明政治制度的发展只有达到了一个有效的高度，金融改革才会成功，尤其是政治的责任性，这是金融改革是否成功的决定性因素（Roland，2002）。Mandel（2009）在利用拉丁美洲 17 个国家 1981—2005 年的数据实证分析金融自由化与收入不平等的关系时就指出，制度的质量（包括 ICRG 的腐败、民主责任性、法律和规则以及政府机构的效率指数构成）对金融自由化和收入不平等之间的关系的影响是很重要的。他的实证分析也发现制度的质量这个指标和金融自由化的交互项显著地为负值，也就是说：金融自由化到底是扩大还是缩小了收入不平等，取决于一国在实行金融自由化政策时的制度的质量。一个较弱的制度很可能会使得金融自由化扩大一国收入的不平等。所以说，形成一个良好的制度体系对新兴市场经济体国家的金融自由化改革是至关重要的。良好的制度体系需要一个缓慢的过程去建设。因此，如果通过激进的方式去实现自由化的改革，很可能会为既得利益集团所利用，从而最终的自由化改革满足了他们的利益，但是却忽略了多数人的共同利益。同时由于缺乏相应的监督体系，更容易对弱势群体的利用造成损害。尤其是对新兴市场经济体国家来说，制度体系比较薄弱，茫然采取金融自由化的改革损害更大。如俄罗斯在 20 世纪 80 年代末 90 年代初采取的激进式的自由化改革，从第三章的图形中也看到这段时间内收入的不平等显著地上升了很多，并导致了 1998 年的金融危机，俄罗斯也为此付出了惨重的代价。按照 Roland（2002）的观点，如果说系统性改革的结果是不确定的，那么采取渐进的制度安排将会是最佳的选择。渐进的改革在实施的过程当中可以按照帕累托改进的原则进行纠错和调整，从而实现系统性制度变迁的帕累托效率。Claessens 和 Perotti（2007）在分析金融和收入不平等的渠道和证据时也认为渐进的金融自由化改革更具可持续性。所以说，新兴市场经济体国家通过渐进式的改革，一步步建立良好的制度体系，如产权制度、司法制度、监督制度等，这样才能使金融自由化带来的负面效应逐渐降低。

二 建立良好的监督体系

Claessens 和 Perotti（2007）认为渐进的金融自由化过程中通常伴随着逐渐增加的政府责任感和公众的监督。考虑到一国实行金融自由化政策时的复杂性，良好的监督可以限制立法者、执行机构或者说当权者为了自己的利益而滥用手中的权力。因此，良好的公众监督可以使得金融自由化的改革更具可持续性（Perotti 和 Volpin，2007）。通过一个良好的监督体系，既可以有效地防止政府权力部门的滥用，还可以减弱一些既得利益集团的收益，从而尽可能地使金融自由化的利益能惠及大众。

三 扩大金融服务的受益范围，尤其是针对贫困的群体应给予一定的政策倾斜

金融的自由化会使得一国大量的资本流向实现金融开放的国家，因此这也导致了该国金融资源的供给增加。但是目前来看，金融资源的增加并没有普及到多数人手中而使他们受益。在本书的实证分析中也显示出新兴市场经济体国家在金融自由化的过程中，金融发展水平的提高也扩大了收入的不平等。正如前文所分析的，金融发展的扩大效应也表明了金融的深化使得那些拥有较高的收入或者很好地支付保证金从而比较容易获得贷款的高收入群体收益更多。相反，贫困的群体由于本身收入就比较低，无法支付贷款时所需的保证金，从而也就无法获取到金融服务的收益，所以最终金融深化使得那些高收入群体的既得利益者收益更多。所以说，各国在实行金融自由化的过程中还需要给那些贫困或者说低收入群体一定的政策上的倾斜，比如说修改相关的金融制度的借款或者贷款规则，适当给予在他们借或贷款时的门槛放低，以使得他们更容易进入金融市场。同样很重要的是为贫困群体提高良好的教育、社会保障体系和依赖服务，提高他们本身的技能，从而使他们可以很好地使用金融服务。

四　加大对教育或人力资本的投资

本书的实证分析也证实了教育水平的提高可以有效地减小收入的不平等，大多数的跨国实证分析也得出了这一点，如 Jaumotte et al.（2008）等。而且，金融的自由化增加了对技术性劳动力的需求。因此，新兴市场经济体国家在采取金融自由化的政策时，应该引导更多的资本投入相关的教育培训产业上，通过增加人力资本的价值而增加技术性劳动力的人数，从而提高低收入群体的收入水平，改善一国居民收入的不平等。

五　对我国的进一步启示

本书采用中国省级、城市层面和企业层面的数据实证分析了中国的金融发展对经济增长、居民消费和城乡收入差距影响。本书的实证分析显示金融发展通过多种机制促进了经济的增长，但对居民消费的增长却起到了反向作用，同时企业面临的信贷约束也阻碍了外资对中国企业的溢出效应。最后，不同的金融发展指标对城乡收入差距的不同影响。Deposit 指标的影响与 Greenwood 和 Jovanovic（1990）的理论模型得出的观点相似，但是另外两个指标得到的结果正好与 Deposit 的影响相反。因此，不同的金融指标对城乡收入差距的不同影响也就对我国的金融改革有不同的政策启示。

（一）进一步完善金融体系

实证分析显示存款规模的扩大在跨过一定的门槛之后，最终将会使得城乡收入差距缩小。因此，完善金融体系，增加金融体系存款的规模非常重要。这就要求政府稳步地推进利率市场化改革，放宽银行业的进入标准，创造良好的竞争环境，积极地鼓励中小银行的发展。

（二）优化信贷服务体系

贷款规模的增长从长期来看最终导致了城乡收入差距的持续扩大，所以说对改变现行的信贷资源配置非常重要。虽然说目前我国的一些地方性商业银行甚至外资银行在国内的发展非常迅速，但是总的来看当前我国多数的金融资源仍然是掌握在一些国有银行，如工、农、中、建四大银行手中，基于一些体制或者政策上的安排它们会把更多的信贷投放于一些国有垄断行业或者一些低收益、低效率的项目。因此，这种信贷体系的不合理配置最终也导致了收入差距的增加。所以说政府要进一步优化目前我国的信贷服务体系，使之更有效地分配自己的金融资源。降低进入信贷市场的门槛，使更多的低收入者、中小企业或者民营企业也可以进入信贷市场。民营企业和中小企业包含了大量的非技术性劳动力，这部分就业在我国占了很大的一个比重。因此使这些企业更方便地进入金融市场，促进它们的增长，可以更好地提高低收入者的收入水平从而减小城乡的收入差距。

（三）大力推进农村的金融体制改革

对农村地区的信贷投放则要给予一定的政策优惠。在保证盈利能力和风险可控的前提下，金融体系尤其是商业银行系统可以加大对农村信贷投放力度，增加农村的金融资源供给。除了给予农村以金融制度安排上的政策倾斜以外，还要注重建立和健全针对农村地区的金融服务体系，尽量避免农村金融资源流向城市而不能服务于农村地区。促进农民收入的增长，农村非正规金融的作用也很重要。因此，政府应规范农村非正规金融的发展，引导农村金融的良性成长，促使其有效地服务于农民。作为正规金融的一个有益补充，非正规金融可以在一定程度上缓解农民的信贷约束问题。目前，我国也在通过相关的立法来完善这方面的运行。如 2014 年 3 月，全国首部金融地方性法规《温州市民间融资管理条例》及《实施细则》正式实施。民间借贷的合法化，必将会有效地缓解农村居民的融资问题，从而提高他们的收益。城市金融对农村的反哺也很重要，因此就要合理地引导城市金融资源投资于农村，服务农村和农民的发展。除此之外，尽快完善农业的保障体系，减小或者化解投资于农村的风险，使投资者们更好地投资于农村。

（四）对居民储蓄存款的合理利用也很重要

同贷款一样，居民储蓄存款规模的增长最后也使得城乡的收入差距扩大。而前面也提到过，Savings 这个指标表示了居民储蓄存款的流动能力，因此实证分析显示的是居民储蓄存款的流通能力越高，长期来看将会使得城乡的收入差距更趋于扩大。所以说，居民储蓄存款规模的扩大，并没有带来收入分配的均等化效用。因此，为了合理利用好居民的储蓄存款，政府还应完善好金融服务体系和相关的法律法规，积极地推进投融资体制改革，合理地配置金融资源，从而不仅使得居民储蓄存款的流通能力增强也使得它们更好地服务于居民大众，尤其是农村居民。

（五）其他一些措施也非常重要

如继续加大教育水平的投入。从多方面的实证分析中可以看到，教育水平的增加可以提高工人的人力资本积累和人力资本价值，从而使得更多的工人成为技术性劳动力而增加他们的收入水平并最终降低收入的不平等。因此，也要重点加大对教育的投资力度，促进国民受教育水平的提高。促进城市化的进程，改变我国现存的二元经济结构也是很重要的。从本书的实证分析上看，城市化率的提高显著地减小了城乡收入的差距，而且也有很多其他的实证证据表明二元的经济结构从而二元的金融体系对我国的城乡收入差距影响很大。孙永强（2012）就指出我国现存的二元经济和金融结构导致了我国金融发展水平的提高显著地扩大了城乡居民收入不平等，而发现金融城乡二元结构的缓解以及城市化的进程则有利于缩小我国的城乡居民收入差距。孙君和张前程（2012）也认为中国城乡金融的不平衡发展扩大了城乡的收入差距。因此，努力改变目前我国的城市二元经济结构，对居民收入差距的缓解扮演着很重要的角色。城镇化也就是指农村人口不断向城镇地区转移，第二、第三产业不断向城镇聚集，从而使城镇数量增加，城镇规模扩大的一种历史变迁过程。近几年来，随着我国改革开放逐步进入深水区，一些突出的问题和矛盾逐渐暴露出来，如户籍制度、农村土地流转等。目前，这些问题已经成为制约我国经济增长的一个很大的瓶颈。2012 年国务院副总理李克强就表示，中国已进入中等收入国家行列，但发展还很不平衡，尤其是城乡差距量大面广，差距就是潜力，未来几十年最大的发展潜力在城镇化。2013 年党的十八届三中全会再次提出，推进城镇化是中国跨越中等收入陷阱，实现现代化和小康社会的一个重要途径。近年来的多次中央经济会议提出了推进城镇化的重要性。习近平总书记在 2013 年 12 月的中央城镇化工作会议上也强调要坚定不移地推进农业转移人口市民化，提高城镇建设用地利用效率，建立多元可持续的资金保障机制，优化城镇化布局和形态，提高城镇建设水平，加强对城镇化的管理。总之，通过深化对我国的土地流转机制、户籍制度以及农村医疗保障体系等许多因素的改革，加大力度推进我国的城镇化进程，这对当前我国的城乡收入差距的缓解至关重要，也会促进我国的经济发展水平走上一个更高的台阶。总之，通过以上的政策手段或者方式，尽可能地改变城市和农村的二元金融结构，减小城乡的收入差距。

总之，对于新兴市场经济体国家而言，要尽量通过渐进式的改革去一步步地完成该国的金融自由化过程，中间还要建立和健全良好的监督体系，从而避免对低收入的弱势群体造成更大的损害。同时，针对于贫困群体的金融政策上的照顾也是至关重要的。通过修改相关的规则、制度，放开他们的进入门槛，使更多的人可以有效地进入金融市场，从而可以更好地使他们享受到金融自由化所带来的收益。正如陈志刚（2006）指出，要创造更好的条件实施金融广化效应。有一个很重要的一点便是加大对教育或者人力资本的投资。金融自由化带来的外资大多投向了技术或者技术性劳动力密集的行业或部门，加大了对技术性劳动力的需求。因此，通过教育或人力资本的投资使得更多的人的人力资本价值提高，成为技术性的劳动力是很重要的。但是由于贫困的群体并不能很好地享受到教育服务或者通过借贷而增加自己的人力资本，所以此时政策的帮助作用是显而易见的。通过政府相关部门对教育、医疗或者社会保障体系的投资或补贴，提高他们的技能，让更多的人更好地享受到金融服务的收益。相对于中国来说，除了要积极有效地采取以上措施以外，还应改革国内的信贷体系，使更多的信贷资源可以流向中低收入群体、中小企业以及农村市场，积极稳妥地推进城镇化的进程等。通过以上这些综合措施的实施，必将会有效地防止金融自由化过程中带来的负面效应，使得更广泛的群体从自由化中受益，从而减少金融自由化的扩大收入不平等的负向作用。

第三节 本书的不足和未来可能的研究方向

本书的理论和实证分析很好地揭示了新兴市场经济体国家的金融自由化、金融发展和收入不平等的关系，而且进一步实证分析了金融发展对居民消费和经济增长的影响，以及中国的金融发展水平和城乡收入差距之间的关系。总体来看，本书的研究很好地分析了相关的金融——收入不平等理论在新兴市场经济体国家的适用性，通过对中国的相关研究我们也证实了金融发展理论在我国的适用性，同时本书实证分析反过来也丰富了未来的相关理论研究。

但是，本书的研究仍然存在着一定的问题，而这些问题也正是未来作者将继续进行深入研究的方向。目前来看，主要包括以下几个方面：

一 行业层面的证据

Larrain（2015）曾指出资本账户的一体化使得一国的收入不平等增加，但是他在使用行业数据进行实证分析时也发现金融开放会使得那些外部融资依赖度较高的行业和资本—技术性劳动力互补性更强的行业内的收入不平等增加程度要更大一些。文中他用 23 个工业化国家 1975—2005 年的数据进行了实证分析，在分析行业的收入不平等的时候他还使用了 15 个两分位数下的行业数据。在控制了国家、行业、时间等固定效应后他发现了资本账户的一体化显著地提高了那些外部融资依赖较高和资本—技术性劳动力更强的行业。其中行业的外部融资依赖程度指标他借鉴了 Rajan 和 Zingales（1998）的做法计算出

了 15 个行业的数值，而资本—技术性劳动力的互补性他则使用了
GMM 估计方法估计出了各个行业的这个指标。相反在本书的理论和
实证研究中，只是实证分析了金融自由化对新兴市场经济体国家内部
收入不平等的整体作用，没有进一步深入地研究对这些国家不同行业
的影响。众所周知，金融发展对不同的行业有重要的作用。如 Rajan
和 Zingales（1998）就指出金融发展水平的提高将会使得外部融资依
赖程度较高的行业更快地增长，而金融越发达的国家，这些行业增长
得也越快。Cetorelli 和 Gambera（2001）在使用了 1980—1990 年 41
个国家 26 个行业的数据进行实证分析时也发现银行业的集中通过促
进年轻的企业可获得贷款的能力而促进了那些外部融资依赖较高的行
业的增长。Eichengreen et al.（2011）使用了 49 个国家 36 个行业
1980—2004 年的数据大约 4000 个观测值进行了实证分析。在控制了
银行危机、货币危机以及行业所占份额等因素的影响后，他们的实证
分析了也发现了金融开放性对外部融资依赖程度比较高的行业的增长
（行业的增加值的增长）有显著的正向作用，虽然在金融危机的时候
这种促进作用有所削弱。他们还发现在高收入的国家，这种增长作用
比较明显，尤其是那些有较好的金融服务体系、良好的会计准则和知
识产权保护的国家。总之，越来越多的理论和实证证据已经表明金融
自由化对不同行业的增长的促进作用。因此，这必然也会对不同行业
的收入不平等产生影响。但是在本书的实证分析中并没有进行相关的
研究。所以说，在将来的分析中，作者将会尝试分析一下金融自由化
对一国不同行业的收入的不平等的影响。另外，不同的行业的资本—
技术性劳动力的互补性也是不一样的。理论分析表明资本和技术性劳
动力的互补性是造成开放扩大收入的不平等的一个重要的原因。不同
的行业这种互补性是不同的，所以这也促使着作者将来引入行业的数
据进行进一步的实证分析。总之，金融自由化对不同行业的不同影响
是不可忽视的，未来将会使用详细的新兴市场经济体国家的行业数据
去进行更加细致的实证分析。

二 企业层面的证据

来自企业层面的证据也很重要。基于企业数据的可得性，近年来越来越多的研究开始关注于寻求企业层面的证据去检验相关理论的适用性，如我国的李连发和辛晓岱（2009）使用了来自世界银行关于企业调研的数据库里33个国家的1506家企业实证分析了外部融资依赖和金融发展对企业的增长之间的关系，Amiti和Davis（2012）使用印度尼西亚的企业数据分析了关税削减对企业员工收入的影响，Helpman et al.（2012）首先基于异质性的企业模型分析了贸易对收入的影响，然后他们又基于巴西1986—1998年大约10万家企业实证分析了贸易对企业员工的收入不平等的影响。Anwar和Sun（2012）使用了来自中国2000年、2003年和2006年的企业层面数据分析了贸易自由化、市场结构对收入不平等的影响，其实证结果显示贸易自由化程度越高，那么企业内技术性劳动力与非技术性劳动力的收入差距就越大。而且在本研究中也提到过金融自由化使得国内的资本存量增加，更多的企业会选择用资本去代替劳动力（多数为非技术性劳动力）进行相关的生产。通过使用企业层面的数据去进行与本书相关的实证研究，既可以在一定程度上减少测量的误差，更加细致地分析金融自由化带来的影响，又可以对相关的理论进行重新的检验。

三 金融自由化与金融发展的内在联系

本书虽然将金融自由化与金融发展放在一起研究了它们对收入不平等的影响，但是并没有深入探讨金融自由化与金融发展之间的内在关系及其这种内在的联系会对收入的不平等造成怎样的影响。一般来说，资本账户的一体化倾向于增加了一国的金融发展水平，如Levine（2001），Levine和Zervos（1998）等。Baltagiet al.（2009）利用发展中国家和工业化国家数据和动态面板估计实证分析了金融发展和对外开放（贸易和金融）之间的关系。在控制了人均实际GDP、制度质量等因素的影响后，他们在实证分析时发现金融开放性是银行部门发

展的决定因素。对于相对封闭的经济体，即使是只开放金融市场，也
会促进金融发展水平的提高。最后通过使用不同的金融发展指标（如
分别用私人信贷占 GDP 的比重和股票市场的资本化占 GDP 的比重来
衡量金融发展水平的高低）、金融开放指标［Chinn 和 Ito（2006）的
资本账户开放指标与 Milesi-Ferretti（2006）的金融全球化指标以及
Abiad et al.（2010）的金融自由化指标等］，以及选择不同的数据库进
行敏感性分析，他们的结论依然是成立的。总之，金融开放对一国的
金融发展有重要的影响。但是在本书的理论模型中，并没有探讨两者
相互作用的机制，以及这种作用机制会对收入的不平等造成什么样的
影响。同时在实证分析中，如多数研究金融自由化、金融发展对经济
或者行业增长以及知识积累的影响等的文献类似，作者也只是平行地
将这两者放入估计方程中进行了回归分析，从而并没有考虑到金融自
由化对金融发展造成的内在影响。但是，鉴于相关的实证文献已经分
析得出金融开放会对一国的金融发展水平造成重要的影响，因为在未
来的相关研究中，作者也将会尝试将金融开放和金融发展一起放入理
论分析中，分析他们之间各自以及共同对收入的不平等造成的影响。
这样一样，不仅可以丰富目前的金融——收入不平等理论，也会为将
来的实证分析打下良好的基础。

四　小结

本书提供了金融自由化、金融发展对新兴市场经济体国家的收入
不平等的影响的一个重要的分析视角和框架。在研究中作者通过详细
的理论和实证研究分析了这些国家的金融自由化和金融发展对收入的
不平等造成的影响。综合来看本书的相关研究不仅很好地检验了相关
的金融——收入分配理论在新兴市场经济体国家的适用性，也进一步
为将来拓宽相关的理论研究铺垫了良好的基础。同时，本书的研究也
为新兴市场经济体国家的相关金融改革提供了有益的参考，尤其是对
政府未来的决策制定有重要的意义。对一些仍未实现资本开放的发展
中国家或正在准备实施金融开放的国家的意义尤为重要，比如说中

国。通过借鉴其他的发展中国家的金融自由化经验，可以很好地为近年来正好谋求人民币的国家化和资本账户的开放的中国提供有益的参考。但是，本书的研究也存在一定的问题，这表现在很多方面。在未来的相关研究中，还需要考虑到更多的来自不同的行业，或者来自微观的企业层面的证据以及金融自由化与金融发展的相互作用等因素的影响，从而使得本书的理论和实证研究更好地把握住各国当前的金融发展、金融自由化对收入不平等的影响，更好地为政府提出良好的政策建议。

参考文献

包群、赖明勇：《FDI 技术外溢的动态测算及原因解释》，《统计研究》2003 年第 6 期。

陈斌开、林毅夫：《金融抑制、产业结构与收入分配》，《世界经济》2012 年第 1 期。

陈琳、林珏：《外商直接投资对中国制造业企业的溢出效应：基于企业所有制结构的视角》，《管理世界》2009 年第 9 期。

陈涛涛、陈娇：《行业增长因素与我国 FDI 行业内溢出效应》，《经济研究》2006 年第 6 期。

陈志刚：《金融自由化与收入分配：理论和发展中国家的经验》，《上海经济研究》2006 年第 1 期。

陈志刚、王皖君：《金融发展与中国的收入分配：1986—2005》，《财贸经济》2009 年第 5 期。

戴枫：《贸易自由化与收入不平等——基于中国的经验研究》，《世界经济研究》2005 年第 10 期。

段先盛：《收入分配对总消费影响的结构分析——兼对中国城镇家庭的实证检验》，《数量经济技术经济研究》2009 年第 2 期。

樊纲、王小鲁：《消费条件模型和各地区消费条件指数》，《经济研究》2004 年第 5 期。

韩旺红、马瑞超：《FDI、融资约束与企业创新》，《中南财经政法大学学报》2013 年第 2 期。

何洁:《外国直接投资对中国工业部门外溢效应的进一步精确量化》,《世界经济》2000 年第 12 期。

贺秋硕:《我国收入不平等、金融发展和消费需求波动的实证研究:1978—2001》,《当代经济科学》2006 年第 2 期。

胡帮勇、张兵:《中国农村金融发展对农民消费影响的实证研究——基于 1979—2010 年的时间序列数据》,《经济经纬》2012 年第 6 期。

黄先海、张云帆:《我国外贸外资的技术溢出效应分析》,《国际贸易问题》2005 年第 1 期。

解维敏、方红星:《金融发展、融资约束与企业研发投入》,《金融研究》2011 年第 5 期。

赖明勇、包群、彭水军、张新:《外商直接投资与技术外溢:基于吸收能力的研究》,《经济研究》2005 年第 8 期。

李梅、柳士昌:《对外直接投资逆向技术溢出的地区差异和门槛效应——基于中国省际面板数据的门槛回归分析》,《管理世界》2012 年第 1 期。

李实、赵人伟:《中国居民收入分配再研究》,中国财政经济出版社1999 年版。

李世光:《国际贸易、外国直接投资、技术进步和收入分配差距——一个综合分析模型》,《国际贸易问题》2004 年第 6 期。

林毅夫、张鹏飞:《适宜技术、技术选择和发展中国家的经济增长》,《经济学》季刊 2006 年第 3 期。

刘程:《新兴市场的汇率制度、金融开放与经济增长》,中国财政经济出版社 2009 年版。

楼裕胜:《金融发展差异与城乡居民收入差距关系研究》,《华中科技大学学报》(社会科学版) 2008 年第 5 期。

陆铭、陈钊:《城市化、城市倾向的经济政策与城乡收入差距》,《经济研究》2004 年第 6 期。

吕世生、张诚:《当地企业吸收能力与 FDI 溢出效应的实证分析——

以天津为例》，《南开经济研究》2004 年第 6 期。

毛中根、洪涛：《金融发展与居民消费：基于 1997—2007 年中国省际面板数据的实证分析》，《消费经济》2010 年第 5 期。

潘文卿：《外商投资对中国工业部门的外溢效应：基于面板数据的分析》，《世界经济》2003 年第 6 期。

平新乔：《外国直接投资对中国企业的溢出效应分析：来自中国第一次全国经济普查数据的报告》，《世界经济》2007 年第 8 期。

亓朋、许和连、艾洪山：《外商直接投资企业对内资企业的溢出效应：对中国制造业企业的实证研究》，《管理世界》2008 年第 4 期。

乔海曙、陈力：《金融发展与城乡收入差距"倒 U 型"关系再检验——基于中国县域截面数据的实证分析》，《中国农村经济》2009 年第 7 期。

沈坤荣：《外国直接投资与中国经济增长》，《管理世界》1999 年第 5 期。

沈坤荣、耿强：《外国直接投资、技术外溢与内生经济增长——中国数据的计量检验与实证分析》，《中国社会科学》2001 年第 5 期。

苏基溶、廖进中：《中国金融发展与收入分配、贫困关系的经验分析——基于动态面板数据的研究》，《财经科学》2009 年第 12 期。

孙君张、前程：《中国城乡金融不平衡发展与城乡收入差距的经验分析》，《世界经济文汇》2012 年第 3 期。

孙永强：《金融发展、城市化与城乡居民收入差距研究》，《金融研究》2012 年第 4 期。

孙永强、万玉琳：《金融发展、对外开放与城乡居民收入差距——基于 1978—2008 年省际面板数据的实证分析》，《金融研究》2011 年第 1 期。

谈儒勇：《中国金融发展和经济增长关系的实证研究》，《经济研究》1999 年第 10 期。

万广华、陆铭、陈钊：《全球化与地区间收入差距：来自中国的证据》，《中国社会科学》2005 年第 3 期。

万广华、张茵、牛建高:《流动性约束、不确定性与中国居民消费》,《经济研究》2001 年第 11 期。

汪建新、黄鹏:《金融发展对收入分配的影响:基于中国 29 个省区面板数据检验》,《上海经济研究》2009 年第 11 期。

汪伟、艾春荣、曹晖:《税费改革对农村居民消费的影响研究》,《管理世界》2013 年第 1 期。

王青:《收入差距对居民消费需求影响的实证分析》,《社会科学辑刊》2005 年第 3 期。

王修华、邱兆祥:《农村金融发展对城乡收入差距的影响机理与实证研究》,《经济学动态》2011 年第 2 期。

王征、鲁钊阳:《农村金融发展与城乡收入差距——基于我国省级动态面板数据模型的实证研究》,《财贸经济》2011 年第 7 期。

王志鹏、李子奈:《外资对中国工业企业生产效率的影响研究》,《管理世界》2003 年第 4 期。

温涛、冉光和、熊德平:《中国金融发展与农民收入增长》,《经济研究》2005 年第 9 期。

吴信如:《金融发展的福利收益和"门槛效应"——一个动态最优增长分析》,《财经研究》2006 年第 2 期。

夏业良、程磊:《外商直接投资对中国工业企业技术效率的溢出效应研究——基于 2002—2006 年中国工业企业数据的实证分析》,《中国工业经济》2010 年第 7 期。

辛大楞、张源媛:《金融发展、国际 R&D 溢出与经济增长》,《制度经济学研究》2014 年第 2 期。

许和连、栾永玉:《出口贸易的技术外溢效应:基于三部门模型的实证研究》,《数量经济技术经济研究》2005 年第 9 期。

许和连、魏颖绮、赖明勇、王晨刚:《外商直接投资的后向链接溢出效应研究》,《管理世界》2007 年第 4 期。

颜银根:《贸易自由化、产业规模与地区工资差距》,《世界经济研究》2012 年第 8 期。

杨俊、李晓羽、张宗益：《中国金融发展水平与居民收入分配的实证分析》，《经济科学》2006 年第 2 期。

杨俊、王佳：《金融结构与收入不平等：渠道和证据——基于中国省际非平稳异质面板数据的研究》，《金融研究》2012 第 1 期。

姚耀军：《金融发展与城乡收入差距关系的经验分析》，《财经研究》2005 年第 2 期。

叶耀明、王胜：《关于金融市场化减少消费流动性约束的实证分析》，《财贸研究》2007 年第 1 期。

叶志强、陈习定、张顺明：《金融发展能减少城乡收入差距吗？——来自中国的证据》，《金融研究》2011 年第 2 期。

于洪霞、陈玉宇：《外贸出口影响工资水平的机制探析》，《管理世界》2010 年第 10 期。

余玲铮：《金融发展与收入不平等：只是线性关系？》，《上海金融》2012 年第 4 期。

余玲铮、魏下海：《金融发展加剧了中国收入不平等吗？——基于门槛回归模型的证据》，《财经研究》2012 年第 3 期。

余永定、李军：《中国居民消费函数的理论与验证》，《中国社会科学》2000 年第 1 期。

喻世友、史卫、林敏：《外商直接投资对内资企业技术效率的溢出渠道研究》，《世界经济》2005 年第 6 期。

袁志刚、朱国林：《消费理论中的收入分配与总消费——及对中国消费不振的分析》，《中国社会科学》2002 年第 2 期。

臧旭恒、李燕桥：《消费信贷、流动性约束与中国城镇居民消费行为——基于 2004—2009 年省际面板数据的经验分析》，《经济学动态》2012 年第 2 期。

臧旭恒、孙文祥：《城乡居民消费结构：基于 ELES 模型和 AIDS 模型的比较分析》，《山东大学学报》（哲学社会科学版）2003 年第 6 期。

张海洋：《R&D 两面性、外资活动与中国工业生产率增长》，《经济研究》2005 年第 5 期。

张军、金煜：《中国的金融深化和生产率关系的再检测：1987—
2001》，《经济研究》2005 年第 11 期。

张军、吴桂英、张吉鹏：《中国省际物质资本存量估算：1952—
2000》，《经济研究》2004 年第 10 期。

张凯、李磊宁：《农民消费需求与农村金融发展关系研究——基于协
整分析与误差修正模型》，《中国农村观察》2006 年第 3 期。

张立军：《金融发展与收入分配关系研究综述》，《经济学动态》2005
年第 3 期。

张立军、湛泳：《中国农村金融发展对城乡收入差距的影响——基于
1978—2004 年数据的检验》，《中央财经大学学报》2006 第 5 期。

张立军、湛泳：《金融发展影响城乡收入差距的三大效应分析及其检
验》，《数量经济技术经济研究》2006 年第 12 期。

张玉鹏、王茜：《金融开放视角下宏观经济波动问题研究——以东亚
国家（地区）为例》，《国际金融研究》2011 年第 2 期。

章奇、刘明兴、陶然、Vyp Chen：《中国的金融中介增长与城乡收入
差距》，《中国金融学》2003 年第 1 期。

赵国庆、张中元：《金融发展与中国跨省消费风险分担》，《经济理论
与经济管理》2010 年第 12 期。

赵伟、古广东、何元庆：《外向 FDI 与中国技术进步：机理分析与尝
试性实证》，《管理世界》2006 年第 7 期。

赵勇、雷达：《金融发展与经济增长：生产率促进抑或资本形成》，
《世界经济》2010 年第 2 期。

郑长德、杨晓龙：《中国金融自由化效应分解：经济增长、金融风险
以及收入分配》，《西南金融》2010 年第 6 期。

郑重：《新兴市场国资本项目开放下的货币政策规则研究》，经济管
理出版社 2013 年版。

Abiad A. , Detragiache E. and Tressel T. , "A New Database of Financial
Reforms", *Imf Staff Papers*, Vol. 57, No. 2, 2010.

Abraham F. , Konings J. and Slootmaekers V. , "FDI spillovers in the Chinese manufacturing sector", *Economics of Transition*, Vol. 18, No. 1, 2010.

Acemoglu D. , 2010, "Patterns of Skill Premia", *Review of Economic Studies*, Vol. 70, No. 2, 2010.

Acemoglu D. , Johnson S. and Robinson J. A. , "Chapter 6 Institutions as a Fundamental Cause of Long-Run Growth", *Nanjing Business Review*, Vol. 1, No. 05, 2005.

Acemoglu D. , Johnson S. , Robinson J. A. and Thaicharoen Y. , "Institutional Causes, Macroeconomic Symptoms: Volatility, Crises and Growth", *Journal of Monetary Economics*, Vol. 50, No. 1, 2003.

Acharyya R. , "A Note on Quantitative Trade Restrictions, Income Effects and Wage Inequality", *Economic Modelling*, Vol. 28, No. 6, 2011.

Adams S. , "Globalization and income inequality: Implications for intellectual property rights", *Journal of Policy Modeling*, Vol. 30, No. 5, 2008.

Agarwal N. , Milner C. and Riaño A. , "Credit Constraints and Spillovers from Foreign Firms in China", *Journal of Banking and Finance*, Vol. 48, No. 11, 2014.

Agenor P. , "Does Globalization Hurt the Poor", *International Economics and Economic Policy*, Vol. 1, No. 1, 2002.

Aghion P. , Bacchetta P. and Banerjee A. , "Financial Development and the Instability of Open Economies", *Journal of Monetary Economics*, Vol. 51, No. 6, 2004.

Aghion P. and Bolton P. , "A Theory of Trickle-Down Growth and Development", *The Review of Economic Studies*, Vol. 64, No. 2, 1997.

Aghion P. and Howitt P. , "A Model of Growth Through Creative Destruction", *Econometrica*, Vol. 60, No. 2, 1992.

Aghion P. , Howitt P. and Mayer-Foulkes, "The Effect of Financial Development on Convergence: Theory and Evidence", *Quarterly Journal of Economics*, Vol. 120, No. 1, 2005.

Agnello L. , Mallick S. K. and Sousa R. M. , "Financial Reforms and Income Inequality", *Economics Letters*, Vol. 116, No. 3, 2012.

Ahmed A. D. and Suardi S. , "Macroeconomic Volatility, Trade and Financial Liberalization in Africa", *World Development*, Vol. 37, No. 10, 2009.

Akerman A. , Helpman E. , Itskhoki O. , Muendler M. and Redding S. , "Sources of Wage Inequality", *The American Economic Review*, Vol. 103, No. 3, 2013.

Alderson A. S. , Nielsen F. , "Income Inequality, Development, and Dependence: A Reconsideration", *American Sociological Review*, Vol. 64, No. 4, 1999.

Alfaro L. , Chanda A. , Kalemli-Ozcan S. and Sayek S. , "FDI and Economic Growth: The Role of Local Financial Markets", *Journal of International Economics*, Vol. 64, No. 1, 2004.

Alonso-Borrego C. and Arellano M. , "Symmetrically Normalized Instrumental-variable Estimation Using panel Data", *Journal of Business & Economic Statistics*, Vol. 17, No. 1, 1999.

Amiti M. and Davis D. R. , "Trade, Firms, and Wages: Theory and Evidence", *The Review of Economic Studies*, Vol. 79, No. 1, 2012.

Anderson T. W. and Hsiao C. , "Estimation of Dynamic Models with Error Components", *Journal of the American Statistical Association*, Vol. 76, 1981.

Ang J. , "Financial Liberalization and Income Inequality", *MPRA Paper*, 2009.

Ang J. B. , "Finance and Inequality: The Case of India", *Southern Economic Journal*, Vol. 76, No. 3, 2010.

Ang J. B. , "Financial development, liberalization and technological deepening", *European Economic Review*, Vol. 55, No. 5, 2011.

Ang J. B., 2011, "Finance and Consumption Volatility: Evidence from India", *Journal of International Money and Finance*, Vol. 30, No. 6, 2011.

Ang J. B., McKibbin W. J., "Financial liberalization, financial sector development and growth: Evidence from Malaysia", *Journal of Development Economics*, Vol. 84, No. 1, 2007.

Anwar S. and Sun S., "Trade liberalisation, market competition and wage inequality in China's manufacturing sector", *Economic Modelling*, Vol. 29, No. 4, 2012.

Arellano M. and Bond S., "Some Tests of Specification for Panel Data: Monte Carlo Evidence and an Application to Employment Equations", *The Review of Economic Studies*, Vol. 58, No. 2, 1991.

Arellano M., Bover O., "Another Look at the Instrumental Variable Estimation of Error-componentsModels", *Journal of Econometrics*, Vol. 68, No. 1, 1995.

Arestis P. and Caner A., "Financial Liberalization and Poverty: Channels of Influence", *Economics Working Paper Archive*, 2004.

Asteriou D., Dimelis S. and Moudatsou A., "Globalization and Income Inequality: A Panel Data Econometric Approach for the EU27 Countries", *Economic Modelling*, Vol. 36, 2014.

Autor D., Dorn D. and Hanson G. H., "Untangling Trade and Technology: Evidence from Local Labor Markets", *IZA Discussion Papers*, 2013.

Ayyagari M., Demirgüç-Kunt A. and Maksimovic V., "Firm Innovation in Emerging Markets: The Role of Finance, Governance, and Competition", *Journal of Financial and Quantitative Analysis*, Vol. 46, No. 6, 2011.

Bacchetta P. and Caminal R., "Do capital market imperfections exacerbate output fluctuations", *European Economic Review*, Vol. 44, No. 3, 2000.

Baltagi B. H., Demetriades P. O. and Law S. H., "Financial Development and Openness: Evidence from Panel Data", *Journal of Development Economics*, Vol. 89, No. 2, 2009.

Banerjee A. V. and Newman A. F., "Occupational Choice and the Process of Development", *Journal of Political Economy*, Vol. 101, No. 2, 1993.

Barclay D. W., "Interdepartmental Conflict in Organizational Buying: The Impact of the Organizational Context", *Journal of Marketing Research*, Vol. 28, No. 2, 1991.

Barro R. J., "Inequality and Growth in a Panel of Countries", *Journal of Economic Growth*, Vol. 5, No. 1, 2000.

Bas M., "Does services liberalization affect manufacturing firms' export performance? Evidence from India", *Journal of Comparative Economics*, Vol. 42, No. 3, 2014.

Basu P. and Guariglia A., "Foreign Direct Investment, Inequality, and Growth", *Journal of Macroeconomics*, Vol. 29, No. 4, 2007.

Beck T., Demirguc-Kunt A., Laeven L. and Levine R., "Finance, Firm Size and Growth", *Journal of Money, Credit and Banking*, Vol. 40, No. 7, 2005.

Beck T., Demirgüç-Kunt A. and Levine R., "Financial Institutions and Markets Across Countries and Over Time - Data and Analysis", 2009.

Beck T. and Levine R., "Stock Markets, Banks, and Growth: Panel Evidence", *Journal of Banking and Finance*, Vol. 28, No. 3, 2004.

Beck T., Levine R. and Levkov A., "Big Bad Banks? The Winners and Losers from Bank Deregulation in the United States", *Journal of Finance*, Vol. 65, No. 5, 2010.

Beim D. O., Calomiris C. W., "Emerging financial markets", 2001.

Bekaert G., Harvey C. R. and Lundblad C., "Does financial liberalization spur growth", *Journal of Financial Economics*, Vol. 77, No. 1, 2005.

Bekaert G., Harvey C. R. and Lundblad C. T., "Growth Volatility and Financial Liberalization", *Journal of International Money and Finance*,

Vol. 25, No. 3, 2006.

Bekaert G., Harvey C. R. and Lundblad C. T., "Financial Openness and Productivity", *World Development*, Vol. 39, No. 1, 2011.

Bergh A., Nilsson T., "Do liberalization and globalization increase income inequality", *European Journal of Political Economy*, Vol. 26, No. 4, 2010.

Bergstrom V. and Panas E. E., "How Robust Is the Capital-Skill Complementarity Hypothesis?", *The Review of Economics and Statistics*, Vol. 74, No. 3, 1992.

Blanchard O., Simon J., "The Long and Large Decline in U. S. Output Volatility", *Brookings Papers on Economic Activity*, Vol. 2001, No. 1, 2001.

Blundell R. and Bond S., "Initial Conditions and Moment Restrictions in Dynamic Panel Data Models", *Journal of Econometrics*, Vol. 87, No. 1, 1998.

Braun M. and Larrain B., "Finance and the Business Cycle: International, Inter-industry Evidence", *Journal of Finance*, Vol. 60, No. 3, 2005.

Braun M., Thank I., Aghion P., Caballero R., Chamberlain G., Hart O., Hausmann R., Jorgenson D., La Porta R. and Shleifer A., "Financial contractibility and asset hardness", *Social Science Electronic Publishing*, 2003.

Burstein A. T., Cravino J. and Vogel J., "Importing Skill-Biased Technology", *American Economic Journal: Macroeconomics*, Vol. 5, No. 2, 2013.

Cecchetti S. G., Flores-Lagunes A. and Krause S., "Assessing the Sources of Changes in the Volatility of Real Growth", *RBA Annual Conference Volume*, 2006.

Chamarbagwala R. M., "Economic Liberalization and Wage Inequality in India", *World Development*, Vol. 34, No. 12, 2006.

Chari A. , Henry P. B. and Sasson D. L. , "Capital Market Integration and Wages", *American Economic Journal: Macroeconomics*, Vol. 4, No. 2, 2012.

Chen M. and Guariglia A. , "Internal financial constraints and firm productivity in China: Do liquidity and export behavior make a difference?", *Journal of Comparative Economics*, Vol. 41, No. 4, 2013.

Chi W. , "Capital income and income inequality: Evidence from urban China", *Journal of Comparative Economics*, Vol. 40, No. 2, 2012.

Chinn M. D. , Ito H. , "A New Measure of Financial Openness", *Journal of Comparative Policy Analysis: Research and Practice*, Vol. 10, No. 3, 2008.

Chinn M. D. and Ito H. , "What Matters for Financial Development? Capital Controls, Institutions, and Interactions", *Journal of Development Economics*, Vol. 81, No. 1, 2006.

Christiansen L. E. , Prati A. , Ricci L. A. and Tressel T. , "External Balance in Low-Income Countries", *IMF Working Paper: External Balance in Low Income Countries*, Vol. 6, No. 1, 2009.

Claessens S. and Perotti E. C. , "Finance and Inequality: Channels and Evidence", *Journal of Comparative Economics*, Vol. 35, No. 4, 2007.

Coe D. T. and Helpman E. , "International R&D Spillovers", *European Economic Review*, Vol. 39, No. 5, 1995.

Cohen W. M. and Levinthal D. A. , "Absorptive Capacity: A New Perspective on Learning and Innovation", *Administrative Science Quarterly*, Vol. 35, No. 1, 1990.

Das M. and Mohapatra S. , "Income Inequality: The Aftermath of Stock Market Liberalization in Emerging Markets", *Journal of Empirical Finance*, Vol. 10, 2003.

Dollar D. and Kraay A. , "Trade, Growth, and Poverty", *The Economic Journal*, Vol. 114, No. 493, 2001.

Dollar D. , Wei S. , "Das (Wasted) Kapital; Firm Ownership and Invest-ment Efficiency in China", *IMF Working Paper*, Vol. 7 , No. 9 , 2007.

Duffy J. , Papageorgiou C. and Perez-Sebastian F. , "Capital-Skill Comple-mentarity? Evidence From A Panel of Countries", *The Review of Econom-ics and Statistics*, Vol. 86 , No. 1 , 2004.

Eichengreen B. , Gullapalli R. and Panizza U. , "Capital Account Liberal-ization, Financial Development and Industry Growth: A Synthetic View", *Journal of International Money and Finance*, Vol. 30 , No. 6 , 2011.

Evans M. D. D. and Hnatkovska V. V. , "Financial Integration, Macro-economic Volatility and Welfare", *Journal of the European Economic As-sociation*, Vol. 5 , 2007.

Fallon P. R. and Layard P. R. G. , "Capital-Skill Complementarity, In-come Distribution, and Output Accounting", *Journal of Political Econo-my*, Vol. 83 , No. 2 , 1975.

Favilukis J. , "Inequality, stock market participation, and the equity premi-um", *Journal of Financial Economics*, Vol. 107 , No. 3 , 2013.

Feder G. , "On Exports and Economic Growth", *Journal of Development E-conomics*, Vol. 12 , 1983.

Feenstra R. C. and Hanson G. H. , "Foreign direct investment and relative wages: Evidence from Mexico's maquiladoras", *Journal of International Economics*, Vol. 42 , 1997.

Findlay R. , "Relative Backwardness, Direct Foreign Investment, and the Transfer of Technology: A Simple Dynamic Model", *Quarterly Journal of Economics*, Vol. 92 , No. 1 , 1978.

Galor O. and Zeira J. , "Income Distribution and Macroeconomics", *The Review of Economic Studies*, Vol. 60 , No. 1 , 1993.

Gimet C. and Lagoarde-Segot T. , "A closer look at financial development and income distribution", *Journal of Banking and Finance*, Vol. 35 , No. 7 , 2011.

Girma S. and Gong Y. , "FDI, Linkages and the Efficiency of State-Owned Enterprises in China", *Journal of Development Studies*, Vol. 44, No. 5, 2008.

Globerman S. , "Foreign Direct Investment and 'Spillover' Efficiency Benefits in Canadian Manufacturing Industries", *Canadian Journal of Economics*, Vol. 12, No. 1, 1979.

Goldberg P. K. and Pavcnik N. N. , "Distributional Effects of Globalization in Developing Countries", *Journal of Economic Literature*, Vol. 45, No. 1, 2007.

Gopinath M. and Chen W. , "Foreign Direct Investment and Wages: A Cross-country Analysis", *Journal of International Trade & Economic Development*, Vol. 12, No. 2, 2003.

Greenwood J. and Jovanovic B. , "Financial Development, Growth, and the Distribution of Income", *Journal of Political Economy*, Vol. 98, No. 5, 1990.

Griliches Z. , "Capital-Skill Complementarity", *The Review of Economics and Statistics*, Vol. 51, No. 4, 1969.

Grossman G. M. and Helpman E. , "Trade, Knowledge Spillovers, and Growth", *European Economic Review*, Vol. 35, 1991.

Haddad M. and Harrison A. , "Are There Positive Spillovers from Direct Foreign Investment?: Evidence from Panel Data for Morocco", *Journal of Development Economics*, Vol. 42, No. 1, 1993.

Hale G. and Long C. X. , "There Productivity Spillovers from Foreign Direct Investment in China", *Pacific Economic Review*, Vol. 16, No. 2, 2007.

Harjes T. , "Globalization and Income Inequality: A European Perspective", *IMF Working Paper: Globalization and Income Inequality—A European Perspective*, Vol. 7, No. 169, 2007.

Haskel J. E. , Pereira S. C. and Slaughter M. J. , "Does Inward Foreign

Direct Investment Boost the Productivity of Domestic Firms", *The Review of Economics and Statistics*, Vol. 89, No. 3, 2007.

Helpman E. and Itskhoki O. , "Labour Market Rigidities, Trade and Un-employment", *The Review of Economic Studies*, Vol. 77, No. 3, 2010.

Helpman E. , Itskhoki O. , Muendler M. , Redding S. J. and Helpman E. , "Trade and Inequality: From Theory to Estimation", *The Review of Economic Studies*, Vol. 84, No. 1, 2017.

Henry P. B. , "Capital Account Liberalization: Theory, Evidence, and Speculation", *Journal of Economic Literature*, Vol. 45, No. 4, 2007.

Henry P. B. , "Do Stock Market liberalizations Cause Investment Booms", *Journal of Financial Economics*, Vol. 58, 2000.

Henry P. B. , "Capital Account Liberalization, The Cost of Capital, and Economic Growth", *The American Economic Review*, Vol. 93, No. 2, 2003.

Herzer D. and Nunnenkamp P. , "Inward and Outward FDI and Income In-equality: Evidence from Europe", *Review of World Economics*, Vol. 149, No. 2, 2013. 149 (2): pp. 395 –422.

Howitt P. , "Endogenous Growth and Cross-Country Income Differences", *The American Economic Review*, Vol. 90, No. 4, 2000.

Jalil A. , "Modeling Income Inequality and Openness in the Framework of Kuznets Curve: New Evidence from China", *Economic Modelling*, Vol. 29, No. 2, 2012.

Jalilian H. and Kirkpatrick C. , "Does Financial Development Contribute to Poverty Reduction", *Journal of Development Studies*, Vol. 41, No. 4, 2005.

Jappelli T. and Pagano M. , "Consumption and Capital Market Imperfec-tions: An International Comparison", *The American Economic Review*, Vol. 79, No. 5, 1989.

Jaumotte F. , Lall S. and Papageorgiou C. , "Rising Income Inequality:

Technology, or Trade and Financial Globalization?", *Imf Economic Review*, *Vol.* 61, No. 2, 2013.

Javorcik B. S., "Does Foreign Direct Investment Increase the Productivity of Domestic Firms? In Search of Spillovers Through Backward Linkages", *The American Economic Review*, Vol. 94, No. 3, 2004.

Kaminsky G. L. and Schmukler S. L., "Short-Run Pain, Long-Run Gain: Financial Liberalization and Stock Market Cycles", *Review of Finance*, Vol. 12, No. 2, 2007.

Kappel V., "The Effects of Financial Development on Income Inequality and Poverty", *CER-ETH Economics working paper series*, 2010.

Kearney C., "Emerging Markets Research: Trends, Issues and Future Directions", *Emerging Markets Review*, Vol. 13, No. 2, 2012.

Kim D. H. and Lin S. C., "Nonlinearity in the Financial Development-income Inequality Nexus", *Journal of Comparative Economics*, Vol. 39, No. 3, 2011.

King R. G. and Levine R., "Finance, Entrepreneurship and Growth", *Journal of Monetary Economics*, Vol. 32, No. 3, 1993.

Klein M. W. and Olivei G. P., "Capital Account Liberalization, Financial Depth and Economic Growth", *Journal of International Money and Finance*, Vol. 27, No. 6, 2008.

Kogut B. and Chang S. J., "Technological Capabilities and Japanese Foreign Direct Investment in the United States", *The Review of Economics and Statistics*, Vol. 73, No. 3, 1991.

Kokko A., "Productivity Spillovers from Competition between Local Firms and Foreign Affiliates", *Journal of International Development*, Vol. 8, No. 4, 1996.

Kose M. A., Prasad E. S., Rogoff K. S. and Wei S. J., "Financial Globalization: A Reappraisal", *IMF Working Paper: Financial Globalization—A Reappraisal*, Vol. 6, No. 189, 2006.

Kose M. A. , Prasad E. S. and Terrones M. E. , "Financial Integration and Macroeconomic Volatility", *Social Science Research Network*, Vol. 3 , No. 50 , 2003.

Kose M. A. , Prasad E. S. and Terrones M. E. , "How do Trade and Financial Integration Affect the Relationship between Growth and Volatility", *Journal of International Economics*, Vol. 69 , No. 1 , 2006.

Kotwal A. , Ramaswami B. and Wadhwa W. , "Economic Liberalization and Indian Economic Growth: What's the Evidence?", *Journal of Economic Literature*, Vol. 49 , No. 4 , 2011.

Kroszner R. S. , Laeven L. and Klingebiel D. , "Banking Crises, Financial Dependence and Growth", *Journal of Financial Economics*, Vol. 84 , No. 1 , 2007.

Krusell P. , Ohanian L. E. , Ríos-Rull J. and Violante G. L. , "Capital-skill Complementarity and Inequality: AMacroeconomic Analysis", *Econometrica*, Vol. 68 , No. 5 , 2000.

Kuznets S. , "Economic Growth and Income Inequality", *The American Economic Review*, Vol. 45 , No. 1 , 1955.

Polgreen P. S. , "Capital-skill Complementarity and Inequality: A Sensitivity Analysis", *Review of Economic Dynamics*, Vol. 11 , No. 2 , 2008.

Larrain M. , "Capital Account Opening and Wage Inequality", *Review of Financial Studies*, Vol. 28 , No. 6 , 2015.

Law S. H. and Tan H. B. , "The Role Of Financial Development On Income InequalityIn Malaysia", *Journal of economic development*, Vol. 34 , No. 2 , 2009.

Lee J. , "Inequality and globalization in Europe", *Journal of Policy Modeling*, Vol. 28 , No. 7 , 2006.

Levchenko A. A. , "Financial Liberalization and Consumption Volatility in Developing Countries", *IMF Staff Papers*, Vol. 52 , No. 2 , 2005.

Levine R. , "Finance and Growth: Theory and Evidence", *Handbook of E-*

conomic Growth, 2004.

Levine R. , Loayza N. and Beck T. , "Financial Intermediation and Growth: Causality and Causes", *Journal of Monetary Economics*, Vol. 46, No. 1, 1999.

Levine R. and Zervos S. , "Capital Control Liberalization and Stock Market Development", *World Development*, Vol. 26, No. 7, 1998.

Li H. , Squire L. and Zou H. F. , "Explaining International and Intertemporal Variations in Income Inequality", *Economic Journal*, Vol. 108, No. 446, 1998.

Liang Z. , "Financial Development and Imcome Distribution: A System GMM Panel Analysis With Application to Urban China", *Journal of Economic Development*, Vol. 31, No. 2, 2012.

Lindquist M. J. , "Capital-skillComplementarity and Inequality Over the Business Cycle", *Review of Economic Dynamics*, Vol. 7, No. 3, 2004.

Liu X. , Siler P. , Wang C. Q. , Wei Y. Q. , "Productivity Spillovers From Foreign Direct Investment: Evidence From UK Industry Level Panel Data", *Journal of International Business Studies*, Vol. 31, No. 3, 2000.

Liu Z. , "ForeignDirect Investment and Technology Spillovers: Theory and Evidence", *Journal of Development Economics*, Vol. 85, No. 1, 2008.

Liu Z. , "Foreign Direct Investment and Technology Spillover: Evidence from China", *Journal of Comparative Economics*, Vol. 30, No. 3, 2002.

Mandel B. , "Dependencia Revisited: Financial Liberization and Inequality in Latin America", *Michigan Journal of Business*, Vol. 3, No. 2, 2010.

Manova K. , "Credit Constraints, Heterogeneous Firms, and International Trade", *The Review of Economic Studies*, Vol. 80, No. 2, 2013.

Manova K. , "Credit Constraints, Equity Market Liberalizations and International Trade", *Journal of International Economics*, Vol. 76, No. 1, 2008.

Mendoza F. G. , Quadrini V. and Ríos-Rull F. , "Financial Integration,

Financial Deepness and Global Imbalances", *CEPR Discussion Papers*, 2007.

Milanovic B. , "Can We Discern the Effect of Globalization on Income Distribution? Evidence from Household Budget Surveys", *World Bank Economic Review*, Vol. 19, No. 1, 2002.

Mills M. , "Globalization and Inequality", *European Sociological Review*, Vol. 25, No. 1, 2009.

Motonishi T. , "Why Has Income Inequality in Thailand Increased?: An Analysis Using Surveys from 1975 to 1998", *Japan & the World Economy*, Vol. 18, No. 4, 2006.

Oechslin M. , "Creditor Protection and the Dynamics of the Distribution in Oligarchic Societies", *Journal of Economic Growth*, Vol. 12, No. 4, 2009.

Pan-Long T. , "Foreign Direct Investment and Income Inequality: Further Evidence", *World Development*, Vol. 23, No. 2, 1995.

Parro F. , "Capital-Skill Complementarity and the Skill Premium in a Quantitative Model of Trade", *American Economic Journal-macroeconomics*, Vol. 5, No. 2, 2013.

Patrick H. T. , "Financial Development and Economic Growth in Underdeveloped Countries", *Economic Development and Cultural Change*, Vol. 12, No. 2, 1966.

Perotti E. and Volpin P. , "Investor Protection and Entry", *Tinbergen Institute Discussion Papers*, 2007.

Quinn D. P. and Toyoda A. M. , "Does Capital Account Liberalization Lead to Growth?", *Review of Financial Studies*, Vol. 21, No. 3, 2008.

Rajan R. G. and Zingales L. , "Financial Dependence and Growth", *The American Economic Review*, Vol. 88, No. 3, 1998.

Rajan R. G. and Zingales L. , "The Great Reversals: the Politics of Financial Development in the Twentieth Century", *Journal of Financial Eco-*

nomics, Vol. 69, No. 1, 2003.

Rajan R. G. and Zingales L., "Saving Capitalism from the Capitalists: Unleashing the Power of Financial Markets to Create Wealth and Spread Opportunity", *Princeton University Press*, 2004.

Reinhardt D., Ricci L. A. and Tressel T., "International Capital Flows and Development: Financial Openness Matters", *Journal of International Economics*, Vol. 92, No. 2, 2013.

Rodríguez-Pose A. and Tselios V., "Education and Inomce Inequality in the Regions of the European Union", *Journal of Regional Science*, Vol. 49, No. 3, 2009.

Roine J., Vlachos J. and Waldenström D., "The Long-run Determinants of Inequality: What Can we Learn from Top Income Data?", *Journal of Public Economics*, Vol. 93, No. 7, 2009.

Romer P. M., "Endogenous Technological Change", *Journal of Political Economy*, Vol. 98, No. 5, 1990.

Solt F., "Standardizing the World Income Inequality Database", *Social Science Quarterly*, Vol. 90, No. 2, 2009.

Stulz R. M., "Globalization, Corporate Finance, and the Cost of Capital", *Journal of Applied Corporate Finance*, Vol. 12, No. 3, 2010.

Sun P. Y. and Sen S., "Equity Market Liberalization, Credit Constraints and Income Inequality. Economics", *The Open-Access, Open-Assessment e-Journal*, Vol. 7, No. 4, 2013.

Tornell A., Westermann Fand Martinez L., "The Positive Link between Financial Liberalization, Growth and Crises", *Ucla Economics Working Papers*, 2004.

Wang J. Y. and Blomström M., "Foreign Investment and Technology Transfer: A Simple Model", *European Economic Review*, Vol. 36, No. 1, 1992.

Wu J. Y. and Hsu C. C., "Foreign Direct Investment and Income Inequality: Does the Relationship Vary with Absorptive Capacity?", *Economic Modelling*, *Vol.* 29, No. 6, 2012.

Zeldes S. P. , "Consumption and Liquidity Constraints: An Empirical Investigation", *Journal of Political Economy*, Vol. 97, No. 2, 2000.

Zhang J. , Wang J. and Wang S. , "Financial Development and Economic Growth: Recent Evidence from China", *Journal of Comparative Economics*, Vol. 40, No. 3, 2012.